KB092895

# 글쓰기
# 못하면
# 사업하지
# 마라

# 글쓰기 못하면 사업하지 마라

**1판 1쇄 펴낸날** 2021년 12월 7일

**지은이 |** 한국비즈니스협회 글쓰기학회 이치헌 외 9인
**펴낸이 |** 나성원
**펴낸곳 |** 나비의활주로

**책임편집 |** 권영선
**디자인 |** BIG WAVE

**주소 |** 서울시 성북구 아리랑로19길 86, 203-505
**전화 |** 070-7643-7272
**팩스 |** 02-6499-0595
**전자우편 |** butterflyrun@naver.com

**출판등록 |** 제2010-000138호
**상표등록 |** 제40-1362154호
**ISBN |** 979-11-90865-49-4 03320

10명의
전문가가
알려주는
성공하는
글쓰기
비법

# 글쓰기 못하면 사업하지 마라

나비의 활주로

## PROLOGUE

아직 가보지 않은 길에 대한 동경은 누구나 가지고 있다. 그 길을 용기 내어 결국 가는 사람도 있고, 가보지 않고 나중에 후회하는 사람도 있다.

많은 사람들이 가보지 않은 수많은 길 중의 하나가 바로 글쓰기다. 세상에 내가 왔다 간 흔적을 남기는 일이기도 하지만, 여간해서는 엄두가 안 나는 일이기도 하다. 우리는 글쓰기를 특별한 능력이 있는 사람들의 영역으로 생각해왔다. 하지만 생각해보면 누구나 글을 썼었고, 쓰고 있다. 어릴 적 자물쇠 달린 일기장에 꼭꼭 숨겨둔 비밀글, SNS에 올린 글들, 자기소개서, 카페에 앉아 끄적거린 글들, 그리고 그 많은 편지…….

어느 날, 운명처럼 열 명의 글쟁이들이 모였다. 대기업 직원, 조직관리 전문가, 상담 전문가, 화가, 단식 지도사, 창업 컨설턴트, 마인드 코치, 미용실 원장, 광고대행사 대표, 웹소설 작가, 영어학원 원장……. 공통점이라고는 하나도 없어 보이는 그들은 각자의 사명을 갖고 자기 일을 해오던 사람들이었다. 처음에는 그저 자신의 책을 써보고 싶다는 마음 정도였다. 열 명이 다른 사람의 글을 읽고 피드백해주는 것만으로도 모두의 성장이 동시에 일어났다.

누군가는 하고 싶은 일을 찾아가는 과정에서 글쓰기를 통해 명확한 방향을 찾을 수 있었다. 글을 쓰다 보니 이제껏 자신이 했던 일을 통해 다른 사람을 도울 수 있는 길이 있다는 걸 발견한 사람도 있었다. 글쓰기는 아픈 상처와 어려운 환경을 헤쳐 나가고 극복하는 데 치료제와 같은 역할을 하기도 했고, 도전과 자존감 회복의 원천이 되기도 했다. 그렇게 우리 모두는 글쓰기를 통해 변화했다.

글은 책을 만드는 데에만 필요한 것이라고 단순하게 생각했던 것들이 깨어지는 경험이었다. 글쓰기는 마케팅, 교육, 홍보, 순수창작, 기고, 마인드, 상담, 성찰, 설득, 기획, 직원 관리 등 안 쓰이는 곳이 없다. 우리 자신의 직업이나 사업에 도움이 될 뿐만 아니라 더 나아가 글쓰기를 통한 수익 창출의 방법이 무궁무진하다는 것을 체험하며 알게 되었다. 글쓰기는 생각했던 것처럼 그렇게 단순한 일만 하는 게 아니었다. 작은 부업부터 주식을 상장할 수 있는 크기의 플랫폼이나 사업까지 뭐든 만들 수 있다. 이런 시간을 지나 우리는 하나의 결론을 얻을 수 있었다.

'사업하기 전에 글쓰기부터 배워야 한다.'

'글쓰기는 자신이 진정으로 하고 싶어 하는 것을 찾게 해준다.'

'결국 글쓰기는 인생 전체를 아우른다.'

이 책은 우리 각자의 성장기다. 자신의 인생이나 사업에 글쓰기가 얼마나 큰 영향을 주는지에 대한 책이다. 책이 세상에 나온 것도 기쁘지만 무엇보다 자신을 돌아보고 서로를 지지하는 행복한 시간을 함께했다는 것이 가장 기쁘다. 글쓰기가 우리를 가족으로 만들어주었기 때문이다. 그렇게 우리는 글쓰기를 통해 의미 있는 공동체가 되었다.

글쓰기는 우리 자신이다. 반대편 길 끝에 서 있는 또 다른 나 자신과 만나는 일이다. 특별할 것 없었던 사람들이 먼저 내디딘 발자국이 망설이고 있는 분들에게 용기가 되기를 기대해본다. 한 발만 디디면 된다. 디디기만 하면 가보지 않은 길이 펼쳐지고 새로운 인생의 환상적인 2막을 경험하게 될 것이다. 이 책이 가보지 않은 길 앞에 서 있는 분들의 이정표가 될 수 있기를 바란다.

2021년 11월

글쓰기학회 부학회장 신선엽

CONTENTS

## ❹ 나는 글쓰기가 월 1,000보다 더 좋다

**이성희** 싱글대디 멘토



## ❺ 육아맘의 부의 추월차선

**전혜선** 육아하는 창업가, 마케터

## 이치헌

연세대학교 법학과 졸업
D손해보험 20년 근무
㈜컨텐츠플랫폼 대표
한국비즈니스협회 글쓰기학회 회장
블로그, 카페 콘텐츠 마케팅 전문가
유튜브 대본작가, 대필작가
글쓰기, 책쓰기 관련 강의, 멘토링 경력 다수

세상이 권장하는 길을 한 치의 어긋남 없이 걸어온 모범생.
대기업에서 보낸 20년이 인생의 낭비였음을 자각하다!
뒤늦게 새로운 출발선에 서서
직장 탈출 전도사라 스스로를 부르는 사람.

진정성이 담긴 글의 힘을 믿는 사람.
인생의 의미를 발견하기 위해서라도,
사업의 성공을 쟁취하기 위해서라도
글쓰기만이 당신을 구원하리라 주장하는 사람.

언제나, 누구에게나
미칠 듯이 진심인 사람.
진심은 통한다, 결국엔 착한 사람이 이긴다
믿어 의심치 않는 사람.

# 1
# 글쓰기 못하면 사업하지 마라

CHAPTER 1

# 30년 만에 어쩌다 이룬 글쓰기의 꿈

성실히 살아왔다. 모범적으로 살아왔다. 동생들과 가족을 챙길 줄 알고 일찍 철이 든 장남이었고, 학업 성적도 우수하고 교우관계도 원만하여 선생님과 친구들에게 두루 사랑받는 학생이었다. 대기업에 20년간 근무하며 결혼도 하고, 아이도 갖고, 내 집 마련도 하고 좋은 차도 굴렸으니 남들 보기에 꽤 괜찮은 인생이었다.

그런 모범적인 레일 위를 달리기 위해 포기해야 했던 것도 많았다. 돌아보면 다양한 분야에 관심이 많았고, 공부 말고도 잘하는 게 꽤 많았던 것 같은데 그 모든 재능들은 세월 속에 서서히 풍화되어버렸다. 특히 소설가, 만화가, 시나리오 작가 같은 직업이 꾸준히 선망의 대상이었으나 당시 가난했던 집안 형편상 그런 낭만에 빠져선 안 될 것만 같았다.

학창 시절엔 다양한 부류의 친구들이 많다 보니 일탈의 유혹이 항상 함께했다. 아예 엇나가는 부류의 녀석들과는 갈 길이 다름을 명확히 했기에 괜찮았지만, 멋들어지게 글을 쓰고 록밴드 활동을 하는 한량 무리들이 그렇게 부러울 수가 없었다. 하지만 나는 명문대를 지망하는 입장이었고, 그들과 함께 뭔가를 해나가는 것 역시 입시라는 큰 목적 앞에 선 일종의 일탈이었다. 그 무리들 중 한 녀석은 나름 유명한 영화평론가로 지금 활동하고 있다.

대학 시절은 제대로 글을 쓸 시간이 충분히 있는 일생에 유일한 시기였다. 하지만 순전히 게으름으로 인해 그 좋은 시절조차 허송세월했다. 순수문학 쪽에 관심이 많았으나 신춘문예라는 좁디좁은 문을 통과하지 못하면 내 글을 나 혼자 봐야 하던 시절이라 감히 도전할 용기를 내지 못했다. 당시 법대생이었던 나는 그럴 시간에 법전 한 줄 더 읽고, 논술 한 자라도 더 적어보는 게 남는 거라며 스스로를 정당화했다. 그래 놓고선 정작 졸업 시즌에는 사법시험을 포기하고 취업을 선택했다.

그 후는 직장생활이라는 암흑의 20년. 주 52시간제가 시행되기 전까지 이 회사는 새벽에 출근해서 한밤중에 퇴근하는 게 당연한 곳이었다. 그리고 나와 내 가족을 지탱해주는 유일한 수입원이었다. 한 사람의 사회인으로서, 그리고 처자식을 둔 가장으로서 회사에 올인하는 건 지극히 당연한 선택처럼 느껴졌다. 주변 사람들 모두가 그랬으니 이게 맞나 하는 의심조차 하기 힘들었다. 가끔 짬이 날 때 글을 써보기도 했지만 이 역시 혼자 쓰고 혼자 보는 글이다 보니 흥미가 지속되지 않았다. 글쓰기와 접점 자체가 사라진 채 오로지 직장만 다니는 회사원이 되어 살아가던 중에도 온갖 상념들이 떠다녔다. 그러나 따로 기록하지 않았으니 머릿속에서 비눗방울처럼 한껏 부풀어 올랐다가 흔적도 없이 터져 버리곤 했다.

그렇게 흘려보낸 세월이 무려 20년. 변화도, 발전도 없는 쳇바퀴 도는 생활에 질릴 대로 질려버렸던 어느 날, 평생 동안 모범생 그 자체였던 내가 드디어 일탈을 결심했다. 회사를 뛰쳐나오기로 한 것이다. 어느 정도 경제적 기반이 잡혔고 큰 수입을 올리지 못한다 하더라도 당장 길바닥에 나앉진 않겠다 싶어서 할 수 있었던 선택이었다. 하지만 큰돈을 들여 사업을 벌이거나 할 생각은 전혀 없었다. 리스크를 피하고 사회가 추천해주는 안전한 길로만 다니는 건 모범생의 징표, 직장생활은 도저히 더 이상 못 버티겠다 싶었지만 나라는 인간의 아이덴티티는 여전히 모험가와는 거리가 멀었다.

그럼 이제 뭘 해서 먹고살지? 내 시선이 머문 곳은 2020년 시점의 핫 트렌드였던 1인 기업이었다. 무자본 창업, 1인 지식기업, 디지털 노마드 등의 키워드로도 표현되는 그것. 고전적인 사업과 달리 자본을 투여하는 대신 개인을 브랜딩하고, 콘텐츠를 통해 자신을 알리고, 교육이나 컨설팅 같은 지식 상품을 판매하는 사업 모델. 노트북 한 대만으로 즉시 시작할 수 있으니 이거라면 충분히 할 수 있겠다 싶었다.

블로그를 만들고, 유튜브 채널을 개설했다. 그리고 강의나 컨설팅을 위한 커리큘럼을 마련해야 했다. 콘텐츠를 쌓는 작업도 필요했다. 마케팅 광고를 각종 매체에 돌리고, 설득력 있는 랜딩 페이지도 만들어야 했다. 그제야 깨닫게 되었다. 이건 결국 글쓰기다. 혼자서 지식 창업을 해내려면 여러 가지 역량을 갖춰야 하지만, 사업을 만들어가는 모든 과정에서 1차적으로 필요한 건 언제나 글쓰기였다.

그렇게 멀고 먼 길을 돌아 글쓰기로 돌아왔다. 항상 더 중요하다 생각했던 것들 때문에 뒷전으로 밀렸던, 하지만 늘 갈망해왔던 그 글쓰기. 이번엔 다르다. 이보다 더 중요한 게 없을 정도로, 사업의 성패를 좌우하는 그런 존재로 화려하게 귀환한 것이다. 글을 쓰며 살고 싶었던 어린 시절의 꿈은 30년 넘는 시간을 건너서 이렇게 생각지도 못한 모습으로 이루어졌다.

CHAPTER 2

# 사람은 무엇으로 사는가?

지식 창업이란 걸 해보기로 하고, 콘텐츠라는 걸 발행하기 시작했다. 하지만 이 분야도 초짜가 쉽게 자리 잡을 수 있을 정도로 만만하진 않았다. 그토록 바랐던 글 쓰면서 사는 삶이 펼쳐졌건만 여러 사람들 보라고 쓴 글이 검색도 안 되고 반응도 미미할 땐 '괜찮아, 처음엔 당연히 그런 거야'라고 스스로를 다독여도 소용이 없었다. 아니나 다를까, 일이라고 생각하니 글쓰기가 더 이상 즐겁지 않았다.

내가 정한 아이템은 '직장 탈출'이었다. 20년 세월을 회사에 고스란히 바치고 나이만 먹어버린 대가로 아주 약간의 경제적 기반을 갖춘 정도라면 이게 과연 남는 장사인가? 구조적으로 직장인은 일한 만큼 돈을 벌 수가 없다. 회사 입장에선 일한 것 이상의 돈을 줄 바에야 고용을 안 하는 게 이득이니 말이다. 그러니 '부의 추월차선으로 옮겨 타고 싶은 이 땅의 월급쟁이들이여, 회사를 박차고 나와라!' 이런 내용을 풀어가 보고자 했다.

혼을 담아 정성껏 쓴 칼럼들을 블로그에 게재했다. 처음 몇 달 동안은 아무도 안 봐줄 거라 각오하고 묵묵히 콘텐츠를 쌓아가야 한다는 걸 알고 있었다. 하지만 백수 신세인 채로 제대로 된 수익모델도 만들지 못한 채 글만 끄적이는 일상이 반복되자 멘탈 잡기가 쉽지 않았다. 명확한 전략도 수립되지 않은 채 론칭한 유튜브 채널도 조회 수 100을 찍기가 힘들었다. 이런 식으로 아무 성과 없이 시간만 흘려보낼 바엔 회사로 돌아가는 편이 낫지 않을까 하는 생각이 스멀스멀 올라왔다. 평생의 첫 일탈이 아무 의미 없는 그저 해프닝 정도로 끝날 판이었다. 회사를 나오면서 나름 여러 가지 계획을 세웠지만 실전으로 부딪쳐보니 다 소용 없었다. 전혀 계획에 없던 그 일이 일어나지 않았다면 내 여생은 꽤나 암울할 뻔했다.

아내의 소개로 알게 된 한국비즈니스협회, 그곳을 찾아갔던 그날이 인생의 중대한 변곡점이 될 거란 걸 당시엔 몰랐다. 거기서 받은 컨설팅의 결론은 나에게 글을 쓰는 재능이 충분히 있고, 이걸로 얼마든지 먹고살 수 있을 뿐만 아니라 하나의 사업을 만들어낼 수도 있다는 거였다. 그저 듣기 좋으라고 하는 말이 아니라면 나를 써보라고 졸랐다. 몇 번의 테스트를 통과했고 이후 협회와 협약을 맺고 글쓰기에 기반한 수익 창출이 가능한 시스템을 만드는 데 성공했다.

협회의 랜딩 페이지 역할을 하는 공지글을 발행했고, 몇몇 사업가들의 인터뷰글도 작성했다. 여기서 필력을 인정받자 다양한 일거리가 주어지기 시작했다. 기업 홍보 블로그를 직접 운영하며 수천만 원의 매출을 일으키는 진성 DB(고객 데이터베이스)를 확보했다. 광고를 돌리지도 않고, 검색 상위노출에 기대지도 않은 채 오직 글의 깊이와 진정성에 감화된 블로그 이웃들의 유입만으로 만든 성과였다. 내가 쓴 글은 뭔가 다르다, 독자를 깊이 개입시키는 힘이 있다는 입소문이 퍼지기 시작했다.

이젠 직장 다니던 시절보다 훨씬 더 바쁜 일상이 시작되었다. 여러 건의 책 대필 의뢰가 들어왔으며, 대형 유튜브 채널의 대본 작가로 참여하게 되었다. 블로그 글쓰기 관련 강의를 적게는 열 명, 많을 때는 100명 앞에서 진행했다. 한국비즈니스협회 전속 글쓰기학회 회장직에 선출되었고, 책쓰기 및 각종 글쓰기 멘토링을 하게 되었다.

어느 순간 돌아보니 나라는 사람을 지칭할 수 있는 타이틀이 엄청나게 많아져 있었다. 대필 작가, 대본 작가, 글쓰기 강사, 글쓰기 멘토, 여러 마스터마인드 그룹의 리더까지. 나는 얼마 전까지만 해도 죽지 못해 출근하는 불쌍한 월급쟁이였는데 사람의 위치라는 게 이렇게 단시간에 달라질 수도 있는 건가? 그게 가능한 거였다면 나는 지금껏 뭐 하고 살았던 건가?

직장에서 보낸 20년이 너무나 아깝게 느껴졌다. 인생에서 가장 젊고 쌩쌩한 시절을 한 회사의 부속품 취급밖에 받지 못하며, 뭔가 성취했다거나 세상에 남겼다 할 것도 없이 흘려보냈던 거다. 그곳을 탈출하고 비로소 알게 된 건 내가 그동안 인생을 낭비해왔다는 것이다.

최고의 요리사가 주방칼을 들고 전장에 나간다면 어떻게 될까? 혹은 최고의 장수가 장검을 들고 주방에 들어가면 어떻게 될까? 어느 쪽이든 제 실력을 발휘 못 하고, 심지어는 무능한 인간 취급을 받을 게 뻔한 노릇이다. 알고 보니 나는 장수였다. 전장에서 장검을 휘두르며 군사들을 독려하는 게 내 체질이었다. 하지만 나는 지난 20년 동안 장검을 들고 주방에 들어가 있었다. 그 안에서 무능한 요리사 취급을 당해왔다. 심지어 스스로도 '나는 왜 이렇게 요리를 못할까?'라며 자책하는 삶이었다.

판이 바뀐 것만으로 모든 게 변했다. 나의 장검은 글쓰기라는 전장에 최적화되어 있었고, 나는 빠르게 인정받고 입소문을 타고 돈을 벌기 시작했다.

《사람은 무엇으로 사는가?》라는 톨스토이 소설을 읽어본 적이 있다. 인간 세상에 떨어진 천사 미카엘이 세 가지 질문에 대한 답을 찾아가는 이야기였다. 사람의 마음속에는 무엇이 있는가? 사람에게 주어지지 않은 것은 무엇인가? 사람은 무엇으로 사는가?

첫 번째와 세 번째 질문의 답은 공통적으로 '사랑'이다. 여기서 주목하고 싶은 건 두 번째 질문에 대한 답이다. 사람에게 주어지지 않은 것은 무엇인가? 소설에서 주어진 답은 이것이었다. 사람에겐 자신에게 무엇이 필요한가를 아는 힘이 주어지지 않았다. 그렇다 보니 나는 내 삶의 고삐를 스스로 쥐어보지 못한 채 세상이 시키는 대로, 즐겁지 않아도 감내하며 억지로 주어진 삶을 살아내고 있었던 것이다. 내게 필요했던 건 자존감이었다. 주변 사람들의 인정이었다. 직장생활 속에선 절대 얻을 수 없었던 가치들이었다. 떠난 후 뒤돌아보니 지난 20년 동안 내가 있었던 곳은 틀림없이 지옥이었다.

나 역시 이 탈출과 새로운 도전의 끝이 무조건 해피엔딩일 거라 확신할 수는 없다. 하지만 아무 시도도 하지 않았다면 내게 필요한 게 무엇인지 끝까지 모른 채로 주어진 환경에 갇혀 계속 살아갔을 것이다. 나이 마흔을 훌쩍 넘겨서야 드디어 행복해질 수 있는 기회를 잡았다. 짧은 시간 동안 이루어낸 것들을 바탕으로 더 크게 성장할 작정이다. 돈을 많이 버는 건 딱히 관심 없다. 그저 이제부터라도 좀 더 가슴 뛰는 삶을 살아보고 싶은 것뿐이다.

이런 생각도 든다. 이게 회사의 잘못은 아니라는 것. 내가 회사를 나온 게 너무나 속 시원하듯이, 회사도 나를 전혀 그리워하지 않을 것이다. 이런 잘못된 동거가 있게 된 원인은 1차적으로는 직장생활에서 의미나 가치를 찾지 못한 채 긴 세월을 부적응자로 지낸 내 잘못이고, 2차적으로는 원래 급여소득자의 삶이 갖는 명확한 한계 때문일 것이다. 그렇다면 세상에 이러한 사람이 과연 나뿐일까? 밤낮없이 뼈 빠지게 일하고도 쥐꼬리만 한 월급에 만족해야 하는 이 땅의 모든 월급쟁이들, 그들 중 현실에 만족하며 남은 생도 기꺼이 회사와 함께 하고픈 사람은 얼마나 될까?

회사라는 울타리를 벗어나더라도 인생은 망하지 않는다. 치킨집을 안 차려도 돈 벌 방법은 얼마든지 있다. 이 두 가지만 제대로 알려줄 수 있다면 예전의 나와 같은 고통을 받고 있는 수많은 직장인들을 구할 수 있지 않을까 하는 데까지 생각이 미치자, 앞으로 가고 싶은 길의 방향이 정해졌다. 직장 탈출 전도사.

동렬에 놓을 수 없는 비유인 줄은 알지만 마치 2차 세계대전 당시 한 명의 유태인이라도 더 구하고자 발버둥 쳤던 영화 〈쉰들러 리스트〉의 주인공 오스카 쉰들러의 마음이다. 그가 구했던 게 수많은 유태인들의 목숨이었던 것에 비하면 내 비전은 하찮게 느껴질 지경이지만, 직장이라는 곳에 잠식당한 누군가의 영혼을 구해내는 것의 가치 역시 작지는 않을 거라 믿는다. 하지만 제대로 직장 탈출전도사 역할을 하려면 나라는 사람의 증명이 우선되어야 한다. 듣도 보도 못한 사람이 나서서 '나를 따르라' 외쳐본들 아무도 반응하지 않을 걸 알기 때문이다.

스스로를 돌아보면 글을 쓰면서 살아가게 된 정도만으로도 직장생활과는 비교할 수 없을 만큼 만족스럽지만, 좀 더 큰 성공을 해야 대중에게 설득력을 갖게 될 것이다. 그래서 결심했다. 일단 사업을 하자. 내가 잘하는 것, 내 능력으로 세상에 도움을 줄 수 있는 것은 결국 글쓰기지. 그렇다면 글쓰기로 하는 사업을 하나 만들면 되겠군. 이런 단순한 로직 하에 '컨텐츠플랫폼'이라는 나의 회사는 뚝딱 만들어졌다.

CHAPTER 3

# 글쓰기 못하면 사업하지 마라?

농경사회를 거쳐, 산업화에 따른 공업사회를 지나 AI와 4차 산업혁명이 임박한 새 시대가 열리고 있다. 인류에게 기계가 제공할 수 없는 즐길 거리와 유용한 정보를 전달하는 게 무엇인지를 고찰해보면 결국 새로운 시대는 곧 콘텐츠의 시대다. 글, 그림, 영상, 게임, 음악 등 콘텐츠를 지배하는 자가 인류의 구원자가 될 것이고, 이러한 콘텐츠들이 쌓이고 머무르다가 널리 퍼질 수 있게 해주는 플랫폼을 가진 자가 새 시대의 패자가 될 것이다. 그래서 내가 설립한 회사 이름이 '컨텐츠플랫폼'이다. 신생 회사인 주제에 구글이나 넷플릭스와 한판 뜰 것 같은 패기를 보여주는 네이밍인 거 인정한다. 하지만 세상일은 모르는 거다. 이 작고 귀여운 시작이 얼마나 창대한 결과로 나타날지는 아무도 속단할 수 없다.

해보고 싶었던 건 글쓰기 전문 회사였다. 글쓰기가 일부 작가들만의 전유물이던 시대는 이미 끝났다. 심지어 전문 작가들조차 글 쓰는 일

하나만으로는 생계를 유지하기도 어려웠던 게 지난 시대의 현실이었다. 돌아보면 모두에게 도움도 안 되고 참 쓸데없는 엘리티즘이었다. 글쓰기는 우리가 살아가며 겪는 모든 일상의 경험과 함께하고 있었는데 말이다.

수많은 초보 사업가와 예비 창업가들의 사업을 만들어가는 과정을 함께 고민하며, 그중 글쓰기 관련 컨설팅을 하는 일을 해왔다. 그 과정에서 느낀 건 글쓰기를 못하면 사업하기 만만찮겠다는 것, 그리고 글쓰기 하나만 잘해도 사업을 충분히 성공시킬 수 있겠다는 것.

1차적으로 사업 구상 단계에서부터 글쓰기를 통해 단련시킨 체계화된 사고 구조와 창의성이 필요하다. 그걸 실제 사업계획서로 작성해서 남들이 보기에도 납득 가능한 정도의 초안을 만들 수 있어야 한다. 굳이 스타트업의 피칭 개념을 들먹일 필요도 없이, 혼자서 작은 가게를 열어볼 작정인 사람이라도 이러한 과정을 통해 스스로를 납득시키는 절차는 거쳐봐야 한다. 내 사업의 방향성, 목표, 전략, 비전, 타깃, 기회 요소와 위기 요소 같은 것들을 따져봐야 하는데 이건 혼자 대충 생각해보거나 말로 때울 종류의 것이 아니니다.

그다음 단계는 브랜딩이다. 1인 기업처럼 자기 자신을 브랜딩하건, 아니면 상품이나 서비스를 브랜딩하건 내가 팔고자 하는 것이 왜 남들보다 좋은지, 혹은 그저 남들과 뭐가 다른지라도 고객들이 알 수 있게 해줘야 한다. 그래야 고객이 나를 선택할 이유가 생긴다. 이러한 브랜딩을 위해 블로그나 카페, 유튜브, 인스타그램 등의 다양한 플랫폼을 이용한다. 이러한 플랫폼에 나만의 콘텐츠를 쌓아가는 작업이 필요한데 이게 또 결국 다 글쓰기로 하는 거다. 요즘은 단순히 글보다는 사진이나 영상 콘텐츠가 더 잘 통한다는 이야기도 있다. 맞는 말이다. 하지만 사진만 덜렁 게시해서는 목표한 효과를 볼 수 없고, 영상 역시 글로 쓴 대본이 필요하다. 즉, 모든 콘텐츠는 글 그 자체이거나 혹은 글을 활용해서 생산된다.

또 개인을 브랜딩하는 데 있어서 최강의 도구는 바로 책이다. 굳이 베스트셀러가 아니어도 책 한 권을 낸 저자라는 타이틀이 붙는 것만으로도 해당 분야에서 멘토로 포지셔닝할 수 있다. 예전엔 누가 봐도 책을 쓸 만한 특정 분야의 권위자들만 책을 썼다면, 지금은 누구든 책을 쓰면 전문가 대접을 받을 수 있다. 이러한 세상의 변화를 많은 사업가들이 캐치하고 있지만 막상 책쓰기를 해보려니 너무 많은 시간과 노력이 들어가는 대형 프로젝트라서 실행하는 사람이 많지는 않다. 그러니 퍼스널 브랜딩이 필요한 분이라면 절대 책쓰기를 포기하지 말라고, 아직 기회가 열려 있는 분야라고 말씀드리고 싶다.

이번엔 마케팅이다. 내 상품이나 서비스를 널리 알리고, 관심 갖는 사람들을 끌어모아서 판매 단계까지 진행시키는 일체의 활동들을 일컫는다고 이해하면 된다. 앞서 언급한 각종 플랫폼에 잠재고객들의 직접적인 액션을 유도하는 장치들을 설치한다. 다시 말해 그동안 정보성 글이나 칼럼 위주로 채워왔던 블로그나 카페에 특강 안내, 무료 선물 증정, 공동구매 실시 등의 수단을 통해 본격적으로 수익 실현을 시도한다. 혹은 포털사이트나 SNS, 유튜브 같은 매체에 유료 광고를 집행하기도 한다. 잠재고객이 끌릴 만한 문구, 포인트를 잘 잡는 홍보 전략, 지갑을 열게 만드는 랜딩 페이지 같은 게 필요할 것이다. 이 모든 것도 결국 글쓰기다. 보기 좋은 웹디자인도 결국 글을 잘 드러내기 위함이고, 때깔 좋은 영상 같은 것들도 마찬가지로 글로 뼈대를 잡아놓은 것을 시각화시키는 것에 불과하다.

사업과 글쓰기가 상관이 있다고는 꿈에도 생각지 못했다가 막상 사업이란 걸 해보면서 글쓰기라는 커다란 벽 앞에 난감해하는 사람들이 정말 많다. 글쓰기가 이토록 중요하다는 사실을 사업하기 전에 미리 알았더라면 대책이라도 세워놨을 텐데, 아마 그런 이야기를 미리 해주는 사람을 만나기는 쉽지 않았을 것이다. 그러니 나라도 지금 이 글을 읽고 있는 당신에게 이 준엄한 진실을 확실히 말씀드리겠다. 글쓰기만 잘하면 당신도 성공한 사업가가 될 수 있다. 그러나 그 역도 성립할 것이다.

"나는 글쓰기 같은 거 못해." 이렇게 말하는 사람들을 흔히 본다. 그런데 이때야말로 고 정주영 회장의 그 일갈을 날릴 순간이다. "해보기나 했어?"

이 글을 읽는 당신은 한국어로 말을 할 수 있고, 한글을 읽을 수 있다. 그거면 글을 쓸 수 있는 기본 소양을 이미 다 갖춘 것이다. 그런데 왜 '글쓰기는 어렵다, 못한다, 내가 할 수 있는 일이 아니다', 이런 소리가 나오는 걸까? 그야 당연히 안 해봐서 그렇다. 익숙하지 않아서 그렇다. 내가 굉장한 문장가일지, 아니면 정말로 글쓰기엔 소질이 없을지는 해봐야 안다. 대한민국의 초중고 교과 과정은 여타 선진국들에 비해 글쓰기 교육에 대한 비중이 확연하게 낮다. 대학도 몇몇 학과를 제외하면 사정은 비슷하다. 그러니 이 땅의 기성세대들은 글쓰기를 제대로 해볼 기회 자체가 적어도 너무 적었다. 해보지 않은 일이 미숙하고 불편한 건 당연한 일이다. 그러다 보니 몇 번 끄적여본 경험을 바탕으로 글쓰기는 어렵고 나와 안 맞는 것이라는 성급한 결론이 나오는 것이다. 이는 운전이나 수영을 처음 배우는 사람이 첫날 교육만 받고 포기하는 것과 마찬가지다.

세상 모든 기술은 자꾸 해보다 보면 는다. 그리고 글쓰기는 연습만 하면 꽤 빨리 실력이 향상되는 분야다. 전술했듯이 누구나 말할 줄 알고 읽을 줄 알기 때문이다. 하고 싶은 이야기를 자연스럽게 문장으로 바꾸는 건 결코 어려운 기술이 아니다. 하루 한두 시간만 투자해서 딱 한 달 동안 매일 글을 써보라. 개인차가 있을 거란 건 부인하기 힘들지만 누구나 글쓰기 실력의 유의미한 향상을 경험하게 될 것이다.

CHAPTER 4

# 노출을 원하세요, 매출을 원하세요?

글쓰기에 재능이 없다고 착각하는 사람들, 혹은 진짜 이 분야만큼은 지지리도 재능이 없는 사람들, 그리고 글쓰기 같은 거 하고 있을 시간적 여유가 없는 사람들. 이런 분들은 처음부터 자신의 사업에 대해 심도 있는 기획 없이 뛰어들었거나, 브랜딩 전략에 대해 충분한 고민을 해보지 못했을 확률이 높다. 그리고 마케팅은 아마도 업체 같은 데 맡기고 손 놓고 있을 것이다.

요즘 난립하고 있는 온라인 마케팅 대행사들은 대기업에서부터 동네 치킨집까지 그 대상을 가리지 않고 영업을 한다. 그중 문제가 되는 건 대체로 영세한 사업자들에게 적은 금액으로 확실한 마케팅 효과를 보게 해주겠다며 접근하는 부류다. 블로그에 'XX 맛집'이라는 키워드를 검색했을 때 상위 다섯 번째 이내로 한 달 동안 노출시켜주겠다는 식의 약속을 하고 그에 대한 수수료를 선불로 받아가는 식이다. 하지만 막상 결과를 확인해보면 상위 노출이 약속대로 이루어지지 않은 경우, 상위

노출은 되는 것 같은데 실제 마케팅 효과를 전혀 못 보는 경우 등의 피해가 속출하고 있다. '마케팅 업계에는 양아치가 많다'는 과격한 주장을 실제 그 업계에 종사하는 사람이 자조적으로 내뱉는 것을 한두 번 들은 게 아니다.

이런 사기성이 농후한 업체들의 예를 굳이 들지 않더라도, 작금의 온라인 마케팅 대행사들의 평균적인 퀄리티로는 고객들의 눈높이를 도저히 맞춰줄 수 없다는 게 문제다. 네이버나 구글의 알고리즘을 잘 파악해서 최대한 많은 사람들에게 광고나 홍보글 같은 콘텐츠들을 노출될 수 있게 하는 게 마케팅 대행사의 실력으로 여겨지고 있다. 그들이 관리하는 채널들을 얼마나 키워놨는지, 다시 말해 블로그 서로이웃이 얼마나 늘었고, 유튜브 구독자 수나 조회 수가 얼마나 나왔는지도 마케팅 대행사들의 실력을 논하는 중요한 요소가 된다. 이쯤에서 묻고 싶다. 그게 뭣이 중헌디?

사업을 하는 사람들이 마케팅 대행업체들에 자사의 마케팅을 일임하고 그들에게 원하는 게 무엇일까? 그들이 그토록 자랑하는 상위 노출일까? 아니면 우리 가게, 우리 회사의 매출이 늘어나는 걸까? 만약 기존의 업체들이 해온 마케팅으로 원하는 만큼의 성과가 나오지 않았다면 그 근본적인 이유는 무엇일까?

네이버에 아무 키워드나 쳐서 검색을 누른 뒤 상위 노출된 글들을 읽어보면 전문가가 아니라도 어느 정도 눈치 있는 사람이면 확실히 느낄 수 있는 게 있다.

'이거 광고네.'

맛집 검색을 했을 때 첫 페이지에 뜨는 블로그 글을 읽어보면 단순히 맛집을 찾은 사람이 취미 삼아서 쓴 글이라고는 도저히 생각되지 않는 30장이 넘는 사진들과 오글거리는 찬양 멘트의 향연이 펼쳐진다. 정보가 필요해서 검색을 해봐도 첫 페이지에 뜨는 글들은 노골적인 광고글뿐이라서 아무 도움이 되지 않는다. 둘째, 셋째 페이지로 넘겨봐도 원하는 깊이 있는 정보가 담긴 글을 찾기 어렵다. 광고나 홍보를 하더라도 그저 자사 상품 좋다, 싸다, 사야 된다는 단편적인 메시지만 전달할 뿐 해당 상품이나 서비스가 추구하는 가치를 제대로 담아내는 경우는 드물다. 이처럼 오늘날의 온라인 마케팅은 그저 매크로 등을 활용하는 IT 기술 혹은 여러 ID를 쓰면서 IP까지 바꿔가며 부리는 잔재주 같은 걸 의미하게 돼버렸다.

CHAPTER 5

# 진심을 다하는 것이 나의 사업 아이템

나에게 글쓰기는 단순한 취미가 아니다. 사업을 위한 하나의 도구도 아니다. 사업 아이템 그 자체다. 세상의 모든 사업가, 자영업자, 1인 기업가, 프리랜서, 혹은 경제적 자유를 원하는 직장인이나 주부에 이르기까지 이 모든 사람들이 글쓰기를 통해 자신의 사업을 만들고, 키우는 과정을 돕는 것.

그동안 시장을 지배해왔던 글이란 놈은 진실을 전하는 수단이 아니라 세상을 현혹하는 수단이었다. 그것도 처음에나 약발이 먹혔지, 사람들은 더 이상 영혼이 담기지 않은 싸구려 정보에 넘어가지 않는다. 제아무리 광고 물량공세를 펴도, 제아무리 상위 노출을 잘 시켜도 말이다.

'진심이 담긴 글에는 사람의 마음을 움직이는 힘이 있다.'

'진심이 담긴 콘텐츠에는 고객의 지갑을 열게 하는 힘이 있다.'

나는 이것을 세상에 증명하고자 한다. 차별화된 메시지의 힘으로, 오직 진실만을, 진심을 담아 오롯이 전달할 수 있다면 그 어떤 비즈니스라도 절대 실패할 수 없다는 걸 보여주려 한다.

직장 탈출을 결심하던 그때부터 한 가지 확실히 정해놓았던 건 절대 내 노동력의 대가로 먹고사는 형태를 만들지 않겠다는 것이었다. 더 이상 월급쟁이나 하청업체 신세는 사양하고 싶었기 때문이었다. 나에겐 글쓰기라는 능력이 있었고, 거기에 더해 높은 곳에서 전체를 조망하는 능력이 있었다. 내가 가진 능력이 누군가에게 도움이 된다면 무조건 그 사람을 최선을 다해 돕기로 했다. 마치 독립투사의 심정으로 진심을 다해 도움을 주다 보면 그 사람을 얻을 수 있으리라 믿었다. 사람이야말로 가장 큰 자산이니까. 돈은 뭐, 알아서 따라오겠지. 다행히도 나의 이러한 능력은 나름 쓰임이 있었다. 여태 나 자신에 대해선 그 어떤 광고나 홍보 활동을 해본 적도 없었건만 입소문만으로 나를 찾는 고객이 쇄도했다.

자신의 책을 써달라며 대필을 맡기는 고객도 꽤 있었다. 하지만 책 대필이란 게 시간과 에너지를 엄청나게 소모하는 일인지라 혼자서 다 치고 나가기엔 무리가 있었다. 그래서 스스로도 욕심이 나고, 흥미가 생기는 주제의 책만 선별해서 수락해야 했다. 예를 들어 대필을 상담해 온 고객이 아직은 작은 사업체를 운영하고 있는 정도지만 향후 거인이 될 가능성을 봤을 때 나는 단순 대필에서 그치지 않고 책의 기획, 더 나아가 전반적인 사업에 대한 기획을 함께 한다. 그 거인을 만들어낸 사람 중 하나라는 타이틀을 선점하고 싶기 때문이다.

사업 초창기엔 간단한 교정, 교열, 윤문 등의 일을 봐주기도 했는데 이는 나 말고도 할 수 있는 사람을 구하려면 얼마든지 구할 수 있는 일이었다. 대체 가능한 일은 결국 노동력 제공일 뿐. 그래서 지금은 출간 기획 전반과 저자의 퍼스널 브랜딩 부분을 컨설팅해주는 쪽으로 방향을 돌렸다.

마케팅 전반에 대한 접근 방법을 달리 가져가보았다. 마케팅이 아닌 글쓰기의 관점으로 바라보면 성공하는 마케팅과 실패하는 마케팅의 차이가 한눈에 보였다. 고객에게 짜증만 유발하고 시간을 낭비하게 하는 글이 검색 사이트 상위에 노출되는 건 일종의 사이버 공해였다. 그리고 이런 현실 속에서 진심을 담은 콘텐츠는 그 자체가 차별화이고, 경쟁력이었다.

이렇게 내가 가진 능력으로 사람들을 돕고 세상에 기여할 수 있는 방법을 찾아냈지만 남은 문제는 이 모두를 나 혼자의 힘으로 해낼 수가 없다는 것이었다. 단순히 1인 컨설턴트나 대필 작가 같은 형태로 호구지책을 세울 수는 있겠지만 그래서는 나 혼자의 힘으로 세상을 도울 수 있는 범위가 너무나 좁았다. 그래서 결심한 게 동료를 모으는 것이었다. 한국비즈니스협회에 요청하여 글쓰기에 특화된 현직 CEO분들 중 뜻을 같이 하는 이들을 끌어들였다.

왜 현직 CEO인가 하면, 팔리는 글쓰기의 기본은 결국 부분이 아닌 전체를 바라볼 수 있는 넓은 시야에 달렸다고 생각했기 때문이다. 이들이야말로 전문 마케터들 같은 매크로 활용 능력이 없어도, 전문 작가들만큼의 유려한 문장력이 없어도 사업 그 자체를 가장 잘 이해하고, 콘텐츠에 무엇을 어떻게 담아야 '가장 잘 팔 수 있는지'를 확실히 이해하는 사람들이었다.

그렇게 해서 총 10인으로 이루어진 현직 CEO 작가 군단이 결성되었다. 영어학원 원장, 글쓰기 인강 강사, 광고회사 대표, 성공학 강사, 미용실 원장, 화가, 창업 컨설턴트, 웹소설 작가, 상담 전문가 등 일견 한데 어울릴 수 없을 것만 같은 각계각층의 실력자들이 모였다. 그것이 바로 한국비즈니스협회 산하의 글쓰기학회라는 조직이다.

이들이 뭉친 시너지는 대단했다. 한 예로 전문 작가 급의 문학적인 글쓰기 실력을 갖췄지만 마케팅 관련 지식이나 경험이 부족했던 한 분은 자신의 강점을 학회 회원들에게 전파하고, 온라인 마케팅 전반에 대해 타 학회 회원들에게 배워가면서 비로소 완전체가 되었다. 학회 회원들끼리 서로에게 도움 주고, 도움 받는 단계를 넘어 지금은 사업의 진행에 있어 글쓰기가 필요한 사람이 있다면 누구라도 도와줄 수 있는 시스템을 만들고 있다.

각자의 본업이 있고 그것만으로도 충분히 바쁜 사람들이지만 함께하면 더 나은 우리가 된다는 것, 그리고 다른 사람을 돕는 것은 돈 이상의 가치가 있다는 것에 공감하기에 한마음으로 활동하고 있다. 또한 무엇보다도 글쓰기가 세상을 바꾸고, 사업을 살리는 힘이 있다는 걸 믿는 사람들이다. 자신의 상품이나 서비스를 홍보하고 판매하는 가장 좋은 방법은 고객에게 신뢰를 주는 진성 콘텐츠를 지속적으로 발행하고, 그로 인해 발생하는 팬들을 확보하는 것이며, 그걸 가장 잘할 수 있는 사람들이 바로 이 글쓰기학회 회원들인 것이다.

우리끼리 우스개로 하는 소리가 있다. 우린 한 사람, 한 사람 뜯어보면 다들 좀 모자라지만 열 명이 모이면 완벽해진다고. 아무리 잘난 개인도 우리를 이길 수 있을 정도로 뛰어날 순 없다. 글쓰기는 혼자 하는 외로운 일이라고 생각했던 이들이 서로를 동료로 받아들이고, 공동의 목표를 설정하고 이를 하나씩 이루어가는 재미는 다른 무엇과도 비교할 수 없다.

진심을 다하는 것, 진심을 다한 글을 쓰는 것, 그렇게 우리와 인연 맺은 사람들이 돈 많이 벌고 성공할 수 있게 돕는 것, 이런 행복한 일을 업으로 삼을 수 있게 되었으니 나는 정말 행복한 사람이다. 직장에 갇혀 있었던 지난 20년이 후회스러운 만큼 새롭게 주어진 지금 이 시간들을 더욱 값지게 보내고 싶다.

마지막으로 꼭 하고 싶은 이야기가 있다. 나의 글쓰기 사업의 주 타깃은 당연히 이 땅의 사업을 하는 사람들이다. 이러한 가망고객 풀이 지금보다 엄청나게 더 넓어지길 바란다. 예전의 내가 그랬던 것처럼 희망도, 비전도, 재미도 없이 죽지 못해 출근하고 있는 모든 직장인들이 과감히 사표를 내고 자신의 사업체를 세워봤으면 한다. '내가 해냈으니 당신도 할 수 있습니다.', 이런 이야기는 오히려 공감이 안 간다는 걸 잘 안다. 다만 직장에 계속 다니는 것만이 생존을 보장할 수 있는 유일한 안전지대가 절대 아니라는 것, 그리고 큰돈을 투자할 필요 없이 자신의 아이템에 진심을 담아 세상에 알릴 수만 있다면 누구나 성공한 사업가가 될 수 있다는 것, 이걸 한 사람에게라도 더 알리는 데에 남은 삶을 걸고픈 마음이다.

## 송석환

고려대학교 건축사회환경공학과 졸업

한국비즈니스협회 전략기획팀 조직문화 총괄

삼성엔지니어링 토목설계팀

'끝까지 하는 남자.'

하나의 개똥철학이 누군가에겐 삶을 바꾸는 계기가 된다.

우직하게 글로서 나의 철학을 펼치고자 하는,

그래서 단 한 명이라도 긍정적인 영향을 받는다면,

글쓰기를 계속할 이유로 충분하다.

모든 사람이 자기의 일을 사랑할 수 있는

그런 조직문화를 연구하는 사람.

그러한 회사들이 많아져

세상이 더 나은 곳으로 발전되길 소망한다.

# 2
# 당신의 글은 언제나 옳다

CHAPTER 1

# 즐길 수 있을 때까지 써보기

글쓰기 자체를 즐기는 삶이란 게 있을까? 잘은 모르지만 분명 샘이 나는 삶이다. 그런 재주를 무엇보다 가져보고 싶다. 소망과 달리 나는 한 편의 글을 쓰기 위해 많은 시간을 할애한다. 예전에 자기소개서를 쓸 때도 그랬다. 회사 한 군데를 지원하기 위해 자기소개서를 일주일씩 썼다. 물론 공을 들인 만큼 서류 통과는 확실했다. 하지만 온갖 정신을 집중해서 작업을 하다 보니 작업 이후에는 쳐다도 안 보는 게 버릇이 되었다. 그래서 그런지 글쓰기는 웬만해서는 하려고 하지 않았다. 그런데 시대가 글 잘 쓰는 사람을 원하는 분위기로 바뀌었다. 아니, 글 잘 쓰는 사람이 영향력을 미치는 '인플루언서'들의 시대가 온 것이다.

사람들이 저마다 자신의 생각과 철학, 경험을 글로 적어낸다. 자신만의 공간에 글을 올리고 다른 사람들에게 공감을 받는다. 그렇게 팬층이 형성되고, 이 영향력이 돈이 된다. 자본이 없는 누구나 글쓰기 능력만 잘 갖추고 있다면 돈 잘 버는 삶을 살 수 있다. 이렇게 글이 곧 돈이 되는 세상이 찾아왔다.

나는 물질적 풍요를 가진 삶을 원한다. 간절히 원한다. 그래서 대기업을 뛰쳐나왔다. 그렇게 영업에 뛰어들었고 처참히 실패했다. 인생사 새옹지마라고 그 덕택에 한국비즈니스협회를 만나게 되었고, 시간과 돈에 자유로운 삶을 위해 새롭게 도전을 하고 있다. 나만이 할 수 있는 아이템으로 창업하여 경제적 자유를 얻는 것. 그런데 글쓰기 능력이 필요하단다. 세상에! 필요할 때만 글쓰기를 하던 나인데, 삶과 글을 함께 해야 한단다. 가장 피하고 싶었던 일을 해야 하는 상황에서 결심을 했다. 이왕 이렇게 된 거, 즐겨질 때까지 글을 써보자.

이 글은 나처럼 필요할 때만 글을 쓰던 사람들에게 어떻게 하면 좀 더 즐기면서 글쓰기 활동을 할 수 있는지에 대한 팁을 전하고자 쓴 글이다. 자기 생각이나 정보를 전달하는 글쓰기가 목적이며, 이대로만 하면 '글쓰기, 생각보다 쉽네.'라는 생각이 들 것이다. 당신이 이 경지에 이른다면, 그다음은 많은 사람들에게 읽히는 글쓰기가 궁금해질 것이다. 이는 한국비즈니스협회의 '글쓰기학회'에서 배울 수 있으니 네이버 카페 '한국비즈니스협회'를 검색해보길 바란다.

자, 이제 즐기는 글쓰기를 해보자. 언젠가 인플루언서가 될 내 모습을 상상하며.

CHAPTER 2

# 내 생각 정리하기

글쓰기가 어려운 가장 큰 이유는 뭘까? 내가 무슨 이야기를 하고 싶어 하는지 정리가 잘 안 되어 있어서다. 사람은 하루에 6천 번을 생각한다. 대개는 내 의지와 상관없이 자연스럽게 떠오르는 생각들이다. 생각은 보통 잠시 머릿속에 떠올랐다가 연기처럼 발화한다. 그래서 막상 어떤 주제에 대해 내 의견을 전달하려고 하면 논리정연하게 이야기하는 것이 힘들다.

평소에 정리하는 것이 중요하다. 또한 내 생각을 잘 전달하는 것, 이것은 사업가로서는 매우 중요한 능력이다. 1인 창업이 늘어나기 시작한 요즘은 SNS를 통해서, 개인 블로그를 통해서 대표가 적극적으로 마케팅을 펼치는 시대다. 잘 쓴 글 하나로 고객을 내 팬으로 만들고, 나의 전문성을 어필할 수 있어야 한다. 하지만 아무 준비 없이 무작정 글을 쓰는 것은 오히려 글쓰기 자체에 거부감을 불러일으킬 수 있다. 달리기를 못하는 사람이 마라톤 경기를 나가는 것과 같은 상황이다. 달리기 습관을 만들고 5km, 10km, 하프, 풀코스의 순서대로 차츰차츰 체력을 늘려야 하는데, 갑자기 풀코스에 출전한다면 완주는커녕 달리기의 고통 때문에 달리기 자체를 포기할 수 있다. 글쓰기도 마찬가지다. 훈련이 필요하다. 글을 쓰는 습관이 잡혀야 긴 글도 쓰고 책도 쓰는 것이다. 이제부터 짤막하게나마 글쓰기를 시작해보자. 여러분은 무슨 글을 쓰고 싶은가?

## 4문장 정리법

글쓰기의 시작은 '무엇을 쓸 것인가?'를 정하는 것이다. 주제는 손쉽게 정할 수 있다. 당장 오늘 있었던 일, 읽었던 책, 봤던 영화의 후기 등등 무엇이든 상관없다. 문제는 그다음이다. 어떻게 글을 풀어나갈 것인가? 무작정 써내기엔 막막할 것이다. 이를 위한 길잡이가 필요하다. 바로 4문장 정리법이다.

4문장 정리법은 한마디로 내용을 단순화하는 것이다. 우리가 차를 타고 어딘가를 가야 하는데 길을 잘 모를 경우 내비게이션을 활용한다. 내비게이션은 보통 최단거리 경로, 최단시간 경로, 고속도로 경로, 국도 경로 등 다양한 방법으로 길을 안내한다. 우리는 내비게이션이 안내하는 경로대로 차를 몰고 가기만 하면 된다. 4문장 정리법은 이렇게 글의 경로를 정하는 과정이다. 각 문장이 경유지 역할을 하여 차츰 내용을 붙여나가면 된다. 이 방법은 내가 자기소개서를 쓸 때 자주 사용했는데, 덕분에 필기에서는 단 한 번도 떨어진 적이 없다. 글의 구조는 다음과 같다.

1. 주장(~라고 생각한다.)

2. 근거(왜냐하면 ~이기 때문이다.)

3. 사례, 예시(~한 사례가 있다.)

4. 행동 촉구(따라서 ~해야 한다.)

설득력 있는 글은 위의 구조를 가지며, 특히 본인의 주장과 생각을 펼쳐야 하는 글에서는 나의 논지를 상대방에게 강하게 전달할 수 있다. 다음의 예시를 보자.

1. 책은 정독할 필요가 없다.(주장)

2. 왜냐하면 핵심 내용은 채 8페이지가 안 되기 때문이다.(근거)

3. 실제로 많은 명사들이 챕터별 핵심 내용만 파악해도 책 내용을 이해하는 데 전혀 문제가 없다고 주장한다.(사례, 예시)

4. 따라서 핵심 내용을 파악하는 연습을 해야 한다.(행동 촉구)

이와 같이 4문장의 형태를 지킨다면 내 생각을 간결하게 정리할 수 있다. 이 상태에서 살을 붙여나가면 하나의 칼럼이 완성이 된다. 또한 이 방법은 책의 핵심 내용을 요약하는 방법으로도 쓸 수 있다. 책의 꼭지에서 말하는 내용이 무엇인가? 목차에서 말하는 내용은 무엇인가? 나아가 책 전반에 걸쳐서는 무슨 이야기를 하고 있는가? 생각을 정리한다는 것은 결국 '핵심'을 찾아나가는 것이다. 위와 같은 구조로 생각을 정리하는 훈련을 계속해보자. 책을 읽으면서 한 쪽에 메모를 하거나, 뉴스에 대한 본인의 생각을 글로 남기는 등 방법은 다양하다.

이 훈련을 하다 보면 내가 어떤 관점을 가지고 있는 사람인지 파악하게 된다. 어떠한 주제에 대하여 좋은지, 싫은지, 그 이유는 무엇인지, 그것이 객관적인지 편향적인지 깨닫게 되는 것이다. 놀랍게도 한번 이렇게 생각 정리를 하면 그 문제에 대해서는 생각이 확장되는 속도가 점점 빨라진다. 꼬리에 꼬리를 무는 질문들도 생긴다. 해당 문제에 대해 다른 사람들에게 내 생각을 논리 있게 전달하는 것도 손쉬워진다.

## 생각 키우기

4문장 정리법을 훈련하다 보면 벽에 부딪히는 순간이 온다. 어떤 주제에 관한 생각을 정리하기엔 모르는 게 너무 많다는 사실이다. 이는 지극히 정상적인 일이다. 소크라테스가 말한 '내가 모른다는 사실을 아는' 단계에 온 것을 축하한다. 이때 필요한 것은 다양한 정보를 접해 생각을 키우는 것이다. 그냥 정보를 접하는 것에서 끝나는 것이 아닌 4문장 정리법을 꾸준히 해야 한다. 생각 키우기는 평소에 알아차리기 힘들 정도로 느리게 커나가다 어느 순간 가속화한다.

문득 머릿속에 형광등이 켜진 듯 깨달음이 오는 순간을 경험해본 적이 있을 것이다. 오랫동안 풀리지 않던 수학 문제가 어느 순간 풀린다거나, 이해가 되지 않던 책 내용이 어느 순간부터 의미가 눈에 들어오기 시작한다거나 말이다. 나는 이 순간을 '껍질 깨기'라고 표현한다. 기존에 가지고 있던 사고의 틀이 알 껍질 깨지듯 깨지는 순간이기 때문이다. 이러한 껍질 깨기는 다양한 곳에서 얻은 새로운 정보들이 점처럼 흩어져 있다가 점차 하나의 선으로 연결되면서 발생한다. 즉, 생각을 키우기 위해서는 많이 보고 듣고 생각해야 한다. 그렇다면 새로운 정보를 필터 없이 무조건 수용해야 할까? 당연히 아니다. 양질의 정보들을 얻기 위해서는 다음의 방법들을 사용해보길 추천한다.

### 책

책은 가장 손쉽게 접할 수 있는 수단이다. 더군다나 요즘 책쓰기는 어느 누구나 도전해볼 수 있을 정도로 널리 알려진 마케팅 방법이기에, 시중에는 비슷한 주제의 수많은 책이 있다. 그러므로 잘 쓰인 한두 권의 책을 정독하고, 나머지 책들은 필요한 정보만을 취하는 것이 좋다.

정독할 책의 경우에는 편하게 읽으면서 포스트잇을 활용해 질문, 혹은 떠오르는 생각들을 적어 페이지에 붙여놓길 추천한다. 향후 글을 쓸 때 포스트잇이 붙여진 부분을 다시 보면 많은 도움이 되기도 하고, 예전에 했던 생각과 지금 나의 생각이 어떻게 달라졌는지를 느낄 수 있다. 나머지 책들은 목차 위주로 필요한 부분을 콕 집어 읽어보길 권한다. 물론 그 과정 중 정독하고 싶다는 생각이 드는 책들은 시간을 내어 읽으면 된다. 하지만 나머지 책들의 내용은 대동소이하다. 책을 서술하는 방식의 차이가 있을 뿐 내용의 측면에서는 큰 차이를 보이지 않는다. 그래서 핵심이 무엇인지를 파악하고 빠르게 넘어가면 된다. 단, 사레나 좋은 표현 같은 경우는 메모를 해두면 좋다.

### 뉴스레터

기존에 신문 같은 언론매체를 눈으로 훑으며 일일이 정보들을 수집했던 것과 달리, 요즘은 뉴스레터 구독을 하면 이메일을 통해 정보들을 요약해서 받아볼 수 있다. 그리고 관심이 가는 글을 취사선택해서 볼 수 있다. 마케팅과 비즈니스, HR 같은 업무적인 주제부터 와인, 스포츠 등 취미 영역까지 다양한 뉴스레터가 존재한다. 매체에 따라 월 구독료를 받는 곳도 있고, 무료로 제공하는 곳도 있다. 경험상 유료라고 해서 무조건 좋은 정보만을 주는 것도 아니고, 무료라고 해서 무조건 저품질 정보만을 주는 것이 아니다. 잘만 찾아보면 무료임에도 좋은 정보를 제공해주는 사이트들이 많다.

- **아웃스탠딩(유료)** 이슈가 되는 사안들을 모바일 환경에서 보기 편한 형태로 기사 발행. 인기 있는 기사들을 따로 분류하여 독자들이 많이 공감하는 기사가 무엇인지 확인 가능. 선호하는 기자들의 콘텐츠만을 따로 볼 수 있음.
- **북저널리즘(유료)** 책을 읽는 것 같은 깊이로 다양한 뉴스들을 접할 수 있음. 뉴스를 이해하기 위한 배경 지식들도 상세하게 설명해주기 때문에 기사 하나만 읽어도 3~4개의 기사를 읽은 것 같은 효과를 얻을 수 있음.
- **뉴닉(무료)** 이슈사항을 요약 정리해주기 때문에 빠르게 여러 가지 정보를 얻고 싶을 때 효과적. 뉴스레터에 최적화되어 있기 때문에 업무 시작 전 훑기 좋음.

이틀에 한 번 뉴스레터 발송.

- **캐릿(무료/유료)** MZ세대들에게 인기 있는 다양한 트렌드들을 정리하여 뉴스레터 발송. MZ세대들을 타깃으로 하는 마케팅 인사이트를 얻을 수 있음.

이외에도 다양한 사이트들에서 양질의 정보들을 얻을 수 있으니 뉴스레터를 적극 활용하길 바란다.

### 하버드비즈니스리뷰

'하버드비즈니스리뷰'는 경영 관련 정보지 중 가히 최고의 퀄리티를 자랑한다. 기업의 실질적 데이터와 통계를 기반으로 실무와 연관된 연구 자료들을 제공하며 그에 따른 해결책들도 제시하고 있기 때문에 사업을 하고 있거나, 창업을 꿈꾸는 사람이라면 틈틈이 읽어보길 권한다. 다만 외국의 근무환경에 초점을 맞추어 발간되기 때문에 국내 상황에 맞춘 글을 접하고 싶다면 '동아비즈니스리뷰'를 구독해보길 권한다. 난이도가 상당히 있는 글들이 많아서 처음부터 다 이해하려고 접근하면 어려울 것이다. 필요한 내용을 선별해서 읽겠다는 마음으로 접근하길 바란다.

### 유튜브

유튜브에도 알면 좋은 다양한 정보들이 있다. 검색 기능까지 제공하기 때문에 사실상 네이버, 구글의 대체안으로 활용을 한다. 다만 채널에 따라 정보의 신뢰성은 장담하기 어려우니 선별해서 사용하길 바란다. 보통 현직자 이야기, 요약된 정보, 혹은 급하게 정보를 찾아야 할 때 활용을 한다. 요즘은 영상들이 10분 내외로 구성이 되기 때문에 잘 검색하면 내가 원하는 정보들만 빠르게 확인할 수 있다.

### 스터디, 모임, 토론 등

요즘은 인터넷으로, 어플로 손쉽게 모임을 찾아 참여할 수 있다. 독서 모임이든 토론 모임이든, 여러 사람을 만나면서 특정 주제로 이야기를 나눌 수 있다. 이를 통해 생각 정리 연습이 가능하다. 규칙과 발언 시간이 정해져 있는 형태의 모임을 잘 찾아야 한다. 여기서 목적은 내 논리로 다른 사람들을 설득하는 게 아니라 다양한 사람들의 의견을 들어 보는 것이다. 토론 모임을 찾아서 올 정도의 사람들이라면 분명 자기만의 철학과 견해를 가지고 있을 확률이 높다. 그러한 집단에서 함께 활동하며 자연스럽게 정보를 나누고 정리하다 보면 단순 정보 이상의 것들을 얻어갈 것이다.

## 생각 노트, 아이디어 노트 만들기

생각을 키우기 위해 정보를 얻을 수 있는 수단은 많다. 중요한 건 나만의 방식으로 생각들을 정리해놓은 노트를 만들어 보관하는 것이다. 이 아이디어는 예전에 수능 공부를 할 때의 방법을 참고하여 고안했다. 단권화 공부법인데, 예전에 문제집을 많이 풀다 보면 나중에 틀린 문제만을 다시 보려고 해도 10권이 넘는 책을 다시 훑어봐야 하는 번거로움이 있었다. 그래서 틀린 문제만 책 한 권에 모아 붙이기 시작했다. 그렇게 한번 복습을 해도 자주 틀리는 문제들은 더 많이, 아는 문제는 상대적으로 적게 보게 되면서 시간 대비 학습효율을 끌어올릴 수 있게 되었다. 이를 참고하여 글쓰기를 위한 노트를 만들어 활용하기 시작했다.

하나는 평소에 들고 다니면서 영감이 떠오르는 대로 끄적이는 생각 노트, 나머지 한 권은 생각을 정돈한 아이디어 노트다. 이렇게 정리하고 나면 한번 보고 지나간 것보다 오랫동안 기억에 남고, 한 번 더 생각할 수 있어 정제된 아이디어가 나온다. 노트는 각자 편의에 따라 핸드폰을 사용하거나 일반 종이 노트를 활용하면 된다. 에버노트 앱을 활용하면 종이에 적은 글씨를 촬영하여 저장해도 검색이 되니 본인이 편한 방법을 사용하길 바란다.

꼭 글이 아니어도 된다. 내 생각을 정리하는 방법으로 꼭 글쓰기를 활용해야 하는 것은 아니다. 예를 들어 내가 말을 하면서 생각이 정리되는 타입이라면 녹음기를 켠 상태에서 자유롭게 이야기하면 된다. 요지는 앞서 이야기한 4문장 정리를 자신에게 편한 방법으로 하는 것이다. 번뜩 떠오르는 영감이나 아이디어들을 급히 정리하기 위해 녹음기를 활용해도 좋다. 그렇게 정리한 것들을 한 곳에 모으는 작업을 꾸준히 하라. 사진을 찍어서 보관한다면 검색하기 쉽게 해시태그를 달아두거나, 녹음을 한 경우 텍스트 변환을 해서 저장한다면 필요할 때 자료를 찾아서 쓸 수 있다. 시간이 지나면 강력한 나만의 무기가 되어 있을 것이다.

CHAPTER 3

# 내 생각 글쓰기

## 어디에 쓸 것인가?

생각대로 즐기는 글쓰기를 하기 위해서는 나만의 글쓰기 공간이 있어야 한다. 물론 남들 모르게 나 혼자 볼 일기글을 쓸 것은 아니기에 다른 사람들이 자유롭게 오고 갈 수 있는 공간에 '본진'을 구축해야 한다. 대표적으로 네이버 블로그, 카페, 브런치 등이 있다. 사실 처음으로 글쓰기를 시작하는 처지라면 일단 써보는 것이 중요하나, 그래도 이 글을 읽는 여러분이 향후 사업이나 마케팅 같은 수익화를 목적으로 한다고 가정하고 각 플랫폼별 특징을 간략하게 살펴보고자 한다.

### 네이버 블로그

네이버 블로그는 국내 최대의 검색 포털인 네이버에서 운영하는 플랫폼이라는 것만으로도 충분히 메리트가 있다. 검색을 통해 블로그 글들이 노출되다 보니 '키워드' 선정이 중요하고, 블로그가 과도한 마케팅의 장으로 이용되는 걸 막기 위해 네이버는 지속적으로 검색어 알고리즘을 업데이트한다. 키워드 검색을 통한 고객의 유입을 목적으로 활용하며 홈페이지형 블로그를 만들어 나의 '브랜딩'을 부각시키기 좋다. 글쓰는 실력뿐만 아니라 알고리즘을 이해하여 마케팅 측면으로 활용할 수만 있다면 블로그 체험단으로 꽤나 짭짤하게 부수입을 만들 수 있다. 실제로 많은 제휴 문의가 블로그를 통해 들어오기도 하고, 여타 플랫폼에 비해 마케팅 측면으로 쓰임이 높다.

### 네이버 카페

블로그와 마찬가지로 국내 최대의 검색 포털인 네이버의 플랫폼이다. 검색 시 노출이 되는 것 또한 같다. 블로그와의 차이라면, 글을 나 혼자만 써서 발행하는가, 아니면 많은 사람들이 글을 쓸 수 있는가의 차이가 있다. 규모가 있는 카페의 경우 하루에 올라오는 글만 수백 개가 된다.

한국비즈니스협회에서는 본인의 사업을 위한 '본진'으로 카페를 활용하도록 교육하는데, 가장 큰 이유는 DB 관리 때문이다. 글쓰기 자체의 측면에서는 네이버 블로그와 큰 차이가 없지만, 등급에 따라 읽기 권한을 부여할 수 있어 고객들의 개입도를 끌어올리는 데 활용할 수 있다. 시간이 지나 회원 수와 콘텐츠가 쌓이면 자생이 가능해진다. 중고나라가 1,000억에 매각이 된 것처럼 잘 만든 카페는 그 자체만으로도 높은 부가가치를 가진다.

### 브런치

반대로 글쓰기 자체의 재미를 느끼고 싶다면 브런치를 추천한다. 작가 등재가 돼야 한다는 진입장벽이 있지만 작가 등재가 되고 나면 브런치북, 매거진과 같은 다양한 작품 활동을 할 수 있다. 브런치 활동을 열심히 하면 바로 책쓰기와도 연계가 된다는 장점이 있다. 또한 브런치 내에서 활동하는 작가들 중 실제 업계에서 종사하는 전문가들이 많기 때문에 브런치에서 발행되는 글은 신뢰도와 전문성이 높다는 이미지를 가지고 있다. 그리고 기존 네이버 블로그의 마케팅, 키워드, '복붙'한 듯한 포스팅에 지친 눈을 정화해줄 정도로 다양한 문체의 글을 발견할 수 있다. 구글 검색 시 노출도 되기 때문에 높은 트래픽을 만들어내는 글인 경우 상위노출이 될 수 있다. 다만 브런치 내에 마케팅 기능이 없다시피 하기 때문에 내 글의 조회 수를 높이기 위해서는 따로 홍보활동을 해야 한다. 그리고 작가 등재가 생각보다 어려운 편이다.

## 어떤 글을 쓸 것인가?

공간이 정해졌다면 이제 어떤 글을 쓸지를 정해야 할 때다. 자유주제로 제약 없이 글을 쓰고 싶다면 주제를 브레인스토밍해서 최대한 뽑아내보라. 일상글, 독서글, 여행글, 생각글 등 제한 없이 뽑다 보면 당장 쓰고 싶은 글들이 생긴다. 처음부터 잘 쓰려고 하지 말고 그냥 끝까지 한 편의 글을 완성시켜보자는 생각으로 글쓰기를 하라. 내가 다루기 편한 주제여야 한다.

개인적으로 가장 손쉽게 시작할 수 있는 주제는 독후감이었다. 이미 책이라는 글감이 정해져 있고, 읽고 난 후의 생각을 정리하기만 하면 일단 글 하나를 작성하기에 충분하기 때문이다. 이 부분은 개인차가 분명 존재하기에 내가 쓰기 편한 글로 연습을 시작하길 권한다.

반대로 특정 주제를 연재 형태로 쓰고 싶다면 전체적인 글쓰기 계획을 대략적으로나마 잡아보고 들어가야 한다. 한 편의 글을 작성하기 이전에 뼈대로 4문장 정리를 하는 것처럼 목차는 책의 뼈대 역할을 한다. 작게는 몇 십 개부터 많게는 몇 백 개가 되는 연재글을 작성하는 동안 글의 논지를 흔들림 없이 유지하기란 쉬운 일이 아니다. 나무에 집중하다 보면 숲을 보지 못하는 것처럼 목차 없이 연재를 시작하면 글이 방향성을 잃기 쉽다. 생각나는 대로 쓰게 되기 십상이다. 결국 상당 부분을 수정하거나 없애야 하는 불상사가 발생한다. 그러므로 꼭 목차를 쓰자.

전체적인 목차를 잡는 방법은 여러 가지가 있지만, 내가 선호하는 방법은 다른 책들을 보고 마음에 드는 목차를 골라 나에게 맞게 변형시키는 것이다. 어차피 초기 목차는 글을 써나가면서 방향성을 해치지 않는 선으로 추가되거나 수정될 가능성이 높다. 이렇게 어떤 글을 쓸지 정하면 다음은 어떻게 쓸 것인가를 알아볼 시간이다.

## 어떻게 쓸 것인가?

글쓰기 페이지를 열었다. 흰 바탕에 아무 글도 안 쓰여 있다. 무엇을 어떻게 시작해야 할까? 앞에서 훈련한 방법을 활용해야 할 때다. 내가 쓰고자 하는 이야기를 4문장으로 정리하여 적는다. 그리고 하나씩 세부 목차를 써본다. 이 문장에 어떤 부연 설명을 붙여볼까? 어떤 사례를 추가할까? 등등 자유롭게 구성해보자. 그러고는 그냥 적기 시작해라. 문장의 완벽함? 신경 쓰지 마라. 그건 나중의 일이다. 어떻게든 내가 최초에 계획했던 분량을 끝마치도록 노력하라. 그렇게 해서 작성을 완료했다면 저장해놓고 쉬어라. 머릿속에 가득했던 에너지를 글쓰기에 폭발시켰기 때문에 되고 자체가 힘들 것이다.

다음 날 저장했던 글을 다시 열고 소리 내어 읽어보면서 수정하라. 표현이 이상한 부분도 있을 것이고, 내가 무슨 생각으로 이렇게 쓴 거지? 하며 이해하기 어려운 부분도 있을 것이다. 이러한 부분들을 수정하다 보면 그런대로 봐줄 만한 글이 한 편 나올 것이다. 축하한다, 글쓰기를 잘 마친 것을.

## 글쓰기 훈련법

빈틈 많아 보이는 글을 올리고 다른 사람에게 보여줄 생각을 하니 영 마음이 불편한가? 조금만 참아보자. 이제 글쓰기 훈련법을 설명할 예정이다. 한국비즈니스협회의 글쓰기학회는 다양한 프로젝트를 진행하고 있지만, 활동의 근간을 이루는 것은 '글쓰기+피드백'이다. 따라서 학회 회원 모두가 다른 사람이 쓴 글에 대해 열심히 피드백을 해주어야 할 의무가 있다. 이렇게 서로의 글에 대해 피드백을 해주고 받는 활동이 글쓰기 훈련 방법이다.

글은 참 솔직하다. 글쓴이의 마음이 그대로 녹아들기 때문이다. 실제 글쓰기학회에서 피드백 과정 중 재미있는 현상이 종종 발생한다. 다른 사람의 글에서 아쉬운 부분을 발견하고 피드백을 주면 글쓴이도 글을 쓰는 과정에 똑같은 생각을 했다는 것이다. 보통 마땅히 좋은 아이디어가 없어서, 혹은 더 수정하기 힘들어서 그냥 글 작성을 마친 경우가 많은데 피드백을 받으면 내가 미처 생각하지 못했던 다양한 아이디어를 얻을 수 있다. 그 덕분에 훨씬 좋은 글이 완성되고, 이 경험이 누적되면서 좀 더 빨리, 좀 더 읽히기 좋은 글을 써낼 수 있게 된다.

함께 글쓰기 훈련을 하고 싶은 사람 여섯 명만 모아서 시작하라. 소모임이나 챌린저스, 기타 모임 어플을 찾아보면 글쓰기와 관련된 모임이 많다. 거기에 가입해서 시작해도 되고, 주변 동료와 시작해도 된다. 아니면 한국비즈니스협회의 글쓰기학회 문을 두드려라. 기쁜 마음으로 환영하겠다.

CHAPTER 4

# 사업에서의 글쓰기

사업에서의 글쓰기는 내가 글쓰기를 생활처럼 하도록 만든 이유이기도 하다. 먼저 사업에서 글쓰기가 차지하는 비중이 매우 크다는 것을 알아야 한다. 특히 자본이 없거나 인맥이 없는 경우 나의 잘 쓴 글 하나가 엄청난 힘을 가져다준다. '나'라는 사람이 어떤 생각을 갖고, 어떤 철학을 갖고, 무슨 일을 어떤 마음으로 하고, 어떻게 당신에게 도움을 줄 수 있는지를 글로 표현할 줄 알아야 한다. 나의 카페에, 블로그에, 브런치에, SNS에, 기사에, 책에, 기타 생각할 수 있는 공간에 '글'로 표현을 해두어야 고객들이 나란 사람을 알아차리고 관심을 가지기 시작한다. 따라서 가진 것 없는 상황에서 사업을 시작하려고 한다면 글쓰기 실력을 길러두자. 크게 세 가지 분류로 사업에서 글쓰기가 차지하는 영역을 소개하겠다.

### 칼럼

정보성 글이든 주장하는 글이든, 사업가라면 칼럼을 통해 고객을 설득하고 공감을 이끌어내야 한다. 그래서 칼럼을 쓸 때는 계획이 중요하다. 내가 서비스, 제품을 판매하려고 하는 고객은 누구인가? 어떤 특징을 가지고 있는가? 어디에서 어려움을 호소하고 있는가? 당신은 어떻게 도움을 줄 수 있는가? 구매력을 고객 당사자가 가지고 있는가? 어느 매체를 주로 사용하는가? 기존에는 어떤 방식으로 문제를 해결하고 있었나? 나의 차별화는 어디에 있는가? 등등 스스로 정의를 내려야 할 질문이 끊임없이 나온다. 이 모든 것들이 전부 글감이 된다. 나의 블로그나 카페, 소위 '본진'으로 삼아 DB가 유입되게 하려는 곳에 칼럼을 연재하자. 고객이 나의 칼럼을 읽고 '아, 이거 내 이야기네!', '이 사람이 내 문제를 해결해줄 수 있을 것 같아!'와 같은 반응이 나와야 한다. 따라서 타깃으로 잡은 독자층의 특성을 면밀히 파악해두자!

분량은 칼럼 하나당 2,000자 내외로 하자. 이 정도 분량이 글 한 편을 읽었을 때 심리적으로 적당하다고 느끼게 한다. 그리고 열심히 훈련했던 4문장 정리를 확장시키면 된다. 사례, 인용, 분석, 통계자료 등 다양한 근거자료를 들어 객관성을 확보하면 2,000자를 채우는 것은 금방이다. 평소에 생각 키우기 훈련을 열심히 하고 있었다면 글감 찾는 것에도 큰 무리가 없을 것이다.

### 소책자(로볼)

적당한 분량의 칼럼이 완성되면 고객에게 가볍게 제공할 수 있는 소책자를 만들자. 소책자의 역할은 고객을 내 앞에 앉히기 전 내 팬을 만들어놓는 역할이라고 보면 된다. 소책자를 읽고 나를 전문가로 인식하고, 본인과 비슷한 어려움을 느낀 사람을 어떻게 해결해줬는지 사례를 보고, 본인이 처한 상황에 바로 써볼 수 있는 팁들을 얻고, 나에게 상담을 받으면 어느 정도로 좋아질 수 있는지 미래를 제시해주는 것. 소책자에 들어가야 할 내용들이다. 고객을 매료시키는 게 목적이기 때문에 강하고 자신감 넘치는 문체를 사용하는 것이 좋다.

소책자라고 해서 어디서든 얻을 수 있는 정보들이면 안 된다. 알짜배기 정보를 주되, 더 큰 게 있다는 기대치를 심어 넣어야 한다. 분량은 대략 20~30페이지 정도로 만들자. 16,000~24,000글자 분량이 될 것이다. 한 꼭지당 2,000자 내외라고 하면, 10~15꼭지 분량이 적합하다.

### 책쓰기

책쓰기는 사업에서 전문가 포지셔닝을 하기 위한 가장 강력한 수단이다. 특히 베스트셀러 작가라는 타이틀은 굳이 다른 설명을 하지 않아도 이미 누구나 전문가로 받아들인다. 그래서 한국비즈니스협회에서는 수강생들에게 각자 책 한 권씩 쓰도록 독려한다. 책 한 권은 보통 7~8개의 대분류로 이루어져 있고, 각 대분류별로 4~5개씩의 소분류가 들어간다. 처음부터 '책을 써야지!'라는 마음으로 글을 쓰기보단 평소에 칼럼을 꾸준히 쓰는 습관을 들이자. 그렇게 글이 모아지면 책 한 권 분량은 나올 것이다. 여기에 고객들의 후기, 사례들이 추가되면 기본적으로 책을 구성할 수 있을 정도의 분량이 만들어진다.

특히 요즘은 전자책을 만들어 판매하는 경우도 많다. 비즈니스 유튜버 '자청'의 경우 초사고 글쓰기 전자책을 통해 하루 만에 1억 8,000만 원의 수익을 만들어냈다. 꾸준히 글쓰기 활동을 해온 결과 신뢰도가 쌓여 있었고, 그 노하우가 담긴 전자책을 29만 원의 높은 가격에 판매했음에도 하루 만에 800명이 넘는 사람들이 책을 구매한 것이다. 평소 꾸준히 하는 글쓰기 활동이 얼마나 사업에 중요한지는 이를 보면 알 수 있다.

## 사업계획서도 글쓰기 실력이다

매년 기업 공채 시즌이 되면 수많은 구직자들이 들어가고 싶은 회사에 입사지원서를 제출한다. 그리고 이 과정에 구직자들은 '자기소개서'라는 것을 작성한다. 기본 스펙이 동일하다고 가정하면 면접전형으로 진출을 하느냐, 못하느냐를 결정짓는 것은 이 자기소개서라는 놈이다. 회사도 똑같다. 정부지원자금을 받기 위해, 투자 유치를 위해 우리는 '사업계획서'라는 것을 쓴다. 앞서 내가 서류전형에서 탈락한 적이 없다고 언급했는데 그 이유는 자기소개서의 질문들이 무엇을 원하는지 파악한 상태에서 답변을 작성했기 때문이다. 사업계획서도 마찬가지다. 누구에게 보여줄 것이냐에 따라 어떻게 글을 쓸 것인가가 달라진다.

예를 들어 내가 정부지원자금을 받기 위해 사업계획서를 쓴다고 가정해보자. 정부는 왜 지원자금을 줄까? 이것을 통해 어떤 것을 얻고자 할까? 그래서 어떤 회사들에게 지원자금을 주고 싶어 할까? 이러한 질문들에 대한 답을 명확하게 알고 있어야 한다.(이에 대한 답을 간단히 하자면, 정부는 사회문제를 해결해줄 수 있는 회사들에 자금을 지원해준다.) 그렇다면 투자 유치를 위한 IR 자료를 만든다고 했을 때 투자자들은 무엇을 궁금해할까? 요약해서 설명해야 할 부분은 어디고, 강조를 줘서 설명해야 할 부분은 어디일까? 이렇듯 글쓰기 실력은 투자자금 유치를 위해서도 중요하다.

## 사업가들의 글쓰기 모임 - 글쓰기학회

나는 한국비즈니스협회에서 조직업무를 총괄하고 있다. 창업을 가르치는 한국비즈니스협회에서 사업을 하는 수강생들끼리 성과를 낼 수 있도록 다양한 교류 모임을 개설하고 유지 관리가 되도록 하는 것이다. 글쓰기학회는 사실 내가 가지고 있는 고민을 해결하고자 기획한 모임이기도 하다. 너무 글을 어렵게 쓰다 보니 한 편을 완성하는 데 시간이 오래 걸렸다. 그래서 글쓰기를 쉽게 하는 방법을 연구하는 스터디 모임을 만들어볼까 하는 것이 시발점이었고, 뜻을 함께하는 나머지 아홉 분까지 합류하여 글쓰기학회가 완성되었다.

공통적인 목표는 각자의 사업에 관한 책쓰기다. 이와 함께 글쓰기 방법을 가르치는 강사 양성 과정과 멘토링 활동을 한다. 그리고 1주 단위로 각자 글쓰기를 한 부분에 대한 피드백을 주고받는다. 개인적으로는 30일 글쓰기 챌린지를 운영하고 있다. 내 사업 분야 외에 다양한 주제로 글쓰기 활동을 하고 싶은 마음에서 시작했고, 생각보다 반응이 좋다. 부담감 없이 내가 쓰고 싶은 글을 자유롭게 쓰는 게 원칙이기 때문이다.

30일 글쓰기 챌린지는 생각 표현 훈련이 목적이다. 따라서 나의 논지가 잘 전달되었는지 파악하는 것이 중요하다. 함께 챌린지를 하는 분들과 서로 활발하게 글에 대한 피드백을 주고받으며 표현법을 점차 숙달시켜나간다. 다양한 주제에 대한 글을 읽으면서 사고의 폭을 넓히고 상대방의 글을 통해 상대의 생각을 배우면서 한층 더 가까워질 수 있다.

CHAPTER 5

# 즐기는 글쓰기

자, 지금까지 글쓰기를 즐기기 위한 이론적인 내용을 알아보았다. 하지만 이를 안다고 해서 글쓰기를 하루아침에 편하게 쓸 수는 없을 것이다. 평생 다이빙을 해본 적이 없는 사람에게 갑자기 뛰어내리라고 하면 뛰어들 수 있는 사람이 얼마나 되겠는가! 낮은 높이에서 입수 동작부터 차근차근히 배워야 할 수 있는 것이다. 그렇다면 '실질적으로' 글쓰기를 즐기기 위한 실천 방법들을 알아야 한다. 지금부터 하나하나 좇아보길 바란다.

## 잘 쓰려 하지 마라

글쓰기의 가장 큰 적은 잘 쓰려 하는 것이다. 잘 쓰려 하지 말고 진정성 있는 글을 쓰려고 하라. 두서없이 생각나는 대로 써도 상관없다. 가장 쉬운 방법은 일기 쓰기다. 일기는 자신의 생각, 감정 등 모든 것을 자유롭게 표현할 수 있는 공간이다. 일기는 보통 형식이 자유롭고 규칙이

랄 게 없지만, 글쓰기를 힘들어하는 사람이라면 먼저 다음 질문에 대한 답을 생각나는 대로 달아보자.

- 어떤 일이 있었나?
- 그 일이 일어날 당시 나는 무엇을 하고 있었나? / 주변 상황은 어떠했나? / 나의 감정은 어떠했나?
- 그 일이 일어난 이후 상황이 어떻게 바뀌었는가? / 나는 어떻게 반응(대처)했는가?
- 결과가 어떻게 되었는가? / 느낀 점, 깨달은 점, 이에 대한 나의 생각은?

작성한 답변들을 그대로 이어 붙여보자. 그렇게만 해도 글 한 편이 완성된다. 물론 여기에 좀 더 살을 붙인다면 이야기에 생동감을 불어넣을 수 있다. 그럼에도 우선 기본기를 연습하기 위한 가이드라인을 제시해보았다.

## 문장 짧게 쓰기

읽다 보면 도통 무슨 소리인지 모르는 글이 있다. 안 읽히는 글은 두 가지 특징이 있다. 그중 첫 번째는 문장이 너무 길다는 것이다. 번역된 외국 서적, 혹은 전공 서적을 읽을 때 이런 기분을 많이 느껴봤을 것이다. 문장을 최대한 짧게 써보라. 그래야 읽는 입장에서 손쉽게 내용을 좇을 수 있다. 길어야 두 문장을 붙인 정도가 적합하다.

"마케팅 활동에서 발생하는 마케팅 문제를 해결하기 위한 것으로, 조사 문제에 대해 정확한 정의가 이루어지지 않는다면 정확한 조사를 하였다 하더라도, 마케팅 문제 해결을 위한 의사결정에 도움을 주지 못한다."

마케팅 관련 전공 서적에서 발췌한 문장이다. 이런 문장이 흔히 말하는 너무 긴 문장이다. 세 개의 문장이 하나로 합쳐졌기 때문에 호흡이 길고 속도감 있게 읽기 힘들다. 이렇게 고쳐보자.

"마케팅 활동에서는 마케팅 문제가 발생한다. 이를 해결하기 위해서는 조사 문제에 대해 정확한 정의가 필요하다. 만약 이것이 이루어지지 않는다면 정확한 조사를 하였다 하더라도, 마케팅 문제 해결을 위한 의사결정에 도움을 주지 못한다."

어떤가? 좀 더 보기 편해지지 않았는가? 이렇게 문장을 짧게 줄이면 좀 더 가독성 있는 글을 쓸 수 있다.

## 쉬운 표현으로 쓰기

위의 수정한 문장에서도 아직 아쉬운 부분이 있다. 바로 단어나 표현이 너무 어렵다는 것이다. '마케팅 문제', '조사 문제', 이 두 개의 뜻을 아는가? 잘 모른다면 당신은 인터넷에 검색을 해보았는가, 아니면 그냥 훑어 읽어가고 있는가? 잘 읽혔는가? 표현이 어렵다면 글이 재미가 없어진다. 따라서 표현을 좀 더 쉬운 단어들로 바꾸는 과정이 필요하다.

"마케팅 활동을 위해 기업이 생각하는 이상적인 환경과 현실은 많은 차이가 있다. 이 차이를 좁히기 위해서는 어떤 시장조사가 필요한지를 정확하게 알아야 한다. 그렇지 않다면 조사를 잘 진행하더라도 마케팅을 수행하는 데에는 도움이 되지 않을 수 있다."

다소 급격하게 내용을 바꿨지만, 그 맥락을 파악하기가 훨씬 수월해졌을 것이다. 이처럼 글쓰기에 쓰이는 단어나 표현은 쉬울수록 좋다.

## 마무리하며

글쓰기학회는 정말 '글쓰기를 즐기는 모임'이 되는 것이 목표다. 검증된 글쓰기 방법이 아닌 실험적이고 도전적인 글쓰기를 환영하고, 이러한 변화에서 기쁨을 느낀다. 새로운 장난감을 발견한 것처럼 설레고 재미있는 놀이라고 생각하는 것이다. 글쓰기에 옳은 답은 없다. 나만의 답을 발견하고 표현할 때의 즐거움을 꼭 발견하길 바란다. 당신의 글은 언제나 옳다.

## 박은경

오디스라이프 대표

12회 개인전 작가

《설레는 몸》, 《그와 그녀의 36.5》 저자

메모리라이팅&드로잉 기획자

문화예술 기획자

단식 전문지도사

미디어 전문지도사

한국비즈니스협회 글쓰기학회 정회원

새로운 길을 나선다는 것은 설렘과 동시에 두려움을 내포하고 있다.
낯선 환경에 나를 맡기는 것은 더 큰 용기를 필요로 할 테니깐.
지금 우리가 서 있는 이 울타리의 안락함은 머지않아
위험하다는 것을 알면서도 '과연 내가 할 수 있을까?' 혹은 '이 나이에?'라면서
단단히 문을 걸어 잠글 수도 있다.

잠시 느낀 안전함은 다시 절망과 고통을 안겨줄 것도 알고 있다.
그 뒤에 숨겨진 위험을 알고도 잘할 수 없다고 미리 포기한다.
그것은 우리 모두가 그것을 성공하고 싶어 하기 때문이다.
그래서 확실하게 보장된 길을 가려고 신발 끈조차 매지 않고 있다.
하지만 그 보장은 과연 누가 해줄 수 있을까?

용기를 내 문을 열고 나서야 길 위에 설 수 있다.
그리고 알게 될 것이다.
시작보다 점점 더 가속도가 붙고 있다는 것을.
왜냐하면 이미 우리들의 주머니 속에는
'두려움을 걷어낼 만한 가치'가 달그락거리고 있을 테니까!

두려움을 걷어낼 만한 가치
오디스라이프 대표 박은경

# 3

# 나는 이야기다

CHAPTER 1

# 나에게 글쓰기란 무엇인가?

'나에게 글쓰기란 무엇인가?'라는 주제가 주어졌을 때에는 생각의 파동이 이렇게 멀리 가게 될 줄 미처 몰랐다. 끝을 모르고 시작한 글쓰기는 낯선 길을 가는 것처럼 두려움과 설렘을 동반한다. 늘 쓰는 글이지만 글을 주제로 쓴다는 것은 매우 조심스럽게 자신을 살피게 한다. 마치 새로운 길을 갈 때 좌우를 살피면서 가는 것처럼 말이다. 왜냐하면 글을 매개체로 나를 향해가고 있기 때문이다. 그리고 알게 되었다. 우리가 지도를 보고 갈 때 다양한 길을 선택하는 것처럼 시간을 절약할 것인지, 기름을 절약할 것인지, 과정을 즐길 것인지 글도 다양한 방식으로 선택할 수 있다는 것을!

글쓰기는 크게 둘로 나뉜다. 외부의 조건과 연결되는 '밖으로 향하는 글쓰기'는 사회와 욕망의 관계를 바라보는 기술을 필요로 하는 반면, '안으로 향하는 글쓰기'는 의식과 무의식 속에 다양한 방식으로 저장된 기억을 채집하고 해체와 동시에 분류한다. 잠재된 기억은 현재 자신의 행동의 원인을 찾는 행운과 함께 상처를 마주하는 아픈 경험을 주기도 할 것이다.

그림을 그리며 단식을 안내하는 일을 통해 사람의 몸과 마음을 치유하는 일을 하는 나는 그림을 그리면서 글을 쓰기 시작했고, 단식을 하면서 단식일기를 쓰게 되었다. 모두 글을 통해 세계가 확장되고 있다는 것을 느끼게 된다. 몸으로 쓰고 마음으로 읽는 일이기에 나에게 오감은 본능적으로 열려 있다. 그래서 글쓰기의 무한한 가능성을 몸으로 증명하고 있는 중이다. 삶을 정면으로 바라보며 글을 쓴다는 것은 일상에서 질문을 만들고 해답을 찾는 과정을 통해 잠재된 감각을 깨운다. 그리고 요동치는 마음 안에서 중용을 지키며 고요한 나를 유지하게 만든다. 그래서 글쓰기를 한다는 것은 자신의 삶을 주도적으로 조율할 수 있는 강력한 힘을 만들어준다.

오랜 기간 그림을 그리고 전시를 했다. 일 년을 준비해 일주일간 소통을 하고 나면 심한 갈증을 느끼게 되는 경우가 많았다. 그래서 갤러리에서 벗어나 카페, 도서관, 대학병원, 빈집, 온라인 전시, 아트상품 등 다양한 방식으로 관객을 찾아 나섰다. 갤러리에서 벗어나니 사람들을 더 가까이 만날 수 있었다. 도서관에서 책을 보다 관람객과 차를 마시며 소통하게 되었고, 결혼기념일에 부인의 선물을 사러 온 부부 관람객과 10년의 인연이 이어지기도 했다. 요양병원에 계신 노모를 모시고 온 인상 깊었던 관람객, 우연히 여행을 왔다 잠시 들른 카페에서 만나 그들의 가족여행에 초대받기도 했다.

다양한 사람들을 만나 그들의 이야기와 그림의 접점을 발견하는 건 또 다른 전시의 묘미였다. 빈집이 있는 오래된 마을을 직접 취재하면서 만났던 사람들, 그들의 다양한 삶이 그림으로 들어와 이야기를 만들기 시작했다. 그리고 좀 더 자신의 이야기를 삶의 한가운데로 넣고 싶은 사람들과 문화예술 프로그램을 진행하기도 했다. 아직도 기억에 남는 프로젝트 기획들이 있다. 2019년에 기획했던 아트로드는 강원도의 숨겨진 작가를 찾아서 직접 만날 수 있는 여행 프로그램이었다. 작가의 집과 작업실, 은밀한 그들의 공간을 들여다보는 즐거움과 작가와의 진솔했던 인터뷰 시간을 함께했던 참여자들의 반응은 가히 폭발적이었다.

여든이 넘어 열악한 작업환경과 치매, 시력을 잃어가는 극한 상황에서도 그림을 그리는 자신이 행복하다고 이야기하는 원주 작가 이재걸. 군 생활로 시작된 원주살이. 제자를 가르치며 원주 풍경을 잡아내는 데 50여 세월이 그를 거쳐 갔다. 주변머리가 없어 이게 내 집이라 생각하면 오두막이라도 만족하며 산다는 노작가를 보며 욕심을 버린 데서 오는 순수한 모습에 숙연해졌지만 '가족의 삶은 어떠했을까?'라는 생각이 슬쩍 스쳤다. 작업과 삶의 일치에 작가로서의 잣대를 댄다면 삶은 또 어떤 현실인가. 그의 집 대문 앞에는 낡은 현판으로 원평의 집이라 씌어 있었다. 삐걱거리는 철문을 열고 들어선 그의 집과 집안에 흩어져 있었던 그의 작품을 보았다.

내가 초로의 나이에 방문한 것이 차라리 다행일 수도 있었다. 그 자리에서 뛰쳐나오지 않고 낡은 벽난로 옆에서 작가의 이야기를 들었다. 대가와 자존심, 욕망 사이에서 부단히 저울질하는 우리들의 모습을 비추기에 저 멀리 있는 원평의 집. 2,000여 점을 원주 역사박물관에 기증하였고, 많은 제자들이 존경하는 원주 미술계의 역사라는 노장의 작업실은 뜨거운 난로가 무색하게 너무 추워보였다. (2019.4. 원평의 집에서)

어느 해에는 시민 참여자들을 중심으로 뜨개질을 배우고 전시회도 열었다. 수익금을 기부하는 의미 있는 일도 했는데 기억에 남는 것은 82세 할머니 강사님을 발굴한 것이었다. 늘 뜨개질을 하면서 한 번도 사람들 앞에서 가르쳐본 경험이 없었던 그 할머니는 인기 강사가 되셨다. 그리고 프로그램에서 만들어진 뜨개질 작품들을 모아서 전시회를 열었다. 그날 손자의 멋진 꽃다발을 받으며 수줍어하셨던 모습이 아직도 기억난다.

또 '술 익는 마을'이라는 가족 프로그램은 아빠와 다섯 살 난 아들이 막걸리를 만들기 위해 고두밥을 식히려고 부채질을 연신 하며 웃었던 모습을 만들어냈다. 함께 마시지는 못했겠지만 그들의 시간은 행복한 기억으로 저장되었을 것이다. 자신의 이름이 들어간 전각(도장)을 파면서 이름이 만들어진 역사를 이야기하게 되었고, 아끼는 물건을 부채에 그려보는 프로그램도 있었다. 일상의 이야기를 그림으로 옮겨보는 기회가 된 기획이었다.

내가 기획하는 다양한 프로그램을 관통하는 것은 이야기였다. 일상의 이야기를 전면에 걸고 일 년간 진행했던 '문득, 일상이 다가오면' 프로그램은 일주일의 고단함을 잊으며 글을 쓰고 그림을 그렸다. 지난 기억을 떠올리며 앞으로의 삶을 그려보는 과정에서 '내 인생의 버킷리스트'를 작성하는 그들의 얼굴은 상기되었고 입가에 웃음은 끊이지 않았다.

(사람들과 함께 하는 프로그램 외에도 공공 미술프로젝트에 참여하게 되었다. 프로젝트의 하나로) 춘천에 있는 문화예술회관 위 정자가 있는 곳에 벽화작업을 마치고 바로 춘청시청사 외부벽 작업을 진행하고 있었다. 2천 명의 시민이 자신의 얼굴을 타일에 그려 붙이는 대형 프로젝트였다.

과로에 과로가 덧붙여졌던 어느 날 뜻하지 않은 사고가 있었다. 버스를 타려고 바닥을 딛는 순간 무릎 연골이 파열되어 3개월간 입원과 재활의 시간을 보내게 되었다. 그동안 바쁘다고 무시했던 몸이 그렇게 대반란을 일으켰고 결국 과로와 스트레스, 목 협착, 만성위염, 식도염, 비만 등 총체적 난국의 몸이 되었다. 결국 단식이라는 초강력다이어트로 살을 빼기 시작했다.

단식을 하면서 단식일기를 쓰기 시작했다. 체중부터 몸의 상태, 운동량 등등 하루 생활을 기록하는 것 외에도 마음의 변화까지 꼼꼼히 살피기 시작했다. 그렇게 단식은 단순히 체중을 감량하는 것만이 아니라 혈액을 깨끗이 만들어주면서 몸속 구석구석 청소를 하게 했다. 깨끗해지는 몸만큼 마음의 변화를 느끼게 되자 '단식, 뭐야, 만병통치야?', 다이어트로 시작한 단식에 대해 제대로 알고 싶은 마음이 생겼다. 솔직히 단식이 처음은 아니었다.

그리고 15년 전 아토피를 심하게 앓았던 두 아이를 데리고 지리산 마을로 들어가 단식을 했던 기억을 꺼내기 시작했다. 그랬다. 그때 고통스러웠던 시간을 지워버렸었다. 애써 지워버렸던 그 시간을 이렇게 기억하게 되다니, 마치 운명의 장난처럼 생각되었다. 피할 수 없는 길이라면 제대로 해야 했다. 이어서 둘째 아이가 단식을 시작했고 막내딸이, 그리고 큰아이가 단식을 하게 되었다. 이제는 친정식구들까지 모두 단식가족으로 만들었으니 소기의 목적은 달성했다. 그렇게 아픈 아이들을 키우면서, 그리고 아픈 나를 치유하기 위해 시작했던 단식은 삶에 커다란 변화를 주었다. 단식과 자연치유에 관해 공부를 시작했고 지금은 그림과 글을 통해 마음을 치유하고 단식으로 몸을 치유하는 치유 아티스트로 활동하고 있다.

어느 날, 누군가 나에게 이렇게 물었다. "무엇을 제일 하고 싶으세요?" 그 자리에서 바로 답변하지 못하고 온종일 생각했다. 그리고 다음날 그에게 말했다.

"글을 쓸 거예요. 물론 단식 지도도, 그림도 그리고, 문화예술프로그램을 기획하기도 할 거예요. 왠지 아세요? 단식을 안내하면 그들의 하루 생활을 모니터하게 되요. 60여 일을 가족보다 더 가까운 거리에서 몸을 관찰하고 마음의 변화에 맞춰 코칭하고 있어요. 그러면 그들의 가족사를 알게 돼요. 그리고 숨겨진 상처를 만나게 되기도 하지요. 그들의 이야기를 들으면서 함께 울고 웃게 되죠. 그것은 때론 그림의 소재가 되기도 해요. 문화예술프로그램도 마찬가지예요. 그림을 가르치면서 만나는 사람들의 희노애락애오욕(喜怒哀樂愛惡慾)! 바로 그거예요. 그들의 이야기가 넘쳐나는 일을 하지 않고 바닷가 모텔에서 하루 종일 글을 쓴다는 것은 이젠 상상할 수조차 없어요. 나는 알콩달콩 사람들의 이야기가 피어나는 삶의 중심에 있을 거예요. 그래서 그들의 이야기를 통해 말하고 싶은 것을 쓸 거예요."

어떤가, 사람들의 몸의 시간을 돌리고 마음의 세포를 바꾸는 치유 아티스트로서의 삶은 심장을 쿵쾅거리게 하는 정말 멋진 일이 아닌가.

CHAPTER 2

# 기억 채집

어릴 적 밖에서 뛰어노는 것을 그다지 좋아하지 않았다. 조용하고 생각이 많아서 혼자 놀아도 심심하지 않았다. 그런 나에게 친구가 되어준 것은 책과 그림이었다. 보자기를 책상 아래로 늘어뜨려 커튼처럼 만든 후 외부 공간과 차단된 비밀 아지트에 들어가 책을 읽거나, 이불 위에서 뒹굴뒹굴 굴러다니며 책을 읽었다.

어렴풋하게 기억나는 꽤 두꺼웠던 삼성문고. 하얀색 양장본에 금박으로 선명하게 박혀 있던 모습이 아직도 생생하다. 또렷하지는 않아도 세계명작전집이라고 씌어 있었던 것 같다. 지금의 책 두 배 정도의 두께에 꽤나 무거웠던 그 책이 집에 50권 정도 있었다. 100권이었나? 여튼 세계명작은 모두 다 들어 있었던 것 같다. 그중에서도 《작은 아씨들》과 《대지》를 외울 정도로 많이 읽었다고 한다. 솔직히 기억은 나지 않는다. 순간순간 이불 위에 옆으로 누워서 책을 읽었던 모습만 파편처럼 남아 있고 '외울 정도'라는 표현은 엄마의 기억이다. 그렇게 책을 읽고 그림을 그리는 것은 나에겐 행복한 놀이였다.

양장점을 하시던 엄마를 대신해 외할머니가 집에서 돌봐주셨는데 늘 외할머니를 앉혀놓고 그림을 그렸다고 한다. 얼굴에 주름이 많아 그릴 것이 많고 굉장한 미인이셨던 할머니는 나를 무척이나 이뻐하셔서 그림을 그리고 있는 나를 보고 가만히 앉아서 절대 움직이지 않으셨다. 그녀는 나에게 최고의 모델이었다. 그림을 그리지 않으면 할머니한테 책을 읽어주며 놀았다고 한다. 그러고 보니 나의 책 읽어주기 역사의 시작은 이렇게 아름다운 모습으로 시작되고 있었다.

아이들을 임신했을 때부터 그림책을 읽기 시작했다. 성인이 돼서 만나는 그림책은 새로운 세계였다. 그리고 학교 교실에 들어가 책 읽어주기를 시작해 7년의 시간을 보내게 되었다. 아이들과 함께 등교해서 수업 시간 전 20분간 그림책을 한 권씩 읽어주었다. 엄마들을 조직해서 각 반에 한 명씩 배정한 후 책 읽어주기를 하였다. 책에 관한 설명 없이 담담하게 읽어주는 것이 책 읽어주기의 끝이다. 구연동화처럼 읽어주는 사람이 개입하지 않는다. 아이들이 자신의 감각으로 느끼고 상상할 수 있도록 빈 공간을 만들어주었다. 그리고 끝난 후 모여 소감을 나누었다. 책으로 전달되는 세계는 설명하기 어려운 즐거움이 있다. 그림책을 읽어주기 시작하면 공기의 파장을 따라 전해지는 아이들의 표정을 시시각각 확인할 수 있었고, 그 파장으로 다시 그림책을 읽어 내려갔다. 이렇게 기억은 오랜 시간을 거슬러 양말을 꿰매고 있는 할머니 옆에서 책을 읽어주고 있는 꼬맹이 모습을 꺼내고 있었다.

오래된 기억 조각들이 일관된 흐름을 가지면 성향이 되고, 시간은 개인의 역사를 만든다. 그렇게 기억을 모아 현재의 삶에 투영하면 나의 행동 패턴의 특징을 알아차림과 동시에 숨겨진 나를 발견하게 된다.

범죄심리학자들이 범인의 행동 패턴을 연구해 다음에 어떤 행동을 할지 유추하는 것처럼 잠재되어 있던 내 기억을 꺼내 흐름을 찾아 미래를 예측해보는 지혜를 발휘할 수도 있다. 그렇다면 지금 글을 쓰고 있는 이 시간은 확실히 남는 장사다. 낡은 운동화가 편하듯이 빛바랜 나의 기억이 어디로 튀어갈지 그것은 '기억 채집 여행'을 떠나보면 알게 될 것이다.

목적지의 좌표는 지금 이 순간, 현재의 심리를 반영할 것이다. 주변을 둘러보며 천천히 걷는 도보여행이 될 것인지, 무작정 종점까지 타고 가는 버스여행, 혹은 목적지가 중요한 KTX를 타게 될 것인지는 자신이 결정하면 된다. 그리고 글을 쓰면 힘들 때 '나만 왜 이래'라는 자기 연민에서도 한 발짝 떨어져 자신을 보게 되고, 당장 죽을 것 같았던 순간도 아무것도 아닌 것처럼 느끼게 될 것이다. 그렇게 글은 치유의 숲으로 안내하는 이정표가 되어준다, 마치 친구처럼.

오랜 친구가 이런 말을 한 적이 있다. 나에게 적응하는 데 많은 시간이 필요했다고. "그게 무슨 말이야?" 그녀는 나에게 분명 함께 이야기하고 있는데 다른 공간에 있는 것 같다고 말했다. 지금 사람들과 A를 이야기하고 있는데 갑자기 B도 아닌 저기 있는 F를 이야기하더라는 것이다. '잰 뭐지? 왜 자꾸 다른 이야기를 하는 거야?' 그렇게 나에 대해 적응

하면서 이제는 엉뚱한 소리를 하면 이렇게 이해한다고 한다. '음, 재 또 안드로메다 다녀왔구나!'

사람들이 A를 이야기하고 B를 이야기하고 있는데 나는 아직도 지나간 A나, 혹은 엉뚱한 F를 생각하고 있었던 것이 타인에게는 너무 낯설게 느껴졌던 것이다. 언제부터였을까? 아마 책을 꼼꼼히 읽어야 했던 상황들이 정독을 하게 했고, 책의 내용을 바로 흡수하기보다 질문하고 답을 찾는 과정이 나를 그렇게 만든 건 아닐까? 그래서 책 한 권을 오래 붙잡고 있을 때도 많다. 책을 읽을 때나 그림을 볼 때 질문을 하고 작가의 입장으로 답을 찾아보면 작품이 더 잘 읽혔다.

오래된 이야기다. 대학을 졸업하면서 시작했던 영화 스터디에서 영화 공부를 시작했다. 매일 한 편씩 영화를 보고 감상문을 쓰는 과정에서 영화를 읽어가고 있었다. 영화 이론을 배우고 작가론까지 3년간 재미있게 공부했고, 단편 애니메이션도 만들게 되어 애니메이션 회사에 들어갔다. 6개월간 동화만 그리며 애니메이션이라는 긴 호흡에 질리기도 했지만 스토리 구성을 배우고 주인공의 섬세한 심리 묘사와 촬영, 편집 등을 다양하게 접해보기도 했다. 무엇보다 글쓰기를 통해 분석적으로 영화를 보는 눈을 키우게 되었다. 글을 쓰면서 검열의 단계를 촘촘히 만들게 되었으니, 쓴다는 것은 나름 자기 주도 학습법이 아닌가? 그렇게 글을 쓰면서 하는 되새김질을 통해 저항의 과정을 겪는다. 이 논리의 근거가 타당한 것인지, 작가가 감상에 빠진 것은 아닌지, 감독이 천재인지 미친놈인지!

그렇게 머릿속에 질문이 생기면 답을 찾기 전까지 수시로 안드로메다에 다녀오는 내 모습이 이렇게 정리되다니, 글쓰기의 놀라운 효능이 아닐 수 없다. 사실 다 잊어버린 과거가 이렇게 소환되리라고는 생각하지 못했다. 그렇게 땅속 고구마처럼 줄줄이 달려 나오는 기억은 20년 혹은 30년의 세월을 뛰어넘는다.

CHAPTER 3

# 나는 이야기다

아이를 키우면서 가장 해주고 싶었던 것은 음악과 책을 친구처럼 만들어주는 것이었다. 임신하면서 줄곧 책을 읽어주었고 늘 음악을 가까이 접하게 해주었다. 둘째 아이를 유모차에 태우고 큰아이를 앞세워 동네 도서관에 가서 책을 빌려와서 읽었고, 밤마다 남편과 번갈아가면서 책을 읽어주었다. 그림책을 많이 보던 시기여서 '어린이도서연구회'에 들어가 꼼꼼히 목록을 살피고 토론을 통해 좋은 책을 선별하는 눈을 키워갔다.

그러던 어느 해 책 토론회 행사의 발제를 맡게 되었다. 선정된 책이 《살아난다면 살아난다》였다. 일 년 중 큰 행사의 한 부분 발제를 맡았으니 책을 곱씹고 곱씹어야 했다. 한 달 남짓 주인공의 시선부터 시작해 작가의 의도까지 깊게 생각해보고 장문의 감상문도 쓰면서 시선이 확장되는 것을 느꼈다. 작가의 시선까지 고려해 책 읽기를 확장하게 되었으니 내 인생의 책으로 충분한 자격이 있지 않은가. 지금도 수용자의 입장보다는 반대의 관점으로 책을 읽고, 읽은 후에도 생각의 시간을 길게 갖는다.

그러던 어느 날 선배 전시회에 갔는데 그곳에서 충격적인 이야기를 들었다. 전시회 도록이나 책을 라면 받침으로 쓴다는 것이었다. 그 이야기를 듣고 전시회 도록을 만들지 않았다. 대신 내용을 충분히 넣고 종이나 디자인에 좀 더 신경 써서 도서로 등록하고 판매했다. 그렇게 '비어 있는 달'이라는 1인 출판사가 탄생하게 되었다. 공을 들여 쓰고 만든 글과 책이 어느 작업실 낡은 테이블에서 라면 국물이 떨어진 채 굴러다니는 대참사를 막기 위해서라도 책을 만드는 일에 정성을 쏟았다. 이렇듯 책의 존재도 의미가 분명해야 하는데 하물며 '사람은 어떤 존재인가? 사람은 무엇으로 사는가?'라는 질문을 우리는 어떤 감정의 곡선 위에서 자신에게 던져야 할까?

재개발 계획에 술렁이는 오래된 마을이 있었다. 20~30년 전만 해도 번성했던 이곳은 노후되었고 떠나는 사람들로 빈집도 많았다. 하지만 텅 비어 있는 마을 안에도 사람은 살고 있었다. 감각적으로 수많은 이야기가 존재하는 그곳을 기록해야 한다고 생각했다. 그리고 한 가지 의문이 생겼다. 문명의 발달로 점점 더 편리한 것을 원하는 세상에서 왜 사라지는 것을 아쉬워하고 있을까? 결국 사라지는 것에 대한 아쉬움의 실체는, 그곳에서 뛰어놀던 아이들, 그 아이들의 엄마, 할머니, 그 할머니의 엄마로 이어지는 수많은 이야기가 사라지는 것이 아쉬웠던 것이다. 결국 질문의 답이 찾아졌다. 의문을 해결하기 가장 좋은 것이 글쓰기이지만 언제나 한가하게 글을 쓸 수 있는 것만은 아니었다. 하지만 다행히 나에게 글쓰기는 노트북 앞에 앉아 있는 것만은 아니다. 설거지를 하면서 생각을 했고, 청소기를 돌리면서도 생각을 연장했다. 바쁜 육아와 일을 하면서 글을 쓰기 위한 궁여지책이었지만 나에게는 효율적인 방법이었다. 어쩌면 모래알처럼 흩어진 생각들을 모으는 과정이 필요했고, 그전에 고리들을 풍성하게 만들어놓아야 했다. 질문에 대한 답을 찾는 길은 부딪쳐야 했다.

정-반-합으로 만들어지는 변증법적 유물론에 대해 들어본 적이 있을 것이다. 헤겔이 주장하는 변증법은, 사유의 시작은 모순과 부정에서부터 시작된다는 것이다. 사물이 상호작용을 한다는 것으로, 생성과 소멸을 반복하는 자연법칙처럼 인간도 상호작용을 하면서 변화되고 해체된다.

영화로 예를 든다면 놀란 주인공의 얼굴을 비추고 다음 장면에서 끓어 넘치는 냄비의 모습과 다음 장면에서 아이 모습을 편집한다. 이 세 장면으로 우리는 아이가 위험하다는 것을 인식할 수 있다. 각기 다르게 촬영되어도 편집 과정을 거치면 새롭게 인식된다. 그리고 어느 날 생각의 고리를 엮으며 나에게 던졌던 질문의 해답이 머리를 스치는 순간 외칠 것이다. 마치 "유레카"를 외치던 아르키메데스처럼 말이다.

모든 것은 운동하기 때문에 삶의 한가운데서 생각의 지평을 넓히게 되는 글이 가능하다. 안드로메다를 다녀왔다는 오해를 받아도 생각을 충분히 펼쳐놓는 것이 필요하다. 그렇게 펼쳐놓은 구간 구간을 다니다 보면 잊었던 기억이 떠오르기도 하고, 기억은 또 다른 기억과 접속해 우리를 다른 세상으로 안내할 것이다. 그렇게 앞에서 언급했던 감정의 곡선에 따라 질문의 답도 달라질 것이다. 그렇게 다양한 질문을 글쓰기를 통해 상호작용을 하면서 숨어버린 기억도 꺼낼 수 있을 것이다.

CHAPTER 4

# 태풍의 중심으로 들어가라

산다는 것은 기다리는 게 무엇인지 배우는 시간이었고, 수많은 선택의 연속이었다. 시간이 지나고 나서야 '그때 그랬어야 했어.', '아! 그게 신의 한 수였구나.'라며 판단할 수 있지만 그 상황에 직면했을 때에는 난감했던 적이 어디 한두 번인가. 조용하고 정적인 나와 180도 다른 남편과의 관계를 생각하면서 쓴 글이 있다. 사랑의 온도가 다른 두 남녀가 결혼하면서 겪어내는 이야기를 글과 그림으로 만든 책이 《그와 그녀의 36.5도》다. 나의 결혼생활을 한마디로 표현하면 생각이 머릿속 가득한 정적인 나와 나의 원피스 잠옷을 입고 다섯 살, 세 살 된 아이들과 쇼쇼쇼를 벌이는 동적인 남편이 사이좋게 지내는 노하우를 알아가는 시간이었다.

어디선가 목소리가 들렸다. 미간은 잠시 떨리고 심장이 움직이기 시작했다. 그렇게 누군가 나를 비췄고 누군가를 흘려보냈다. 이제 긴

연주가 시작되었다. 시간이 가도 길들여지지 않는 것이 있다. 매 순간 당황스러운 자신에게 어떻게 대처해야 하는지 모르겠다는 것이다. 그 사람을 안다고 본질에 대해 아는 것은 아니다. 그 사람을 알고 싶을 때 비로소 소통은 시작된다. 서로가 서로에게 강자이거나 또는 약자일 때 사랑의 권력 구조 안에서 서로에 대한 설레임은 어떻게 변질될까? 사랑하지만 무조건적이고 절대적인 사랑을 믿지 않는 것이다. 외로움은 혼자 있는 고통이고 고독은 혼자 누리는 즐거움이라고 누군가 말했다. 사랑 역시 거리 두기가 필요한 이유이다. 하지만 결혼은 끝없는 관심을 필요로 한다. 냉정과 열정 사이에서 그 또는 그녀를 이해할 수 있는 즐거운 경험을 쌓아두어야 한다는 것이다.

-《그와 그녀의 36.5도》 중에서

사랑을 노래한다는 것은 얼마나 아름다운 일인가. 우주의 근원적인 주제이며, 인류에게 가장 필요한 질문이지 않을까? 낯선 환경에서 감각을 열어두는 시인은 누구에게나 통용되는 것이어서 우리는 자연을, 사랑을, 인류애를 언제든지 쓸 수 있고 노래할 수 있다. 그래서 글을 쓴다는 것은 누구에게나 평등한 것이다.

내 안에서 만들어지지 않고 스쳐가는 것은 지식이 되겠지만, 생각이라는 필터 과정을 거친 지식은 지혜를 만든다. 그리고 어떤 필터를 선택하느냐는 자신을 둘러싼 수많은 레이다에 반응하는 기준에 따라 다르다. 그럼 각자의 레이다는 무엇으로 결정될까? 그것은 오랫동안 내재

되어 있던 '소유(所有)', 다시 말해 욕망의 정도에 따라 달라질 것이다.

타인의 심리를 교묘하게 조정해 그 사람의 현실감이나 판단력을 잃게 하는 사람들이 있다. 타인을 통제하는 행동을 뜻하는 '가스라이팅' 역시 타인을 소유하려는 욕망에서 시작되는 것이다. '소유'가 타인에게만 적용되는 것은 아니다. 밖으로 향했던 것을 방향만 바꿔서 나를 향하게 함에 있어서도 '소유'는 작동한다.

내 인생의 주인공은 나니까 소유가 내 안으로 작동하게 되면 긍정적으로 자신을 변화시킬 수 있다. 사람은 수십 번의 잽을 맞고도 멀쩡하게 서 있다가 대차게 한 번 맞는 어퍼컷으로 엎어지기도 하지만, 지나고 보면 삶 속에서 수많은 잽과 어퍼컷으로 자신을 단련시키고 있다는 것을 알게 될 것이다. 세상에 공짜는 없으니까. 물론 이러한 생각을 한 것은 한참 뒤의 일이다. '그래, 너는 새로운 길을 내고 있고 내일 또 넘어설 거야, 아브라카다브라!' 그러다 주문의 약발이 떨어지는 날에는 판타지 속에 나를 맡겨버리기도 한다. '체리체리, 마법의 열쇠를 나에게 줘.' 라고 하면 신기하게도 마법의 열쇠로 문이 열릴 때가 있다. 당장 아무 일이 일어나지 않아도 나를 상상의 세계에 맡기면 죽을 것 같은 순간도 빗겨갈 때가 있다는 것이다.

'모두가 한순간이고 아무것도 아니다. 아브라카다브라! 말한 대로 이루어져라, 야야얍!' 하지만 이것도 감정을 조절하듯 균형을 잘 맞춰야 한다. 때론 자신을 향한 소유욕의 균형을 잃으면 자신을 보지 못하고 결국 길을 잃어버리게 될지도 모를 것이다.

그렇게 하나의 문이 열리면 또 다른 경기가 시작되고, 링 위에서 내려오면 또 다른 문이 열려 있다. 그것은 비단 육아만의 일은 아니다. 일하는 과정에서도, 사람들과의 관계에서도 링 위의 경기는 계속된다. 그리고 링 위에서 일어서지 못할 것 같아도 경험이 손을 내밀어주고 시간이 엉덩이를 툭툭 털어준다. 물론 이렇게 정리될 때까지 오랜 시간과 많은 경험치가 필요했다. 내가 옳다고 생각하는 것이 모두에게 적용되지 않는다는 걸 인정하는 것, 그것이 가능하다면 서로에 대한 공허와 갈증 앞에서도 의연하게 대처할 수 있을 것이다. 그리고 어떤 무엇보다 나에게는 글과 그림이 있었다. 그림 그릴 시간이 없을 때에는 메모를 했다. 아이들이 어릴 때에는 차분하게 앉아서 그림을 그리는 것도 호사였다. 그래서 노트에 짧은 메모나 스케치를 해두는 것으로 기억을 잡아두었다.

어느 날, 사슴 한 마리가 눈앞에서 빠르게 왔다가 사라졌다. 마당에서 빨래를 널고 있는데 순식간에 사슴 한 마리가 마당을 가로질러 사라져버린 것이다. 쫓아가보았지만 바람만 고요했다. 집 바로 옆에서 키우는 다섯 마리 사슴 중 한 마리가 도망친 줄 알았는데 알고 보니 내 눈 앞에서 사라진 사슴은 길 잃은 고라니였다. 내가 놀란 만큼 그 녀석도 깜짝 놀라 줄달음질했다고 생각하니 웃음이 나왔다. 서로 눈이 마주쳤을 때의 황당함이란.

결국 메모만 해놓고 그림으로 옮겨지지 않았던 해묵은 기억이 이렇게 글을 쓰면서 15년 전을 끄집어내고 있다. 햇살 가득한 마당에 매일

이불을 널었다가 빨랫방망이로 탕탕 두들기던 모습까지 도미노처럼 연결되었다. '그래, 나에겐 수많은 이야기가 있었고 잠재된 기억이 있었어'라고 생각하니 기가 막히게 억울했던 육아일기도 다행이라고 생각했다. 물론 이 생각도 아이들이 빨리 건강해져야 한다는 욕망에서 살짝 빗겨나고 난 후의 이야기다.

다행히 몸도, 마음도 건강하게 자라주는 아이들 덕분으로 그림을 다시 시작하게 되었다. 할 이야기가 많았던 나는 'parkeunkyoungstory'라는 친환경 제품을 만들어 팔 수 있는 행운과 함께 '박은경 이야기'라는 타이틀로 전시회를 열게 되었다. 이외에도 육아일기에서 시작해 부부 이야기, 생성과 소멸에 관한 열두 번째 개인전과 110여 회의 기획 전시도 하게 되었다.

그렇게, 조금 살 만하다 싶었다. 그런 나에게 보이스피싱 사기라는 커다란 사건이 있었고 많은 돈을 잃어버리게 되었다. 시흥시에서 접수된 사건 중 최고 피해 금액이라고 들었다. 믿을 수 없는 일이었다. 다시 일어날 수 없을 것만 같았다. 돈의 무게보다 사람에 대한 상실감이 더 컸다. 어떻게 사람들을 다시 만나 '관계'라는 것을 맺을 수 있을지 자신이 없었다. 사람들을 만나기 겁이 나서 집에만 있던 그때, 사건이 있기 전에 신청해두었던 글쓰기 강의를 듣게 되었다. 힘들어도 온라인 강의여서 가능했다.

예전에는 고통을 마주하고 글을 쓴다는 것은 상상하기 힘든 일이었다. 아이들의 이야기를 15년 만에 할 수 있었던 것도 고통과 죄책감에서 벗어나는 데 꽤 오랜 시간이 필요했기 때문이다. 이제 겨우 조금은 가벼운 마음으로 쓰기 시작했지만 그 이야기를 꺼내는 과정도 아파서 쓰다가 멈추고 쓰다가 멈추기를 반복했다. 그런데 태풍의 소용돌이 한가운데서 글을 쓰는 것, 그것이 과연 가당키나 할까? 하지만 선택의 여지가 없었다. 감당하기 어려운 일이 닥쳤을 때 가장 견디기 힘든 것은 '시간'이었다. 순간순간 시간을 견뎌내야 했기에 낮에는 양말노점을 나갔고, 밤에는 글을 썼다. 누워서 잠이 바로 들 수 있게 몸을 혹사해야 했던 시간이었다. 기존에 하고 있었던 단식 지도는 진행하고 있는 분들만 코칭하고 두 달 정도 중단했다. 내 앞가림도 못 하면서 누구를 코칭한다는 것은 어불성설이었다.

몸을 움직이는 것이 마음이 편했고, 두 달 정도 양말노점을 나가면서 단골도 생겼다. 전혀 모르는 사람과 이야기하면서 기나긴 시간을 보냈다. 어르신들은 젊은데 열심히 산다고 이뻐해주셨다. 초짜 티가 나서 손님들이 이리저리 코치해주는 예도 있었다. 그렇게 하루하루 잘 지내다가도 이렇게 5,000원을 벌기가 어려운데 내가 버린 돈의 액수가 문득 문득 떠오르면 눈앞이 뿌옇게 희미해졌다.

양말이 좋다며 다시 사러 오신 아저씨는 자신의 이야기를 들려주었다. 사업하다 망해 골프가방 하나만 들고 한국으로 들어왔다면서, 상점에서 배달하고 있는 지금이 마음은 가장 편하다고 했다. 그 말이 무슨 이야기인지 이해가 되는 순간이었다. 고개를 끄덕끄덕하니 세상에 사연 없는 사람이 없다면서. "이런 것 안 하게 생겼는데…."라며 말끝을 흐렸다. 짧은 기간이었지만 많은 이야기를 들었고 생각나는 것을 바로바로 메모할 수 없어 그 자리에서 녹음했다. 그리고 밤에는 글을 썼다. 처음에 쓴 글을 보면 분노감 가득했던 글들이 한 편, 한 편 쓰면서 차분하게 안정이 되는 느낌이었다. 왜 나에게 이런 일이 벌어졌을까 기억을 타고 태풍의 중심으로 들어가기 시작했다. 그리고 알게 되었다. 태풍의 중심은 너무도 고요하다는 것을.

CHAPTER 5

# 불안한 내 마음의 마법 수프

우리는 외적인 이유나 내적인 문제가 생길 때 치유의 힘을 필요로 한다. 누군가에겐 가족이, 사랑이, 물질이 될 수도 있을 것이다. 삶의 중심은 개인의 선택이기에 어떤 무엇이 되더라도 존중받아야 한다. 미약하나 그래도 '의미 있는 존재'라고 스스로 토닥이지 않으면 오늘은 많이 외로울 것 같은 그 순간, 나만의 비법 수프라도 만들어 살아갈 궁리를 하는 것이다.

행동이 느린 나는 잔잔한 수면 위를 걷는 것처럼 천천히 몸을 움직인다. 빠르게 움직이지 않고 생각에 잠기는 것이 때론 옆에 있는 사람들을 속 터지게 만들기도 하지만 잔잔한 움직임은 주변을 세심하게 관찰할 수 있다는 장점이 있다. 그리고 그들에게 필요한 것을 생각하는 마음속 한 귀퉁이 내어줄 수 있는 여유도 있다. 보이스 피싱 사건 이후에 세상이 끝나버린 것 같은 와중에 노트북을 붙잡고 글을 쓴다는 것은 말로 표현하기 어려운 무엇이 나를 강하게 끌어당기고 있다는 것이다. 그리고 쏟아내기 시작했다. 계획을 세우고 쓰는 것도 아니었다. 생각의 흐름에 따라 나를 보기 시작했다. 처음부터 내 마음이 보이는 것도 아니었다. 나의 움직임, 내가 했던 말들, 관계 속에서 나의 행동을 보기 시작하니 사라진 기억들이 하나둘씩 떠오르고 있었다. 사라진 기억은 현재의 심리적 기반 위에 드러나는 것이어서 기억 그대로 읽혀질 수도 있지만 어떤 방어기제에 의해 왜곡될 수도 있다. 그것도 나의 심리를 반영한 것이니 나에게 일어나는 방어기제를 발견한다는 것도 의미 있는 지점이었다.

힘이 드는데 왜 글을 쓰느냐고 묻는 사람들이 있다. 잠시 머뭇거리게 하는 질문이나 이제는 좀 더 확실해지는 느낌이다. 글을 쓰게 되면 내가 어떤 길을 가고 있는지 살펴보게 된다. 어리석게 놓쳐버린 것도 많았다. 그것이 돈이 될 수도 있고, 기회가 되기도 했다. 하지만 그런 상황에서도 놓치지 않으려고 했던 것이 분명 있었다.

'어떻게 살아야 하는가?' 존재에 관한 근원적 질문에 늘 답을 하면서 살았던 것 같다. 빛을 향해 가고 있는 자신의 모습을 바라보기에 가장 편하고 자유로운 것이 글쓰기였다. 그렇게 우리는 마음의 면역력 경계에 서서 불가피하게 선택을 해야 하는 순간이 있다. 이런 선택을 할 수 있다는 것도 어쩌면 행운이었다. 이유 없이 일어나는 일은 없기에 순간순간 일어나는 일들을 유연하게 대처하는 기술이 생기게 되는 것도 분명 치유의 과정에서 생기는 보너스다. 그렇게 글쓰기는 불안한 내 마음을 따뜻하게 데워주는 마법스프가 되어주었다.

누군가에게 도움이 되고 의미 있게 살려고 노력하는 것은 대단한 것이 아니라 그저 두려움을 걷어내려는 작은 움직임이었고 허기를 채우는 달콤한 양식이었다. 그리 비싼 재료를 넣지 않아도, 복잡한 요리의 과정을 거치지 않아도 내가 좋아하는 맛과 향이면 그것만으로도 최고의 식단이 되었다. 정성스럽게 음식을 만들어 함께 먹으며 이야기보따리를 풀고 함께 울고 웃으면 그것으로 충분하다.

치유 아티스트로서 마음을 다해 단식을 안내하며 몸의 시간을 돌리는 일을 하고 있다. 동시에 치유의 그림과 글로 마음의 세포를 바꾸는 일을 하고 있다. 그런 나의 삶의 변화를 단 몇 줄의 글로 정의하기에는 아직도 마음속 구멍이 많다. 하지만 몸과 마음을 알아가는 과정을 코칭하며 존재의 이유를 의미 있게 쓰고 싶다. 그렇게 나를 향하는 글을 쓰기 시작하면서 신기한 일이 벌어졌다. 아이들의 이야기를 쓰는 방식과 보이스피싱 사건 후 쓰는 글의 방향이 다르게 전개되고 있다는 것을 느끼게 되었다.

태풍의 중심으로 들어가는 글은 많은 것을 버리게 하고 있었다. 방향에 따라 채집되는 기억들도 달라졌다. 그렇게 감각을 열어놓고 기억을 추적하며 나를 사유하는 방식의 글쓰기 프로그램을 만들게 되었다. 그리고 '메모리 라이팅'이라고 정의하기로 했다.

착하다는 말을 많이 들으면서 성장했다. 그리고 착한 사람을 좋아한다. 그런데 '착하다'라는 말에는 많은 함정들이 있었다. 보이스피싱을 겪는 2박 3일간도 다르지 않았다. 착하다라는 말이 바보라는 말과 같이 씌어지는 시대를 살고 있다.

그런데도 왜 착하려고 할까? 글쓰기를 하면서 오래된 기억들을 꺼내기 시작했고 이유를 알게 되었다. 그것은 상처다. 인정하기 싫어 기억에서 삭제했던 상처들을 꺼냄과 동시에 알아졌다.

상처를 치유할 면역력이 높다면 알아차림과 동시에 문제는 사라진다. 기억 글쓰기는 현재에서 시작해 과거로 들어간다. 그리고 다시 현재에서 마무리된다. 메모리 라이팅은 자신도 모르는 본연의 모습, 즉 의식적으로 삭제했던 무의식의 나를  찾아가는 데 꽤 유용한 방식이 될 것이다.

CHAPTER 6

# 밖으로 향하는 글쓰기

사람에게는 다양한 욕망이 존재한다. 그것은 물질이 될 수도 있고 건강, 사랑, 성에 대한 비물질적인 욕망도 있다. 어딘가로 향하는 글, 그 방향이 밖으로 향하는 글이라면 특히 더 드러내고 보이는 것이라서 결과가 중요해진다. 결국 밖으로 향하는 글쓰기는 욕망을 드러내는 글쓰기다. 그리고 알게 될 것이다. 방향이 어디로 향하든 글쓰기의 매력은 움직이고 변화한다는 것이다. 그렇게 글을 쓰면서 의도하지 않았던 마음의 변화를 인식하게 되었다.

아토피는 표현할 수 없을 만큼 가려운 것이어서 아이는 깊은 잠을 이루지 못했다. 아픈 아이의 고통은 부모라도 대신 해줄 수 있는 것이 아니었다. 겪어보지 못한 사람은 모른다고 하는 가려움으로 아이는 밤새 울었고 몸이 가려워서 정신없이 긁었다. 손싸개를 씌웠다가 아이가 스스로 벗을 수 있는 나이가 되자 모든 옷의 소매를 꿰매주었다. 가려운데 긁지 못하게 옆에서 지켜봐야 하는 엄마와 태어나서 참는 것부터 배워야 하는 아이가 지내는 시간은 하루하루가 전쟁터였다. 하루는 깜박 졸다가 이불이 축축해지는 것 같아서 잠에서 깼다. 아가의 오줌이 새어 나온 줄 알았다. 그런데 기저귀를 갈아주려고 불을 켜자마자 소스라치게 놀랐다. 아이의 다리는 물론 이불까지 피로 물들어 있었다. 아기는 나를 보고 까르르 웃었다. 꿰매주었던 소매 틈 사이로 손가락이 나와 손톱으로 가려운 다리를 긁었던 것이다. 그날 밤 나는 피투성이가 된 아이를 안고 짐승처럼 울었다.

사람을 가장 무섭게 하는 것은 무엇일까? 알 수 없는 병, 치료제도 방법도 몰랐던 아토피에 대한 불안감은 마음 한편에 두려움과 공포로 자리 잡기 시작했다. 그리고 그것을 인정하기까지 꽤 많은 시간이 필요했다. 눈에 넣어도 안 아픈 내 새끼. 여느 어미처럼 세상 행복하고 귀하게 키우려던 계획은 생후 한 달 만에 여지없이 무너졌다. 이제는 수많은 시행착오를 겪은 20여 년의 시간을 보내며 아이도, 엄마도 함께 크고 있다. 그리고 많은 시행착오 끝에 알게 되었다. 아토피는 결국 아이의 몸과 친구처럼 지내야 한다는 것이다.

그 시절, 아이들의 이야기를 기록하지 못했다. 육아의 고단함도 있었지만 기억하고 싶지 않은 현실을 애써 글로 쓰고 싶지 않았다. 오랜 시간이 흘렀고 그림을 다시 그릴 수 있었다. 〈오늘, 맑음〉 전시를 시작으로 〈어느 날, 오아시스〉, 〈오아시스, 너에게〉 그리고 〈설레는 몸〉까지 일련의 전시를 준비하면서 아이들의 아픈 기억을 잊어버렸다. 잊어야 살 수 있었던 시간이었다. 지워버린 아픈 기억과 달리 시골 생활의 즐거움과 자연의 아름다움만을 기억하면서 그림을 그렸다. 봉인된 기억을 꺼내기까지 시간이 필요했고 기억은 선택이 가능한 일이었다. 그림만 그렸던 다른 전시와 달리 글에 집중해서 준비했던 전시가 〈설레는 몸〉이었다. 10여 년간 가족과 일상에 관한 이야기를 그림으로 그렸던 나에게 아이들이란 익숙하지만 힘든 주제였다. 기억을 지우고 아름답게 그렸던 그림과 달리 글로 쓰는 〈설레는 몸〉은 지웠던 기억을 찾아내고 있었다. 그림은 여전히 아름다운 자연과 일상 속에 있었기에 아마 글로 쓰지 않았다면 잃어버린 기억은 찾아지기 힘들었을 것이다. 죄책감이라는 이름으로 지워버린 기억이었다. 신혼생활도 없이 고단한 육아로 부부가 덜어낸 결혼의 꿈도 컸다. 아이, 남편, 그림, 일 모두 대상에 바라는 것이 많이 있었다. 하지만 의식도 못한 채 기억에서 멀어져갔다.

원하는 것이 많으면 무게가 무거워지는 것은 너무도 당연한 일이다. 밖으로 향하는 글쓰기는 사회적 관계망 속에서 만들어지는 물음에 대한 답을 찾아가는 과정이 될 것이다. 그리고 가족과 친구, 직장동료와 사회안에서 만들어지는 수많은 번뇌를 조금씩 걷어낼 것이다.

CHAPTER 7

# 안으로 향하는 글쓰기

보이스피싱 사건이 일어나고 글을 쓰기 시작했던 나는 빠른 시간에 회복되고 있었다. 〈섬을 건너는 날〉은 그날의 사건으로 시작한 글이었다. 할 수 있는 일이 없었고 무엇인가를 하지 않고 견디기 힘든 나날이었다. 그리고 무작정 쓰기 시작했던 글에서 내가 보이기 시작했다. 내 앞에 그동안 나를 막아서고 있었던 많은 장애물들을 알아차리게 했다. 돌아가지 않으면 피할 수 없는 것이었다. 하지만 어찌 신이 아닌 이상 삶을, 그리고 시간을 되돌릴 수 있단 말인가. 저 멀리 보이지 않는 그곳에 가기 위해서는 내 앞에 펼쳐져 있는 장애물인 크고 작은 섬들을 건너가야 했다.

몸이, 때론 마음이 괴로우면 시작하는 것이 단식이었다. 음식을 끊거나 줄이면 호흡이 느려지고 차분해진다. 평온한 상태가 되면 생각하기에 좋은 물리적 상황이 만들어진 것이다. 넘쳐나면 괴롭다는 것을 감각적으로 알기 때문에 어떻게든 비워야 했다. 그 시기에 글을 쓸 수 있는 환경이 되었다는 것은 어찌 보면 불행 중 다행이었고 감사한 일이었다. 삶의 끈을 놓는 것은 한순간의 선택으로 가능한 일이다. 눈을 한번 지그시 감으면 끝나는 상황이다. 이때 다시 한번 눈을 꾹 감으면 다음 날 아침 따뜻한 차 한잔을 내릴 수 있는 순간을 맞이하게 될 것이다. 놀랍게도 그 아침에 가슴이 벅차오를 수도 있다. 삶의 경계에 섰던 어젯밤이 아무것도 아니게 느껴진다면 차를 바로 마시지 말고 코로 향을 마셔보면 어떨까? 오감을 열어 나를 지지하고 있는 세포 하나하나를 느끼면서 말이다. 그리고 그 순간 알아차린 내 모습을 글로 적으면 된다.

아무것도 바라는 것이 없었다. 잠식해버린 일상, 잃어버린 일상을 회복하는 과정에서 나에 대한 분노를 걷어내는 것이 가장 필요했다.

보이스피싱 사기를 친 범죄자들에게 온갖 저주를 퍼붓다가 결국 분노의 대상이 내가 되고 있다는 것을 알아차렸다. 원망이 타자가 아닌 자신이 되는 순간, 사람은 걷잡을 수 없는 나락으로 떨어진다는 것을 확연히 경험하게 된다. 더 이상 자신을 망가뜨리면 안 된다고 생각해야 한다. 머리는 이해하나 한숨을 내쉴 수밖에 없는 그 순간, 울어도 소용없었다. 만약 지금 절망이라는 강 앞에 서 있다면 잊어서는 안 된다. 온전히 나의 발로 땅을 디뎌야 내 앞에 놓여진 섬을 건널 수 있다는 것을 잊어서는 안 된다.

그러면 뿌옇게 가려 불안하고 막막했던 안개가 걷히며 섬에 발을 내딛을 수 있을 것이다. 그리고 천천히 섬을 건널 수 있을 것이다. 앞을 가로막고 있었던 물이 빠지면 섬과 섬은 연결되어 쉽게 건너갈 것이다.

때론 물에 젖기도 하고 허리까지 차올라 물살에 밀려 더디게 걷는 날도 있을 것이다. 그리고 물이 다시 차올라 앞을 가로막을 수도 있지만 곧 알게 될 것이다, 순환하고 있는 자연의 법칙은 그 물을 다시 빠지게 할 것임을.

안으로 향하는 글쓰기는 비교 불가하다. 비교할 대상이 없고 관계의 욕망도 존재하지 않는다. 결국, 안으로 향한다는 것은 그동안 많은 이유로 옆으로 치워두었던 나 자신을 정면으로 바라보는 것이다.

나를 향한다는 것은 인간 본성으로 가고자 하는 의지여서 피를 돌리는 일과 비슷하다. 기억의 회로는 피가 혈관을 타고 돌아가는 것처럼 퍼져나간다. 심장에서 모터를 돌리듯 뜨겁게 움직여 노트북 자판을 두드리고 있다. 빨리 써 내려가고 싶은 마음이 달음박질을 친다. 그러나 그렇게 심장이 뜨겁기만 하면 어떻게 될까? 아마 번아웃이 되거나 죽거나 도망치게 될 것이다. 뜨거웠던 심장이 제자리로 돌아와 심연의 시간을 맞닥뜨리게 되면 자판 위의 손가락이 멈추게 된다. 그러면 자리에서 일어나 따뜻한 메리골드 차를 내린다. 집 안을 돌아다니고 창밖을 보다가 주섬주섬 옷을 갈아입고 집을 나선다.

뜨거웠던 자판 위의 움직임이 멈췄다는 것은 질문이 생겼다는 것이다. 알 수 없는 의문문을 가지고 나선 길은 초록이 무성하다. 여름으로 가는 길에 연두색 잎들이 진한 초록으로 자리를 내주는 모습은 계절의 변화만큼 미세하다. 꼭 자연이 아니어도 괜찮았다. 엘리베이터를 타게 되면 대면하는 사람들에 대한 관심과 관찰로 머릿속은 새로운 길을 내고 있다. 17층에서 골프가방을 들고 타는 여자, 11층에서 냄새 나는 음식물쓰레기 봉지를 든 남자, 보기만 해도 바쁜 배달원은 속으로 애가 타고 있다. 배달원이나 택배기사들의 쌕쌕거리는 숨소리와 중간에 엘리베이터가 멈추면 살짝 새어 나오는 한숨 소리로 그들과 시간의 공기가 다름을 느낀다.

엘리베이터에서 내려 아파트 단지와 연결된 공원을 걷다 보면 들고 나왔던 답이 찾아지는 순간이 있다. 물론 항상 답이 찾아지는 것은 아니다. 내일이 될 수도 있고 오랜 시간이 필요할 수도 있을 것이다. 오랜 시간이 걸리는 질문은 질문의 깊이가 다르기에 시간이 걸려도 괜찮다. 결국 머릿속에 생각의 집을 짓는 것이 중요하다.

생각의 집은 다양한 새들이 와서 둥지를 만든다. 때론 가족이, 친구가, 사회가, 그리고 나의 몸이 수많은 관계의 회로를 연결해 머릿속에 집을 짓는다. 말끔하게 지었다 없애는 날도 있고 여전히 한 귀퉁이를 차지하는 것도 있을 것이다. 경험 많은 건축가가 버려지는 재료 없이 살기 좋은 집을 짓는 것처럼 머릿속 건축가는 노련하게 최적화된 집을 짓게 될 것이다.

나이 50세, 불안을 걷어내며 빛을 향해 걸어가고 있다. 그 길에 글쓰기는 불을 밝혀주는 안내자다. 그렇다. 나에게 글쓰기란 나를 지키는 방법이고, 삶을 통찰할 수 있는 도구이자 동반자다. 하지만 나를 읽어 내린다는 것은 생각만큼 쉽지 않다. 사람은 타인을 속이듯이 나 자신도 속일 수 있으므로 미처 알지 못했던 자신을 마주한다는 것은 말처럼 편한 것만은 아니다. 불편해서 눈을 감거나 되돌릴 수 없다고 포기할 수도 있다. 나 역시 계기가 없었으면 계속 눈을 감고 있거나 잠시 떠진 눈을 애써 감으며 변함없는 믿음을 보내왔을 것이다. 하지만 글을 쓰면서 알게 되었다, 살기 위해 쓰고 있다는 것을.

30층 아파트 베란다 위에서 바라본 세상은 천천히 움직인다. 많은 나무와 길, 건물 사이로 작은 사람들이 보인다. 아마 낮은 층에서 보고 있었다면 더 빠른 속도로 느껴졌을 것이다. 한 발짝만 떨어져 바라봐도 아무것도 아닌 일들이 얼마나 많은가. 꽃들은 만발하고 뿌연 공기 사이로 햇살은 따스하다. 바람은 여전히 차갑게 느껴지지만, 순간순간 얼굴을 스치는 바람은 시원하다. 곧 봄을 지나 뜨거웠던 여름이 지나고 땅거미가 지기 시작하면 어디선가 시원한 바람이 쑤욱 하고 더운 열기를 몰아낼 것이다.

물리적인 몸의 세포는 소멸하고 다시 생성하는 과정을 겪어내며 어제와 다른 오늘을 만들어낼 것이다. 과거가 다시 현재의 시간으로 소환되면 저장된 기억을 기반으로 글을 쓰고 그림을 그려보자. 지금의 내가 어떤 형태로 필터링이 될지 사뭇 기대가 된다. 그리고 기억을 인출하고 분류하는 작업을 글과 그림이라는 매체를 통해 기억 저장소에 보관하는 과정인 메모리 라이팅&드로잉에 도전해보면 어떨까?

기억을 따라가면서 글을 쓰고 그림을 그린다. 그러기 위해서는 기억의 성질을 이해해야 하고, 하나의 기억으로 파생되는 기억을 채집하고 분류한다. 그렇게 기억은 각기 다른 속도를 낼 것이다. 그리고 현재의 시점으로 그것을 왜곡할 수 있다. 의도하지 못한 경우들이 훨씬 더 많고 현재 나의 상황에 따라 변화하기 쉬울 것이다.

우리는 다양한 방식으로 기억을 저장하게 될 것이다. 지금 나의 심리 상황에 따라 변화된 기억을 믿게 될 것이다. 그래서 자신의 기억을 보면 현재의 나를 유추해낼 수 있을 것이다. 그렇다면 역으로 나에게 힘들었던 기억을 변환시켜보면 어떨까? 의식과 무의식 속에 숨겨진 기억을 다양한 방식의 형태로 글쓰기와 그림으로 찾아보자. 기억의 형태에 따라 밖으로 향할 수도, 때로는 안으로 향하는 것이 필요할 수도 있다.

종족 번식으로 애쓴 나의 몸을 정리하고 새로운 50년이 꽃피는 삶. 손가락 사이로 빠져나가는 기억의 조각들을 모아두는 기억 채집을 시작해본다. 그렇게 채집된 기억을 선별해 기억 저장소에 유통기한을 적어 보관해보자. 그리고 메모리 라이팅과 메모리 드로잉으로 기억을 인출하는 작업들을 시작해보자. 애써 지워버린 기억이나 아련한 옛사랑의 추억을 하나의 단초로 당신의 판도라의 상자는 열리게 될 것이다.

## 이성희

대한민국 1호 싱글대디 여성 멘토

한국비즈니스협회 글쓰기학회 회원

드라마, 수필 작가

청소년 심리상담사

부모교육 심리상담사

---

용기와 위로가 필요한 그대에게…….

남들과 다른 삶은 과연 잘못된 삶일까?

차가운 시선 속에서 인생의 미아가 되어버린 싱글맘,

시퍼런 편견의 외침을 뒤로한 채

실종의 시간 너머로 행복을 찾아 나선 그녀,

그녀는 어떻게 잡초에서 꽃이 되어 돌아왔을까!

인생을 내 편으로 만든 싱글맘이 보내는

용기와 위로의 메시지.

"당신의 잘못이 아닙니다. 단지 다를 뿐입니다."

# 4

# 나는 글쓰기가 월 1,000보다 더 좋다

# 고향으로의 회귀

'쟁이'란 말은 살면서 누구나 한 번쯤 들어봤을 것이다. 글쟁이, 그림쟁이, 예수쟁이 등등. 원래 쟁이라 함은 그것이 나타내는 속성을 많이 가진 사람을 낮잡아 이를 때 쓴다고 어학사전에 나와 있긴 하지만, 나는 이 쟁이란 말이 그렇게 좋을 수가 없다. 항상 시를 쓰셨던 큰아버지께서는 시인이라는 말보단 글쟁이로 통했던 시절이 있었는데, 혼기가 꽉 찬 노총각이 장가도 안 가고 글만 쓰고 있는 모습을 보고 동네 사람들이 붙인 이름이다.

엄마의 심부름으로 김치를 가지고 큰아버지의 집으로 갈 때면 세상 부러울 것이 없었다. 콩콩 걸음으로 이 발, 저 발 옮기며 뛰어갈 땐 이번에는 어떤 과자를 사달라고 할까 행복한 고민을 하곤 했다. 막걸리 한 잔으로 기분이 좋아진 큰아버지는 또 시를 쓰셨고, 옆에서 나는 과자를 먹었다. 그런 아련하고 따뜻한 기억이 있어서 그런지 글쟁이란 말은 고향으로 다가온다. 그러나 그 글쟁이란 말은 내 인생과는 아무런 관련이 없어 보였다. 그림쟁이 친정아버지의 재능은 큰딸이 물려받았고, 큰아버지의 글쓰기 재능은 둘째딸이 물려받았기 때문이다. 아무 재능도 없이 평범한 나는 동네 골목대장이 유일한 낙이었다. 아침에 눈을 뜨면 오늘은 또 동네 아이들을 데리고 어디서 놀까 고민하기 바빴으니 말이다.

그러던 어느 날 책 영업사원이 우리 집 마당에 물 한잔을 달라고 들어왔다. 커다란 가방에는 여러 가지 책이 들어 있었고, 그는 신기하게 쳐다보는 나에게 그 책들을 보여주었다. 형형색색 알록달록한 책을 보고 매료되어서 책을 사달라고 엄마한테 조르는 바람에 엄청 얻어맞은 기억이 있다.

그 후로 아저씨는 수시로 물을 달라며 들어왔다. 책을 사든 안 사든, 물 한잔 먹고 한참을 놀다 가곤 했다. 그 책 아저씨는 어린 내가 봐도 참 잘생겼었다. 그때 한창 가수 이용이 인기를 끌고 있었는데 꼭 이용하고 비슷하게 생겨서 남모르게 그 아저씨를 좋아했던 비밀도 살짝 공개한다. 근데 이 아저씨, 책 파는 것엔 관심이 없었다. 자꾸 옆집에 사는 언니를 힐끗힐끗 보는 게 아닌가! 나중에 그 아저씨가 그 언니를 좋아했는데 그만 다른 남자한테 시집간 것을 알고 엄마를 붙들고 한참을 울었다는 이야기를 엄마한테 들을 수 있었다. 그 후로 그 책 아저씨를 두 번 다시 볼 수 없었는데 지금은 어디에 살고 계실지 궁금하다.

가정 형편이 어려웠지만 엄마는 그 영업사원이 불쌍해서 할 수 없이 그 많은 책 중에서 아무 색깔도 없고 글씨만 빽빽하게 차 있는 제일 못생긴 책을 사주셨다. 그 책은 바로 《셜록 홈즈》 시리즈. 그러나 그 못생긴 책이 나의 인생을 바꿔줄 소중한 책이 될 줄 그때는 꿈에도 몰랐다.

학교가 끝나고 집에 오면 책가방을 집어던지고 동네 아이들과 노는 것에 정신이 팔렸던 나는 이번엔 책을 보는 데 정신이 팔려버렸다. 《셜록 홈즈》로 시작된 독서는 신세계를 열어주었다. 더 이상 읽을 책이 없어 친척 집, 친구 집 거실에 멋지게 장식된 책들을 내 것처럼 읽어 내려갔다. 읽은 책들을 각색하여 동생들을 앉혀놓고 들려주곤 했는데 동생들의 반짝이던 눈을 아직도 잊을 수가 없다. 책 속에서 모든 곳을 누비고 다녔던 그때 나는 제일 부자였고 제일 행복한 사람이었다. 아무 재능이 없었던 소녀에게 독서는 즐거움이요, 자신을 지탱하는 힘이 되어갔다.

"여자가 너무 손재주가 많아도 못쓰는 거야. 그러면 꼭 그 일로 벌어먹고 살게 되거든." 마당 한가운데 있던 향나무 그늘 아래 동네 아줌마들이 모여 수다를 떨며 하던 소리다. 그 말인즉슨 미용 기술을 배워놓으면 결혼 후 남편이 돈벌이를 못해서 미용실을 하게 되고, 바느질을 잘하면 꼭 수선집을 하게 된다는 것이다. 남편이 벌어다주는 돈으로 새끼들 키우며 사는 것이 제일 큰 복이라고 여기던 시절의 이야기지만 지금도 그렇게 생각하는 사람들이 많이 있는 것 같다.

나 역시 남들 보기엔 돈 잘 버는 남편 만나 딸 둘에 아들 하나를 낳고 강남 논현동 70평짜리 빌라에 살고 있었으니 그들 눈에는 시집 잘 간 사람으로 비춰졌다. 그렇게 잘 사는 것처럼 보였던 내가 이혼을 하고 글쓰기를 시작하게 된 걸 알았을 때 지인들은 의아해했다. 그것도 싱글대디를 위한 책이라니! 당연히 저 사람들 말대로라면 할 줄 아는 것 없고 남편 복이 많아 따박따박 가져다주는 돈으로 행복하게 살아야 맞는 건데 이혼이라고? 게다가 생뚱맞게 무슨 글을 쓴다는 거야?

대학을 졸업하고 바로 들어간 회사에서 남편을 만났다. 사회 경험이 없던 나는 모든 것이 다 새로웠고, 한마디로 순진덩어리였다. 그 순진덩어리에게 남편은 작업을 하기 시작했다. 그렇게 시작된 연애로 만난 지 6개월 만에 결혼을 하게 되었다. 평소에 자상하시고 온화하셨던 아빠는 내가 성인이 된 후로 야박하리 만큼 엄격하게 변하셨는데 통금시간이 7시였으니 어느 정도인지 짐작이 갈 것이다. 아빠의 그런 통제가 싫었던 나는 덜컥 시집을 가버렸는데 그것이 내 인생의 최대 실수였다. 그때부터 나의 인생은 롤러코스터를 타고 쭉쭉 내려가기 시작했다.

사람은 제일 힘들 때 고향을 찾는다. 호랑이 담배 피우던 시절 이야기라고 비웃던 나는 어릴 적 아줌마들의 예언처럼 싱글대디를 위한 글쟁이가 되어 고향으로의 회귀를 결심하게 되었다. 마치 운명이었던 것처럼…….

글쟁이로서 내가 얼마나, 어떻게 성장할 수 있었는지, 왜 글쓰기가 월 1,000보다 더 좋은지 그 이유를 도란도란 들려주고 싶다. 자! 준비되었다면 커피 한잔 마시면서 싱글대디 여성 멘토 글쟁이의 이야기를 지금부터 들어보자.

CHAPTER 1

# 이게 머선 일이고!

"협의이혼에 동의하십니까?"(앞으로 펼쳐질 훤한 고생문에 동의하십니까?)

"네"(아니요! 한 번도 동의한 적 없는데요!)

탕탕탕!

10년 전 판사가 내리친 나무 몽둥이의 소리가 아직도 귓가에 생생하게 들리는 듯하다. '아니, 도대체 이게 꿈이야, 생시야?' 1분도 안 되는 이 짧은 판결문을 들으려고 40분을 기다렸단 말인가! 온몸이 떨려 걸을 수가 없었다. 애증의 고리를 끊고 새로운 삶을 살게 됐다며 기뻐할 줄 알았던 나는 생각보다 큰 낭패감에 적잖이 당황스러웠다. 남편만 안 보면 살 것 같던 나는 그제야 현실이 보이기 시작했다. 〈사랑과 전쟁〉에서 보던 남편의 바람, 이혼, 싱글맘이 내 이야기라고? '아니야, 이건 꿈일 거야! 그것도 아주 더러운 악몽일 거야!'

"귀하는 싱글맘 타이틀을 획득했으며, 리얼 서바이벌 게임에 참여하게 되셨습니다!" 이렇듯 인생이라는 놈은 나한테 동의도 구하지 않고 싱글맘이라는 타이틀을 던져주었다. 남편의 외도로 졸지에 세상에 던져진 나는 이 게임에서 반드시 이겨야만 했다. 내게 남겨진 아이들을 위해서라도……. 과연 이 서바이벌 게임에서 어떻게 생존할 것인가? 이것이 문제였다.

어릴 때 나의 별명은 말괄량이 삐삐. 온 동네 아이들을 불러 모아 산으로, 들로 돌아다녔고 말썽이란 말썽은 다 부리고 다녀서 생긴 별명이다. 그렇게 선머슴 같았던 삐삐는 결혼 후 점점 우울해져갔고, 말수도 줄어들었다. 많은 사람들 앞에서 입을 닫고 있는 이유도 다 그때 생긴 후유증이다. 분노 조절을 못 하는 남편 앞에서 이유 없이 당해야 했던 나는 그렇게 병들어가고 있었다. 결국 이혼 후 지푸라기라도 잡는 심정으로 심리센터를 찾았다. 여러 가지 검사가 끝난 후 의사의 표정이 심각했다.

"선생님은 산속에서 갑자기 호랑이가 보이면 어떻게 하실 겁니까?"

"음, 글쎄요……. 그냥 서 있을 것 같아요……."

"지금 선생님의 자율신경계는 고장이 났습니다. 도망간다는 답이 나와야 정상입니다. 아무리 맹수가 달려와도 어떻게 대처해야 할지 모르는 상태인 거죠. 평소에 아드레날린이 과하게 분비되어 감각이 없어지신 겁니다."

"자율신경계가 고장이 났다고요?"

검사 결과 나의 뇌파는 정상이 아니었다. 나의 상태는 생각보다 심각했고, 상담은 이어졌다. 계속되는 상담 과정에서 나는 울고 또 울었다.

아무에게도 할 수 없었던 나의 모든 이야기를 쏟아냈다.

하루는 아무 이야기도 안 하고 울기만 하고 온 적도 있었는데, 지금 생각해보면 그것도 하나의 치료 과정이었던 것 같다. 그 눈물과 함께 나의 힘든 나날도 씻겨 내리고 있었다. 의사는 아무 말 없이 내 눈물을 지켜보았고, 조용히 들어주었다. 그 선생님은 아직도 병원에 계실까? 말없이 같이 울어주던 그분이 보고 싶어진다.

CHAPTER 2

# 말씀으로 위로를 받다

이렇듯 하루하루 메말라가던 나의 마음에 새싹이 자라고 있음을 느끼게 될 즈음 상담은 끝나게 되었고 어느새 편안해진 모습을 찾을 수가 있었다. 상담 후 어느 정도 마음의 안정을 찾고 내가 찾아간 곳은 집 앞 교회였다. 신앙생활을 해보라는 의사의 말이 생각나서였다. 원래 교회를 다니고 있었지만 큰 믿음은 없는 형식적인 신자였고, 주일마다 가는 예배는 종교행사에 지나지 않았다. 나 혼자 이 세상을 살아가겠다고, 잘 살 수 있다고 큰소리를 뻥뻥 쳤던 나는 차가운 현실 앞에 무너져내렸고 정신을 차리고 보니 어느새 교회 문을 두드리고 있었다.

저녁 예배 7시. 사람 많은 시간대를 피해서 7시가 좋을 거 같았다. 예배실은 지하에 있었고 안내하는 사람 한 명도 없이 조용했다. '내가 시간을 잘못 알았나? 왜 아무도 없는 거지?' 예배실 문을 빼꼼히 열어보니 설교방송이 흘러나오고 있었다. 예배실에 들어가서 기도를 하는데 힘겹게 살아온 인생이 오버랩되면서 눈물이 쏟아졌다. 마치 돌아온 탕자를 두 팔 벌려 안아주시는 것 같은 편안한 느낌이 들었다.

아무도 없는 예배실에 앉아 한참을 울며 기도를 하고 있는데 성경 말씀이 방송에서 흘러나오고 있었다. “옛것은 가고 이제 새것이 되었노라, 아무것도 두려워 말라. 이제 너는 내 것이라.” 혼자 무던히도 힘겹게 살아온 인생길, 진실로 그 말씀은 내게 큰 위로가 되었고, 다시 힘을 내서 살아갈 수 있었음을 이 자리에서 고백해본다.

CHAPTER 3

# 홀아비 심정, 과부가 알아주기

상담을 하면서 내가 느낀 아주 중요한 사실은 의사가 그저 아무 말 없이 들어줬다는 것이다. 어떤 시원한 해결책을 바랐던 나는 스스로 해결을 하고 있는 자신을 발견할 수 있었다. '바로 이거야! 내게 필요한 것은 해결이 아니라 따뜻한 공감이었어!'

내가 치유되면 될수록 나와 같은 슬픔을 겪는 사람들을 돕고 싶은 생각이 들었지만 방법을 몰랐다. 어떻게 하면 그들을 도울 수가 있을까? 그들을 공감해주고 위로해주는 공간이 없을까? 아무리 고민을 해보아도 내가 할 수 있는 건 아무것도 없었다. 이제 겨우 한 발짝, 한 발짝 세상 밖으로 조심히 나오고 있었으니까…….

하루는 사색을 하며 개천 옆을 걷고 있었는데 기독교 방송에서 특별한 사연이 소개되었다. 혼자 딸을 키우고 있는 싱글대디 김지환 대표 이야기였다. 우리나라 법에 미혼부들은 아이의 출생신고를 할 수 없다는 이상한 법이 있다. 딸의 출생신고를 위해 유모차에 아이를 태우고

1인 시위를 해서 결국 사랑이와 해인이법을 통과시킨 분이었다. 덕분에 미혼부도 출생신고를 할 수 있게 됐다는 기쁜 소식도 들었다.

왜 그들의 삶을 한 번도 생각해본 적이 없었을까? 약자들은 항상 여자였으니 남자라는 이유로 상처를 받았을 거란 생각은 한 번도 안 해본 것 같다. 남성들 입장에서 보면 억울할 것 같기도 하다. 싱글맘 카페는 수도 없이 많지만 정작 싱글대디를 위한 커뮤니티는 거의 전멸 수준이었다. 유튜브에 많은 동영상이 올라와 있었지만 하루의 일상을 보여주는 브이로그(V-LOG)가 대부분이었다.

그때부터 그들의 삶에 관심을 갖기로 결심했다. 우연히 들른 기독교 방송 덕분에 싱글대디는 내 삶에 들어왔다. 이렇듯 기적은 우연처럼 다가오는 것 같다. 어쩌면 나에게 주어진 사명일지도 모른다는 생각이 점점 강하게 드는 것은 왜일까?

'싱글맘이 싱글대디를 위한 글을 쓴다고?' '남자한테 그렇게 상처를 받고도 싱글대디를 돕는 이유는 무엇인가요? 한 분이 물었다.

"사실은 미래 우리 딸들을 위해서랍니다."

그분은 조용히 고개를 끄떡인다.

그들도 역시 피해자라는 사실을 말해주고 싶다. 남성들도 사랑받고 사랑을 주고 싶어 한다. 하지만 표현할 방법을 모른다. 뇌의 구조상 좌뇌와 우뇌를 연결하는 길이 발달하지 못해 논리적으로 설명하는 것이 힘들다. 게다가 남자는 강해야 하고 울면 안 된다며 감정을 억누르며 살았으니, 마치 도미노가 쓰러지듯 대대로 내려오는 아버지의 애정 결핍과 공감 부재는 또 다른 피해자가 생길 것이 분명하다. 이제 그 악습의 고리를 끊어야 한다. 그 도미노의 연결 조각을 끊고 다시 세우고 싶다면 너무 거창한 생각일까?

아빠들이 그렇게 살 수밖에 없었음을 이해하고 위로하며, 아이들을 올바로 키우는 법을 배우며, 건강한 가정을 다시 만들어간다면 얼마나 좋겠는가! 말라가던 내가 서서히 살아났듯이 싱글대디의 삶의 무게도 내려놓을 수 있도록 도와주고 싶었다. 이렇게 세상의 모든 싱글대디를 위한 블로그는 탄생되었다.

실제로 블로그에 내가 올린 글을 보고 많은 위로를 받았다는 싱글대디를 보면 나 또한 위로와 감동을 받는다. 또 살아오면서 이렇게 격한 공감을 받아본 적이 없다며 연신 감사의 말을 들을 때면 오히려 고맙다. 그래서 이 모든 것들을 공유하고자 그동안 만나왔던 싱글대디들의 사연을 담은 책을 집필하고 있다. 이혼 후 남겨진 아이들을 키우면서 생기는 문제, 심리, 육아, 재혼 등 모든 이야기를 다룰 생각이다. 이 책 내용을 바탕으로 백문백답 유튜브 영상을 올리고, 강의도 곧 오픈 예정이다.

시작이 반이라고 하지 않던가. 지금 쓰는 이 책을 시작으로 나의 글쓰기 인생은 멋지게 시작하였다.

CHAPTER 4

# 서바이벌 게임 1. 목구멍이 포도청

이혼 후 가장 시급한 건 생계 문제였다. 이혼 당시 위자료로 받은 집 한 채가 전부였으니, 나만 바라보고 있는 세 아이를 위해서라도 당장 아무 일이나 해야만 했다. 자존심 따위는 개나 줘버려야 했다. 보험 영업, 화장품 판매, 네트워크 비즈니스 등 솥뚜껑 운전수를 접고 생활전선에 뛰어들었다. 아이들을 위해서라도 참고 살면 안 되겠느냐는 엄마와 지인의 이야기를 한 귀로 흘려보냈지만, 그 삶의 무게란 엄청난 것이었다.

여름이 거의 끝나가는 후덥지근한 밤, 바람 한 점 없던 그날 밤을 아직도 잊을 수가 없다. 실적이 없어 누구라도 만나야 했던 그날, 둘째 딸 학교 엄마들을 만났다. 팸플릿을 돌리고 정말 좋은 거라며 아무렇지도 않은 듯 너스레를 떨었지만, 그들은 이미 나의 떨리는 마음을 알고 있는 듯했다. 모두 선하고 좋은 분들이라 내 물건을 선뜻 사주었지만, 갑자기 영업을 하고 돌아다니는 나의 스토리에 더 관심이 있어 보였다. 그 눈빛들을 뒤로한 채 잠실역 8번 출구 앞 정류장에 앉아 버스를 기다리고 있는데 시원한 바람이 내 등을 말려주었다. 어깨가 떨려왔다. 내 평생에 그렇게 추운 여름밤은 두 번 다시 없을 것 같았다. 그럴 때마다 신기하게도 나를 키워준 책 속의 글들이 조용히 속삭여온다.

"잘하고 있어! 조금만 힘을 내보자!"

"이런 시련은 성공하기 위해 꼭 필요한 것이란다."

"용기는 두려워하지 않는 것이 아니라 두려움에 맞서는 것이란다."

언제 읽었는지도 모르는 글이 살아나서 나를 일으키고 또 일으키니 나는 일어설 수밖에 없었다.

CHAPTER 5

# 서바이벌 게임 2. 인간의 추악함을 맛보다

지인 소개로 시작한 네트워크 사업설명회에서 들은 회장의 마인드는 감동 그 자체였다. 돈 없는 서민들을 위한 마케팅 플랜. 왜 이제야 이것을 알았을까? 가슴이 뛰었다. 이 사업으로 돈을 벌어 경제 문제도 해결하고 어려운 이웃도 도울 수 있다니! 하지만 내가 속한 센터장의 얄팍한 상술은 그 회장의 숭고한 뜻을 변색시켰고 타락시켰다. 하위 사업자에게 베팅을 시키고 직급 계획을 무리하게 시켜 빚더미에 앉게 했다. 천천히 사업을 진행하고자 하는 사람들에게는 사업을 할 줄 모른다며 압박을 주었다.

그 2년 동안 인간의 추악함이 어디까지 내려가는지 알게 되었고, 나 자신은 더욱 단단해지고 있었다. 양심이 바닥까지 내려간 그 사람들과 일을 하면서 인간과 인간 사이의 신뢰가 얼마나 중요한지 다시 한번 깨달았다.

과연 그 사람들은 저 글귀의 뜻을 제대로 알고 떠드는 걸까? 차라리 삼겹살집에서 본 글귀가 나를 감동시킨다. "고기는 팔아도 양심은 안 팔아요."

CHAPTER 6

# 서바이벌 게임 3. 인생템 획득

2020년 1월에 발생한 코로나19로 인해 모든 경기가 침체되고 있을 무렵, 네트워크 사업을 보류하고 어떤 일을 해야 할까 고민하던 중 한국비즈니스협회를 알게 되었다. '고객이 직접 찾아오게 하는 영업 노하우!' 이 멘트 하나로 나는 낚이게 된 것이다.

'진짜 이렇게만 된다면 얼마나 좋겠어?' 처음엔 콧방귀를 뀌었지만 자꾸 마음이 끌렸다. 사실 여부를 위해 사이트를 뒤졌고, 10일 후 열리는 세미나에 참석하게 되었다. "가치 창출을 하다 보면 이윤 창출이 따라온다"는 회장의 말은 그럴싸했다. 하지만 이상한 인간을 하도 많이 경험한 나로서는 함부로 결정할 수 없는 노릇이었다. 한참을 고심하고 알아본 결과, 이미 성공한 사람들과 후기들을 보면서 이내 나는 한국비즈니스협회 사람이 되었다.

이곳에서 나와 같은 사람들을 만날 수 있었다. 이미 사업체를 운영하고 있는 사장님도 계셨고, 나처럼 새로운 아이템을 찾은 사람도 있다.

자신의 인생템을 찾아 그 사업이 성공할 수 있도록 모든 협회분들과 함께 노력하고 성장하는 곳이었다. 여기서 나의 인생템, 싱글대디성장연구소는 확실하게 자리를 잡을 수가 있었다.

CHAPTER 7

# 서바이벌 게임 4. 보너스

싱글대디를 위한 블로그와 인생템을 잘 만들어가던 중 나에게 큰 행운이 주어졌다. 글쓰기학회가 그것인데, 글쓰기가 좋아 들어갔던 그곳에서 책을 출간하는 엄청난 기회가 주어진 것이다. 열 명으로 이루어진 어벤져스 글쓰기학회 회원들이 성공한 자신의 아이템과 관련하여 책을 쓰게 되었다.

'아니, 무슨 이런 곳이 다 있어? 말만 하면 다 이루어지네!' 평소 글쓰기를 좋아하던 사람들의 모임이라 일은 일사천리로 진행되었고, 드디어 11월에 책을 출간하게 되었다. 그리고 올해 안에 개인 책도 출간될 예정이다. 불과 1년 만에 벌어진 일이다. 내가 계획한 일들을 매일 노트에 적고 있는데 벌써 하나둘 이루어지고 있다니 신기할 따름이다.

1. 월 1억 수입
2. 십일조 1,000만 원

3. 카페 플랫폼 완성

4. 유튜브 찍기

5. 책 출간하기

6. 강의하기

7. 다이어트 하기(프로필 사진을 찍기 위해)

8. 아이들과 소통, 공감(사춘기라 예민한 아이들을 위해)

9. 기부, 봉사하기

10. 메신저 되기

내가 이루고 싶은 10대 목표다. 돈을 벌어 십일조을 하고 카페를 활성화시켜 싱글대디를 위한 플랫폼을 완성하고 싶다. 한마디로 내 플랫폼에 들어오면 모든 것을 배우고 필요한 정보를 공유할 수 있게 하는 것이다. 또 서로 비슷한 사람들끼리 위로하는 공간도 될 수 있다. 상상만 해도 얼마나 멋진 일인가?

신기하게도 성공을 원하는 사람들이 모인 곳에 있으니 좋은 일들이 많이 생긴다. 《끌어당김의 법칙》이란 책의 내용을 보면 미래의 모습을 미리 끌어와서 매일 생생하게 꿈꾸면 이루어진다고 한다. 그 꿈들을 글로 적으면 꼭 이루어진다고 하니 독자들에게도 추천하는 바다. 말의 힘도 굉장히 중요하지만 글로써 나의 무의식 세계에 강하게 새겨놓는 것도 아주 중요하다. 그렇기 때문에 내가 성공한 삶을 살 것이라는 사실을 한 번도 의심해본 적이 없다. 그래서 나는 오늘도 성공을 위해 달린다.

CHAPTER 8

# 서바이벌 게임 5. 사춘기와 사추기

남편과 이혼하면서 절대 포기할 수 없는 것이 바로 아이들의 양육권이었다. 내가 못 먹고 사는 한이 있더라도 아이들만은 지키고 싶었다. 아이들 역시 아빠의 부재로 인한 그리움은 손톱만큼도 찾을 수가 없었다. 하지만 자신들을 옭아매던 아빠가 없으니 이제는 마음 편히 지낼 수 있으리란 나의 생각은 큰 오산이었다. 옥수수가 팝콘이 되어 터지듯 아이들의 문제는 여기저기서 터져 나왔다. 아마도 그 시절 나만큼 학교 선생님과 상담을 많이 한 학부모도 없었을 것이다.

"어머니, ○○ 담임입니다. 전화로 말씀드리긴 좀 그렇고 학교로 한번 나오시면 좋겠습니다." 놀라서 달려간 교무실에 큰아이 담임 선생님이 착잡한 표정으로 앉아 있었다. 자초지종을 들어보니 딸아이가 책상 위에 담임 선생님 욕을 빽빽하게 쓰다 걸렸다는 이야기였다. '우리 아이는 절대 그런 아이가 아니에요'란 말은 의미도 없고, 선생님들이 제일 싫어하는 말이라고 들은 적이 있어서 손이 발이 되도록 빌며 사죄를 드렸다.

어느 정도 화가 풀린 선생님은 오히려 걱정을 해주셨다. "어머니, 많이 힘드신 줄 알지만 이 시기가 제일 중요합니다. 예주가 항상 우울해 보이고 의욕이 없어 걱정이에요." 교문 밖을 어떻게 나왔는지, 어떻게 집에 왔는지 기억도 나질 않는다. 걱정을 한아름 안고 집에 들어온 큰 아이를 꼭 안아주었다.

"엄마가 미안해. 행복한 가정을 만들어주지 못해서 미안해."

"아니야, 엄마. 나도 내가 왜 그랬는지 모르겠어. 걱정시켜서 미안해."

자존감이 바닥으로 떨어져 힘들어하던 큰딸은 자신의 고통을 그림에 쏟아붓기 시작했다. 독학으로 일본어를 배워 자격증을 따고 애니메이션을 전공하여 일본으로 훨훨 날아갔다. 자신이 살기 위해 시작한 그림은 딸을 살리는 날개가 되어주었다. 졸업을 앞두고 취업 준비를 하고 있는 딸은 지금 이 순간이 너무 행복하다면서 조잘조잘 수다를 떤다.

자식 자랑을 하면 팔불출이라고 했는데, 둘째는 어려서 정말 이뻤다. 유모차에 태우고 나가면 사람들이 인형 같다고 했을 정도였으니 말이다. 그렇지만 말도 느리고, 걷기도 느리고, 기저귀도 늦게 떼는 등 세 명 중에 제일 늦됐다. 그랬던 둘째는 완벽을 떨고 윽박만 지르는 아빠 앞에서 변해갔다. 결국엔 선택적 함구증에 걸려 초등학교 시절 내내 친구들과 말을 안 하고 지냈다. 사춘기가 오면서 둘째의 마음의 병은 극에 달했는데, 하루 종일 방에만 틀어박혀 있다가 날 보면 하는 말이 '죽고 싶다'였다. 엄마가 옛날에 나보고 너 같은 딸 키워보면 엄마 속 알 거라고 하던 말이 가슴에 와서 꽉 박혔다. '나도 엄마 속을 저렇게 썩였을까?'

상담을 받아보자고 해도 막무가내였다. 그러다 자신도 더 이상 버틸 수 없었는지 병원에 데려가 달라고 했다. 선생님과 오랫동안 상담을 하면서 조금씩 안정을 찾아가고 있을 무렵 나눈 대화가 떠오른다.

"엄마, 난 앞길이 안 보여. 그냥 다 해보고 있어. 책도 꾸준히 보고 있고. 요즘 《떠난 후에 남겨진 것들》이란 책을 보고 있는데, 내가 또 죽고 싶을까 봐 일부러 보고 있어. 사는 게 더 낫다는 생각을 갖고 싶어서……."

그 이야기를 듣는 순간 너무 불쌍하고 안돼서 눈물이 나기도 했지만 내심 깜짝 놀랐다. 내가 힘들 때 글과 책들이 날 살렸듯이 둘째도 살아남기 위해 나와 똑같은 방법을 쓰고 있었던 것이다. 그리고 하는 말이 "나중에 나의 이야기를 책으로 쓸 거야"였다. 글쓰기도 하겠다는 딸. 딱 그 엄마의 그 딸이다.

아이들이 커가는 동시에 나는 40대 끝자락에 서 있다. 사추기에 들어선 것이다. 인생의 절반을 살아온 지금 지난 세월을 회상해보면 쉽지 않은 인생을 살아왔다. 누군가 다시 젊은 시절로 돌아가길 원하는지 물어본다면 나의 대답은 'NO'다. 인생의 재미와 소중함을 이제 막 알아가고 있기에 지금이 더없이 좋다. 소태처럼 쓰디쓴 인생이 이제는 누군가에게 양념을 맛있게 해줄 귀한 소금이 될 수 있다는 생각도 해본다. 나를 살렸던, 내 딸을 살리는 글쓰기로 말이다.

나의 롤러코스터는 다시 박차고 오를 준비를 하고 있는 중이다. 사춘기와 사추기 편 서바이벌 게임에서 나는 WIN!

CHAPTER 9

# 파이널. 찐사랑을 만나다

## 찐사랑을 만나다1

이 이야기는 처음으로 꺼내는 나의 보물 같은 이야기다. 평소 금슬이 좋았던 우리 부모님, 아빠께서 먼저 돌아가시자 엄마는 앓아누우셨다. 식사는 물론 물 한 방울 못 드시는 엄마는 쇠꼬챙이처럼 말라갔다. 사진만 봐도 울고, 텔레비전에 나오는 노부부만 봐도 울고, 아빠 글씨만 봐도 울었다. 옆에서 지켜볼 수밖에 없으니 안타까웠지만, 한편으론 내심 부럽기도 했다. '얼마나 사랑하면 저럴까? 나도 저런 사랑 한번 해보면 좋겠다.'

큰삼촌의 소개로 아빠와 엄마는 만나게 되었다. 일 문제로 아빠를 알게 된 삼촌은 인간성이 좋다며 싫다는 우리 엄마에게 억지로 선을 보게 하셨다. 키가 크고 서구적으로 생긴 우리 엄마를 보고 첫눈에 반한 아빠는 그때부터 할머니 집에 매일 출퇴근을 했다고 한다.

엄마: 난 별로였어, 키도 땅따리처럼 작고 경상도 사나이라 말도 없
고……. 난 마음에 안 들었어, 사실.

나: 그럼 왜 아빠랑 결혼했어?

엄마: 네 큰삼촌이 하도 결혼하라고 해서 했지. 큰삼촌이 얼마나 무
서웠는지 아니?

나: 그래도 좋아했으니까 결혼을 했겠지.

엄마: 그때 날 엄청 좋아하는 공군 아저씨가 있었어. 그 사람이랑 결
혼했으면 이렇게 고생은 안 하고 살았겠지?

'풉' 하고 웃음이 터졌다. 말은 그렇게 하면서 금방 먹을 것을 준비해서 아빠한테 가셨다. "과일 드세요" 그렇게 사랑하던 아빠가 돌아가시고 엄마는 절망했다. 지금은 7년이라는 시간이 흘러 어느 정도 마음을 추슬렀지만, 여전히 엄마는 내게 말씀하시곤 한다. "네 아빠가 없으니 지나가는 개가 날 다 우습게 보는 것 같다, 얘."

혼자 살고 있는 딸을 보면 가슴에 대못이 박힌 것마냥 한숨을 쉬시다가도 아빠에 대한 애정을 자랑할 땐 내 염장을 지르기에 충분했다. 내심 나도 새로운 사랑을 할 수 있을까? 달콤한 로맨스를 상상하다가도 금세 머리를 흔들어버렸다. '다 그놈이 그놈이야. 편하게 살지 뭐 하러!'

이혼하고 한창 생활전선에 뛰어들어 일을 하고 있을 무렵, 언제부터인지 모르지만 키는 그렇게 크지 않고, 참기름에 넣었다 뺀 것같이 반질반질한 데다 차돌처럼 당차 보이는 한 남자가 보였다. 남자라면 죽어

도 안 만난다고 큰소리를 치는 내 앞에 아빠랑 똑같이 생긴 사람이 나타난 것이다. 또 너무 웃긴 것이, 날 언제 봤다고 친한 척을 하며 커피 한잔 하자고 들이댔다. 몇 번을 거절했지만 아침마다 내 사무실에 와서 커피를 먹자고 했다. 어이가 없었지만 가만히 보니 꽤 귀엽게 생긴 얼굴이었다. 그렇게 우린 친해졌다. 그 사람은 결혼도 하지 않은 총각이었다.

하루는 그를 불러 조용히 타일렀다. 내 모든 스토리를 이야기해주었고 각자 갈 길을 가자고 했다. 내가 그 사람한테 해줄 수 있는 것이 아무것도 없었기 때문이다. 그렇게 나는 마음을 걸어 잠갔다. 한동안 그 사람을 볼 수가 없었다. 신경은 쓰였지만 차라리 잘됐다고 마음을 달래고 있던 어느 날이었다.

"이성희 씨 계세요? 꽃배달 왔습니다." 케이크와 꽃 그리고 편지. 그 사람이 보낸 것이었다. 편지 속에는 이렇게 쓰여 있었다.

'이쁜아, 생일 축하해! 태어나줘서, 그리고 내 옆에 있어줘서 고마워. 사랑한다, 이쁜아.'

저만치에서 그가 웃으며 내 앞으로 오고 있었다. 순간 너무 반가운 나머지 그 사람을 꼭 껴안아줄 뻔했다. 그 사람이 날 그윽하게 쳐다보며 말했다.

"빨리 케이크 잘라 먹자. 배고프다!"

나의 진짜 사랑은 이렇게 찾아왔고, 엄마를 부러워하던 나는 드디어 새로운 사랑을 만나게 되었다.

## 찐사랑을 만나다2

운명적인 찐사랑과의 현실은 어떤지 궁금하지 않은가? 본격적으로 연애를 하면서 항상 아이들이 마음에 걸렸다. 아직 상처도 아물지 않았을 아이들. 당분간은 아이들에게 비밀로 하기로 했다. 나 역시 데인 상처가 너무 커서 마음을 활짝 열지 못하고 있었다. 나는 둘째 치고, 그 사람 집에서 나를 받아주기나 할까. 그 사람은 총각, 나는 애 딸린 유부녀. 그것도 세 명. 연속극 상황이라면 나는 벌써 물 한 사발을 뒤집어쓰고 나와야 맞다. 이런저런 상황을 고민하다가 결국 헤어지자고 수백 번을 이야기해도 그 사람은 들은 척도 하지 않았다. 결국 우리 둘은 이렇게 결론을 내렸다. 물 흘러가는 대로 만나다가 그 사람한테 좋은 여자가 나타나면 헤어지자고. 지금 생각하면 웃음밖에 안 나온다. 서로 사랑하는데 다른 사람이 보일 리가 없었다.

그렇게 몇 년이 흐르고 그 남자의 부모님께서 날 만나자고 하셨다. 결혼도 안 하고 세월만 보내는 아들이 답답하셨을 것이다. 어머님, 아버님은 환하게 맞아주셨고, 긴장한 탓에 정신줄을 놓았던 나는 차츰 안정을 찾아갔다. 그 사람과 바로 위 누나가 그동안 계속 부모님을 설득시킨 걸 나중에서야 알게 되었다. 정말 인연이었는지 나의 과거는 그 사람한테 아무런 문제가 되지 않았다.

그렇게 마음이 큰 사람도 나보다 두 살 어린 연하라서 그런지 참 유치하다. 아마도 그런 유치함은 남자라면 조금씩 다 있는 듯하다. 그럴 때에는 화가 나는 것이 아니라 아들이 하나 더 생겼구나 생각하면 웃음만 나온다.

정작 우리에게 문제가 되는 건 다른 곳에서 터져 나왔다. 바로 아이들 교육 문제. 나의 교육 방식이 마음에 안 든다는 것이었다. 충분한 시간 속에서 서로를 잘 안다고 생각했지만, 친한 삼촌의 입장에서 아빠의 입장으로 바뀌고 나니 아이들을 보는 시각이 달라진 것 같았다. 아이들을 더 잘 키우고 싶은 마음을 느낄 수 있었다. 하지만 이미 다 커버린 아이들은 아이 한번 낳아보지 못한 그 사람에게 큰 숙제로 다가왔다. 그렇다고 해서 마음 내키는 대로 애들한테 퍼부었다가는 서먹한 관계가 될 것이 뻔했다. 그 사람은 이러지도 저러지도 못하고 화살을 나에게 쏟아부었다. "당신이 오냐오냐하니 저러는 거 아냐! 무섭게 할 땐 좀 강하게 하라고!"

전남편의 훈육 방식이 너무 강압적이고 폭력적이었다. 아이들이 받은 상처가 얼마나 큰지 잘 알기에 나까지 숨통을 조일 수는 없었다. 나의 그런 면이 아이들을 방치하고 신경을 안 쓰는 것처럼 보인다고 했다.

노자의 말 "생이불유(生而不有: 낳고 기르되 소유하지 않다)", 아이들을 키워오면서 이 말을 잊은 적이 없다. 아무리 내가 낳은 자식이지만 자녀는 부모의 소유물이 아니기 때문이다. 자녀에게 문제가 있다면 그저 조용히 지켜보고 같은 편이 되어주는 것이 맞는다고 생각했다. 자살하고 싶다고 노래를 부르는 둘째를 위해서라도 그 아이의 치유가 내겐 먼저였다.

저 사람이 그렇게 화를 내는 이유를 곰곰이 생각해보니 아빠 역할을 잘하고 싶은 긍정적 의도가 보이기 시작했다. 그 사람 마음을 이해해주고 공감을 해주니 훨씬 편해진 마음으로 대화를 할 수 있었다. 그리고 가수 이적의 어머니이자 작가인 박혜란 씨의 책《믿는 만큼 자라는 아이들》을 선물해주었다. 아이들을 전적으로 믿어주면 믿어주는 만큼 자란다는 작가의 실제 경험이 담긴 책이다. 아이들이 어릴 때 많은 도움과 감동을 받은 책이었기에 간직하고 있길 잘했다 싶었다. 아무래도 아이들을 위하는 마음이 전달되려면 마음 못지않게 표현 방법도 중요하기 때문이다. 그분의 책으로 나는 아이들을 닦달하지 않고 믿어주며 키우고 있다. 그렇게 나의 찐사랑도 육아에 동참하게 되었다.

블로그에 올라온 부부의 글이 생각난다.

"결혼한 지가 얼마 되지 않아서요. 이제 겨우 26년 됐거든요."

아직도 깨가 쏟아지는 저 부부, 진심 부럽다. 그 옛날 그 못생긴 셜록 홈즈가 아니었다면, 내가 독서의 신세계를 맛보지 않았다면 어땠을까? 그 책 속에 있는 많은 위인들, 성공자들을 만나지 못했다면 나는 어떤 삶을 살고 있을까? 그 수많은 글들과 공감이 나를 살리지 않았다면 나는 어떻게 됐을까? 성경의 말씀이 날 살리지 않았다면, 나의 사랑이 그 편지를 보내지 않았다면 나는 또 어떤 삶을 살고 있을까? 나는 그래서 더더욱 글쟁이가 되어야 한다. 나의 쓰레기 같았던 인생이 퇴비가 되어 누군가의 싹을 자라게 하고 누군가를 살리게 된다면.

나는 글쟁이로서의 삶을 살아가고 싶다. 그래서 그들과 같이 손잡고 걸어가고 싶다. 내가 살아난 것처럼. 사람을 살리는 글쓰기. 그래서 나는 당장의 월 1,000 소득 같은 것보다 글쓰기가 더 좋다!

## 전혜선

부자의 무기는 글쓰기였다!

"손대자마자 월 100"

"사업하자마자 월 1,000"

육아하면서 손만 대면 돈을 버니

시청방송, 라디오 출연

대한민국 부자들을 만나

여러 회사와 협력까지 하는

사업가가 되었습니다.

30대 육아맘이 어떻게 가능했을까?

드디어 노하우를 하나씩 공개하는데

까도 까도 양파 같은 그녀의 매력,

그 비밀은 '글쓰기'에 있다고 한다.

5

# 육아맘의 부의 추월차선

CHAPTER 1

# 흙수저였던 소녀, '돈' 공부로 부자 엄마 되다

2021년 8월 현재, 아침에 일어나면 "엄마 일어났어?"라며 웃어주는 다섯 살 아이와 인사하며 아침을 시작한다. 남편과 아이 유치원까지 함께 걸어가 등원을 시킨다. 같은 사무실에서 남편은 온라인 유통판매, 나는 Zoom을 켜거나 글을 쓴다. 소상공인 사장님들을 도와주는 창업가이면서 작가이면서 교사 혹은 강사이기도 하다.

누가 "직업이 뭐예요?"라고 물으면 나는 당황하여 아무 말도 할 수가 없다. 여러 사업들을 만들어내고, 유능한 사업가들과 함께하는 육아맘이기도, 대표님이기도, 아이들의 떤땡님이기도, 사장님들의 스승님이기도 하기 때문이다.

나의 삶은 결혼 전과 결혼 후로 나눌 수 있다. 결혼 전에는 영유아를 가르치는 교사였다. 뚜렷한 교육 철학으로 인해 대학원까지 교수의 길을 준비하고 있었고, 임용고시까지 공부하고 있었다. '교직이 평생 나의 길이다. 돈보다 사명감이다' 생각했던 20대 시절이었다.

결혼? 지금 시국에 무슨 결혼인가? 나의 인생도 제대로 살지 못한 것 같은데 누구를 책임진다는 말인가? 결혼에 대한 생각이 하나도 없었다. 나는 흙수저로 자랐고 평생 돈이 없어서 서러움을 많이 받았고, 다시는 돈 때문에 나의 인생이 좌절되기 싫었고, 그래서 이 돈이라는 것을 저주했다. 돈은 '악의 근원'이라고 생각했다. 이때는 로버트 기요사키의 《부자 아빠, 가난한 아빠》에서 가난한 아빠 쪽에 속해 있는 가난한 엄마가 될 숙녀였다. 하지만 마음은 가난하다고 생각한 적이 없었다. 그래서 사명감으로 똘똘 뭉쳐 영유아, 즉 어린 친구들에게 행복한 미래를 만들어주고 싶은 사명감이 있었다. 지나친 사교육, 가정의 불화, 세상의 안 좋은 것들은 치워버리고 아이들을 위한 교육을 하고 싶었다.

어느 날 교사였던 나에게 한 어머님이 이런 말씀을 하신 적이 있다. "산후우울증이 무섭다." "아이를 키우면서 힘들었다." 여러 말들을 들으면서 '결혼은 절대 해선 안 되는 거'라고 생각하려던 찰나, 그 어머님이 나의 마음에 물음표를 던져주셨다. "결혼은 해도 후회, 안 해도 후회야." 네? 뭐라고요? 아까까지만 해도 아이를 낳아 너무 힘들었고, 산후우울증이 있어서 아이가 큰일 날 뻔한 적도 있었고, 자신의 삶에서도 비관적으로 생각한 적이 있었다고 신나게 이야기하시던 어머님이 "죽기 전에 아이를 낳고 키워보는 경험을 하지 못하는 삶이 더 우울하지 않을까?"라고 말씀하시는 것이었다.

여기에서부터 나는 혼돈에 빠졌다. 결혼하지 않고 사명감으로만 살아가려고 했던 나에게 '평생을 혼자 늙어가다가 외롭게 죽지 않을까?',

'나는 아이를 위해 일하고 싶은 교사인데 나의 아이를 안 낳는다는 것이 과연 맞는 생각일까?' 이런 생각이 들기 시작했고, 마침 "당신의 사명감을 내가 함께하고 같이 꿈꾸고 싶다"고 하는 단짝을 만나 아이를 낳게 되었다. 그때 나의 나이는 스물여덟 살, 남편의 나이는 스물여섯 살이었다. 이 시대에는 어린 나이에 결혼한다며 "꼬마신랑이 장가간다.", "갑자기 결혼이라니 잘 살 수 있을까?"라는 말을 많이 들었다. 우리는 비장하게 마음을 먹고 성당에서 신에게 맹세했다. "꼭 세상을 이롭게 하겠다." 그런 다짐과 함께 나의 동료가 된 남편과 삶을 시작했다. 하지만 아이 낳는 것은 무서웠다.

아직 부족한 꼬마신랑과 사명감에 불타오르던 스물여섯 살은 준비가 되지 않았다 생각했고, 우리가 어느 정도 삶이 힘들지 않게 되었을 때 아이를 낳자고 합의하고 당분간은 각자 인생을 열심히 살기로 했다. 하지만 사랑의 힘은 대단하다. 결혼한 지 6개월 만에 아이를 갖게 되었다. 나는 그때 부족한 엄마였다. 임신이 아닐 거라고 부정하고 싶었고, 여자의 경력 단절과 사회의 냉정함을 이미 너무나도 잘 알고 있었기에 한숨이 나왔다. 남편은 그런 내 마음을 모르는지 너무 기뻐했다.

신은 나에게 늘 좋은 선물을 하나씩 던져주셨다. 나에겐 아주 높은 적응력이 있었다. 처음에는 절망적이고 우울했지만 아이를 사랑하는 선생님이었다는 사람이 계속 절망하고 있을 순 없는 노릇이었다. 바로 잘못을 뉘우치고 아이 이름을 '축복'이라고 지었고, 모든 것이 축복이며 세상의 어려움은 내가 이겨내고 바꿔버리겠다 생각했다.

힘들게 출산을 하고 나의 품에 아이가 안기자마자 나는 나의 인생을 바꿀 마음을 먹었다. 임용고시도 그만두고 입학 예정인 대학원도 과감하게 입학 취소를 했다. 학문의 길로 들어섰을 때 나를 도와주었던 스승님들은 다들 나의 행동에 탄식을 하셨고 "빨리 돌아와라.", "지금이라도 늦지 않았다.", "망할까 걱정된다."고 말씀해주셨다. 하지만 나는 돌아가지 않았다.

이유는 간단했다. 나의 아이와 시간을 보내지 못하고 나의 커리어에만 몰두한다면 내 아이의 인생은 예전의 나처럼 외롭지 않을까? 그러면서도 "엄마가 아이들을 사랑하는 교사였어"라고 아이에게 자랑스럽게 말할 수 있을까? 나의 아이의 시간도 행복하게 만들어줄 수 없는데 밖에 나가서 교사로서 아이들에게 "얘들아, 세상은 아름다운 거란다. 그러니 훌륭한 사람이 되어야 해"라고 가르칠 수 있을까? 그렇지 않다는 생각이 들었다. 그래서 나는 나의 아이가 태어나자마자 정반대의 길을 선택했다.

악의 근원이라고 생각했던 '돈'과 친해지기로 마음먹었다. 현실적으로 이 '돈'이라는 것은 나의 아이와 나의 시간을 방해하는 요인이 될 수 있겠다 생각했다. 여태까지 나의 삶을 살면서 사명감을 갖게 된 계기도, '돈은 악의 근원'이라고 생각했던 나의 모습도 원초적인 이유는 '돈' 때문이었으니까. 이제부턴 오히려 '돈'을 공부하기로 마음먹었다.

교사로서 아이들을 볼 때 맞벌이 부모가 참 많았다. 늦은 저녁까지 이 아이들은 부모님이 자기를 언제 데리러 올지 하염없이 현관문을 바라본다. 나는 "조금 있음 오실 거야. 선생님이랑 또 뭐 하고 놀까?"라고 말하며 아이를 매일 달래며 아이 옆을 지켰다. 그 마음을 누구보다도 잘 알기에 우리 아이를 위해, 또 대한민국 부모로서, 그리고 교사로서 '돈'이라는 것을 제대로 공부해야 했다. 그래서 나는 가난한 엄마에서 부자 엄마로 빠르게 이동하려고 책을 보고 글을 썼다. 가난한 엄마가 될 뻔한 나의 삶을 부자 엄마로 바꾸기 위한 몸부림이 시작되었다.

흙수저였던 소녀가 결혼하고 '돈'을 공부하고 지금은 법인 사업체를 갖고 있고, 여러 사업가들과 협력하며 사업하고 내가 원하는 육아도 하면서 돈 버는 삶을 살며, 아이들을 위한 초청강의도 하고, 부모님들의 상담도 도와드리는 하루하루를 살고 있다. 아이가 아프면 일에 매이지 않고 아이 옆에서 살펴보면서 나의 일을 하고, 때로는 사무실에서 아이와 함께 공존하면서 24시간을 지내는 일도 많다. 그래서 아이는 나에게 매일 이런 말을 한다. "엄마, 오늘은 돈 벌었어? 얼마 벌었어? 돈으로 사과는 사 먹을 수 있는 거지?" 다섯 살 아이가 말이다. 돈을 내가 원하는 것과 바꿀 수 있다는 것과 하루 보내는 시간 대비 돈을 벌 수 있다는 것을 아는 것이다.

내가 원하는 인생 방향을 살아내기 위해 수많은 시행착오와 작은 실패, 성공 등 모든 것을 맛보았다. 이 모든 것을 이 책에 간단히 풀어드리려고 한다. 대한민국 모든 사람들이 '돈' 때문에 좌절하고 포기하는 삶을 살지 않기를 바라며 내용을 이어가보겠다.

CHAPTER 2

# 비트코인이 경제 공부를 시켜줬다

아이가 태어나자마자 비트코인이라는 것이 유행하기 시작했다. 이때 비트코인은 30만 원 정도의 가격이었다. 하지만 나는 '돈'에 대해 완전 백지였고 아주 사기당하기 딱 좋은 아기 엄마였다. 1억 정도 다단계 사기를 당했다.

쓴맛을 보고 난 후 나의 문제점이 다단계에 매달려 남이 대신 돈을 벌어주길 바랐던 잘못된 마음에 있었다는 것을 빨리 깨닫고 반성했다. 그리고 제대로 공부하기 시작했다. '비트코인이 왜 오르는 걸까?' '비트코인이 왜 좋다고 하는 걸까?' '블록체인이 도대체 뭐람?' 그리고 비트코인에서 말하는 블록체인 공부를 하니 너무 신기했다. 거래의 투명성이 보인다는 점에서 '이건 미래다!'라는 생각이 들었다.

아이가 태어나서 100일쯤 되었을 때 나는 아이가 자는 시간마다 틈틈이 '비트코인이 도대체 왜 오를까?' 의문을 품고 차트 공부를 시작했다. 이때 유독 마음에 들던 코인 하나가 있었다. 국내에서 개발한 코인이었는데 의료 기록을 어디에서나 공유가 가능하다는 매력적인 기술이었다. 나는 프리세일에서 아주 소액인 40만 원을 투자했고 나머지 코인들은 차트 공부를 하며 단타를 치면서 3,000만 원의 수익을 만들어냈다. 그렇게 대하락장에는 더 정신없이 코인들을 매각하고, 적은 돈으로 하락한 코인 중에 값어치가 있을 만한 코인들을 사입한 뒤 그냥 묻어두었다. 그리고 아이가 다섯 살이 되던 해, 내가 사두었던 40만 원어치 코인은 1,000만 원이 되었고 나는 그 돈을 종잣돈으로 창업에 투자할 수 있었다. 적은 돈으로 구입했던 코인들도 두 배 이상 오른 것을 보고 이 또한 팔았다. 남편은 아쉬워했지만 나에게는 충분한 돈 공부라고 생각했다. 감사하게 수익률이 오른 코인을 팔아 마련한 돈이 나의 버팀목이 되어줄 수 있었다. 이 말이 정답이었다. "남들이 살 때 팔고, 남들이 팔 때 사라." 나는 아낌없이 탈탈 털어 팔았고, 그 돈들은 내가 성장하는 시간을 앞당겨주었다.

CHAPTER 3

# 부동산? 나와 상관없는 이야기야

부동산에는 크게 관심이 없었다. 어차피 나와 상관없는 그들만의 이야기라고 생각했다. 내가 말하는 그들은 이미 건물을 여러 채 갖고 있는 부자들이었다. 아파트에 투자를 한다? 무슨 돈이 있어야 투자를 할 게 아닌가? 우리같이 가난하고 없는 사람들이 무슨 돈이 있어서 투자를 한단 말인가? 그래서 나에게 해당되는 이야기가 아닌 줄 알았다.

남편은 나와 상반된 분위기에서 살아왔다. 남편의 부모님은 대전의 큰 도시에 누가 봐도 부러워하는 아파트를 갖고 계셨고, 시아버지는 사업을 하고 계셨다. 결혼할 때 주변에서 이런 이야기도 들었다. "그 집이 잘사니까 예쁨 받고 잘 살면 되겠네." 하지만 나는 그때도 다른 생각이었다. 시댁이지만 그들만의 세상이고 나와 무관하다고 생각했다. '어차피 내 집도 아니고 그게 나와 무슨 상관일까?' 결혼 준비 전부터 무조건 분가를 선택했고, 바퀴벌레가 나오는 아주 허름하고 오래된 2,300만 원 전셋집을 신혼집으로 선택했다.

미쳤다고 하는 등 결혼을 준비하는 동안 서러운 말들을 들었지만 나는 이것부터가 잘못되었다 생각했다. 대한민국에서는 결혼을 준비하는 것부터가 전쟁이다. 하지만 나는 바라는 것도 없었고, 부모님이 관여되는 것도 싫었다. 또 그 돈은 나의 돈도 아니고, 나의 남편의 돈도 아니라고 생각했다. 시간이 지나 나의 생각이 반은 맞았고, 반은 틀린 것을 알았다.

부동산 시세가 오르자마자 아파트 하나로 가정불화가 시작되었다. '돈'으로 시아버지가 아프기 시작했고, '돈'으로 가족이 찢어지게 되는 것을 보았다. 그 아파트를 팔아야 실제 '돈'이 생기는 것인데 팔지도 않은 아파트가 오르는 것을 보고 순이익 1억이 남으니 점점 가족들의 마음이 분산되는 것을 보았다. 결국 불화는 멈출 줄을 몰랐고, 나와 남편까지 다툼이 생기기 시작했다. '아파트가 더 오를 때까지 기다린다'며 가정은 깨지고 있었고, 보다 못한 나는 시댁에 제안을 했다.

'어차피 팔아야 이득을 보는 것인데 보이지 않는 이득으로 싸우고, 이 아파트를 자식들에게 유산으로 주시겠다는데 그중 2억은 어차피 은행 거다. 그 은행에 2억을 갚으려면 부모님들은 30년 이상을 뼈 빠지게 일하셔야 한다. 물려주면 나의 아파트가 된다?' 그런 생각을 해본 적이 없었던 나는 시아버지께 질문을 드렸다.

"아버님이 이 아파트에 매달 내셔야 하는 이자가 얼마예요?"

"70만 원이란다."

"이 집 팔고 더 좋은 집에서 행복하게 사시면 안 될까요?"

이자가 70만 원이라니? 관리비는 40만 원이 나온다. 그럼 합이 110만 원이다. 이를 유지하기 위해 시아버지는 눈만 뜨면 회사에 나가서 공장에서 직원들과 함께 일하는 대표이셨다. 그것을 20년 넘게 해오신 것이다. 나는 이해가 되지 않았다. 돈 때문에 가족과 함께하는 시간을 20년 이상 잃어버리셨다. 좋은 집을 사두고 그 집의 유지를 위해 제대로 쉬지도 못하고 일하느라 거의 밖에서 시간을 보내시는 것이다.

월 110만 원보다 가치 있는, 햇빛과 바람이 잘 들고, 테라스가 딸려 있고, 주택 같은 복층 신축 빌라를 알아보았다. 결국 우려했던 아버님의 건강 문제가 터졌다. 심근경색, 뇌경색으로 쓰러지신 것이다. 보살핌이 필요한 아버님을 모시고 네 살이 된 아이, 남편과 살기로 결정했다. 그렇게 살면서 우리 가족은 마음은 힘들었지만 좋은 집에서 아이가 너무나도 행복하게 잘 컸다.

나의 사업이 바빠지면서 대전에서 서울로 이동해야 했기에 그 큰 집을 정리하기로 했다. 그 집을 처분했을 때 이미 50% 이상의 수익이 올랐고, 우리가 내놓은 집은 유명해져서 순수익을 1억 이상 볼 수 있었다. 꼭 아파트가 아니어도 알짜배기 건물이라면 수익을 얻을 수 있다는 것을 나는 이때 깨달았고, 엄청난 부자가 아니더라도 건물을 보는 눈이 있으면 수익을 얻을 수 있다는 것을 몸소 느낄 수 있었다.

CHAPTER 4

# 주식은 해야 한다, 그것도 잘해야 한다

비트코인을 공부하면서 차트 공부를 하니 주식이 자연스럽게 눈에 들어왔다. 나는 태어나서부터 엄마가 되기까지 주식을 하면 집안이 풍비박산 난다고 생각했다. 그냥 '풍문으로 들은 이야기'로 고정관념이 생겨 있었다. 하지만 비트코인을 제대로 공부하면서 '그렇지 않을 것 같다'는 생각이 들었다. 그렇게 주식의 흐름을 보고, 투자는 하지 않았지만 돈의 흐름이나 경제 상황을 이해하게 되었고, 미래를 보는 눈이 생겼다.

이때 남편에게 이런 말을 했다. "아이에게 경제 교육은 꼭 필요한 거라고 생각해." 여태까지 알았던 나의 경제 지식은 다 근거 없는 이상한 논리라는 생각이 확실하게 들었다.

2008년엔 하이닉스 반도체에 입사하여 근무하고 있었다. 그때 미국발 금융 위기가 왔다. 나는 이때까지도 경제나 돈에 관심이 없었다. 그런데 친한 엔지니어분이 나에게 이런 말을 했다. "지금 퇴직금을 털어서라도 우리 회사 주식을 사야 해. 너도 빨리 사! 마침 직원을 위해 바겐

세일 하는 중이야. 꼭 사야 한다!" 나는 그때 이 아저씨는 머지않아 망하겠다고 생각했다. 주식을 하면 당연히 망한다고 생각했기 때문이다. 그런데 지금 그 아저씨는 제일 비싼 아파트에서 살고 계신다.

나는 그때 주식을 어떻게 사는지도 몰랐고 한 귀로 흘리고 그냥 넘어갔다. 제대로 공부하기 시작하면서 그제야 '아, 그때 살걸' 하는 후회가 들었다. 하지만 모든 자기계발서에는 이런 명언이 있다. "지금이 기회다." 나는 아주 적은 돈으로 내가 가장 좋아했고, 추억이 깃들었던 회사에 투자를 하기 위해 그 회사에 대해 공부했다. 이 회사가 얼마나 매력적인지 어떠한 미래가치가 있는지 분석했다. "대차대조표 보는 방법을 기본적으로 알아야 한다." "어려운 영어를 알아야 한다." "차트 그래프는 이러한 곡선이 있어야 한다." 아주 많은 말들이 있었지만 이미 100일 된 아이를 보며 밤잠 설쳐가면서 비트코인으로 단타라는 것을 쳤을 때 '이렇게 시간낭비 하는 것은 미친 짓이야'라고 생각했다. 왜냐하면 귀여운 아이가 나의 옆에 있는데 모니터만 24시간 뚫어져라 쳐다보아야 했다. 나에게는 그 이상 미친 짓은 없다는 생각이 들었다. 이것은 사람이 할 짓이 아니라고 생각했고, 단타를 버리고 가치투자를 생각했다. 나의 아이를 보면서 놀며 돈을 벌 수 있는 제대로 된 방법을 생각했다.

'지금 이러한 경제 상황에선 이런 주식이 오르겠지?'라고 생각하고 그 기업을 유심히 바라보고 있다가 머지않아 좋은 소식이 터져 나오는 것을 보면 실제 투자하지도 않았는데 그렇게 짜릿할 수가 없었다. 그러다 코로나19가 오면서 나는 내가 계속 공부했던 한 회사에 투자를 했다.

지금 주식의 수익률은 70% 이상이 올랐다. 경제를 보고 세상의 흐름을 읽고 미래의 가치를 따지면서 주식 공부를 하다 보니 어느 정도 머리로 시뮬레이션을 굴려보아도 나의 예상은 80% 맞아떨어졌다. 그 이후로 나는 돈 공부가 너무 재미있다고 생각했다. 그리고 아이의 미래는 지금보다 더 밝을 것이라는 확신이 들었다.

CHAPTER 5

# 가족 사업은 더 사업답게

결혼하기 전 유치원 교사로 지냈을 때 경영, 행정을 맡았다. 밤잠을 설치면서까지 고군분투했다. 어떻게 보면 원장 선생님이 경영, 운영이 힘에 부치니 나에게 일임하신 거나 마찬가지였다. 그렇다고 불평한 적은 없었다. 오히려 집착이 생겼다.

매일 교육청 공무원들과 서류 씨름을 하며 도움을 받아가면서 감사함에 기뻤고, 많은 깨달음과 성장을 스스로 느낄 수 있어서 밤새며 서류에 매달려도 재미있었다. 그 힘든 시기 동안 1년 만에 서류, 행정과 관련한 모든 것을 꿰뚫었던 나는 세금 처리는 어떻게 하고, 서류는 어떻게 갖춰야 하는지 알게 되었다.

사업 운영에 대한 개념이 잡혔기에 사업을 하고 계시던 시아버지의 제안에 나와 남편, 나의 아버지까지 돕기로 했다. 가족 사업을 시작하게 된 것이다. 하지만 시아버지의 회사에서 경영 총괄로 있으면서 모든 것들이 궁금해졌다. 거래처를 만나든가, 영업을 하면서 돌아다닐 때 많은 기업들이 주먹구구식으로 기업을 운영하는 것을 보았다. '이렇게 하면 힘들 텐데?'라는 생각이 들었는데, 아니나 다를까 모두 미수금 처리로 운영하는 중이었다. 탄식이 절로 났다.

이게 정말 대한민국 기업의 현실인가? 제대로 된 회사가 몇 개나 있을까? 미수금이 생기면 당연히 부채가 많아진다. 이 알 수 없는 룰들을 납득하기 힘들었는데 나의 궁금증을 해결해줄 수 있는 멘토가 없었다. 배울 곳이 없었기에 4년제 유아교육학을 졸업했지만 다시 경영학과로 편입했다. 돈을 내서라도 공부를 해야 하는 상황이었다.

이때 나의 아이는 세 살이었다. 아버님의 회사였으니 나는 사무실에서 아이와 함께 편안하게 일할 수 있는 여건이 되었다. 그렇기 때문에 아버님 사업을 돕기로 결정했던 부분도 있었다.

점점 경기 악화로 회사가 힘들어지니 누구라도 나가 영업을 해서 거래처를 늘려야 했는데 아무도 할 줄 아는 이가 없었다. 아버님이 하시는 사업은 건설업과 연결되어 있는 새시 공장이었다. 24시간 공장을 풀가동해야 했고 장비는 열악했다. 결국 나까지 공사판에 투입되면서 무거운 새시들을 나르고 공장을 가동시켜야 겨우 일이 되는 상황이었다.

거래처를 늘리려면 명분이 있어야 했는데 건설업의 현실은 제대로 된 시스템도 없고 서류 관련 일은 거의 모르시는 분들이 많았다. 눈앞이 깜깜했다. 앞으로 회사는 미래 지향으로 나아가야 한다고 수차례 건의했지만 오래 근무하셨던 분들의 마음은 바뀔 수가 없었다. 이미 변화를 해야 했는데 두려운 마음에 변화 자체를 안 하고 싶어 하셨다. 나는 퇴사를 결정했다. 나의 가족들이 모두 아버님의 일에 매진하다 보면 위험할 거라는 판단이 들었다.

나를 직원으로 받아줄 수 있는 곳은 또다시 어린이집, 유치원 교사였다. 물론 그 직업이 나에게는 행복이라 나를 찾아주는 원장님들께 항상 감사하고 감사했다. 하지만 나의 옆에는 세 살 아이가 있었다. 나는 아이와의 시간을 선택했고, 이 시간을 유지하면서 경제적으로 힘들어지는 우리 가족을 빨리 살려낼 수 있는 방법을 생각해야 했다. 그것은 사업이라고 생각했다. 아직 우리는 망하지 않았으니 충분히 이 시간을 빨리 활용하여 우리 가족을 일으켜야겠다고 생각했다. 그렇게 나는 사업을 준비하기 시작했다.

CHAPTER 6

# 첫 창업, 소자본 창업에 도전하다

1,500만 원을 대출 받아 비누 사업을 하기 위해 직접 식약처에 화장품 제조업으로 등록했다. 비누를 만들 수 있는 공장을 알아보았다. 간판이 없어도 괜찮으니 1,500만 원 안으로 창업이 가능한 쪽으로 생각해보았고, 500만 원 보증금에 월세 40만 원인 장소를 찾아냈다. 대전에서 매년 축제를 하는 장소에 위치해 있어 프리마켓 행사로도 충분히 월세는 뽑고도 남을 거라고 판단했다. 마침 사무실을 보니 관광지라 그런지 예쁜 호수와 나무들이 보여 이곳을 비누 공장으로만 활용하면 안 되겠다는 생각이 들었다. 장소를 활용하면서 더 부가가치를 만들 수 있는 방법을 생각했다.

'쉐어를 할까?' '카페를 만들까?' 고민 끝에 힐링 카페를 만들기로 마음먹고 나머지 400만 원으로 인테리어를 스스로 하기로 결정했다.

아버님 사업 돕는 것을 그만두고 바로 아이를 데리고 으스스한 술집을 임대 받아 힐링 카페로 만들어야 하는데 아이가 사무실에 들어가는 것을 울며 거부해 난감한 상황이 벌어졌다. 술집이었던 곳이라 칙칙하고 어두웠던 것이 문제였다.

어떻게 할까 고민하다가 아이가 재미있게 놀고 편안하게 쉴 수 있는 공간부터 인테리어를 하는 것이 시급하겠다 싶었다. 어차피 누구나 와서 쉬었다가 즐거움과 행복을 찾고 가길 바랐으니 아이들만의 공간이 있어도 좋겠다 싶었다. 그래서 아이 놀이방을 먼저 만들어주고 꾸며주었다. 하얀색으로 모두 칠을 하고 칙칙했던 분위기를 없앴다. 그렇게 인테리어를 마무리하고 아이 놀이방을 만들어주니 아직 말도 제대로 못 하는 아이가 "예뻐"라고 말하는 것을 보고 '합격'이라고 생각했다. 그 순간이 너무 감격스러워 인스타에도 자랑하고, 나의 핸드폰에도 고이고이 저장해두었다. 첫 출발이 좋다고 생각했다.

아이는 놀이방에서 신나게 놀고 엄마는 나머지 카페를 구축하기 위해 페인트칠하고, 가구 배치하고, 사무실을 꾸미고, 폐자재 처리하고 1개월을 그렇게 아이와 함께 공존했다. 엄마가 페인트칠하는 것을 본 아이는 집에서 롤테이프를 들고 엄마 행동을 따라 하는데 이것도 나의 큰 즐거움이었다.

2019년 10월에 사업자 등록을 했고, 11월에 인테리어가 마무리되면서 나는 하나의 근심이 생겼다. 바로 홍보였다. 2층이었던 힐링 카페는 간판이 현수막이었고 밖은 허름하여 누가 보면 이곳이 무얼 하는 곳인지 모를 수도 있었다. 그래서 어떻게 홍보를 해야 할까 고민하다가 아이를 어린이집에 부탁하고 전단지를 돌리기 시작했다. 아파트 곳곳마다 전단지를 직접 붙이러 다녔다. 그 전단지를 보고 나에게 문의하는 고객들의 반응을 보면서 '아, 이거 되겠다!' 생각했다.

또 온라인 마케팅을 해주겠다며 연락해오는 마케팅 회사들이 정말 마케팅을 다 잘해줄 거라 생각해서 빚까지 내어가며 마케팅 관련 여기저기에 투자해보았다. 그렇게 마케팅 회사, 교육, 책 등에 투자했던 금액이 대략 6,000만 원 되었다. 그 과정에서 당해보기도 하고, 배워보기도 하며 마케팅이 도대체 무엇인지 제대로 공부할 수 있었다. 그리고 차츰 매출을 발생시키기 시작했다.

CHAPTER 7

# 위기가 기회다

블로그에 글쓰기를 했다. 나의 진심을 담은 글들이었다. 이때는 키워드, 로직 같은 건 전혀 몰랐다. 그런데 그런 글들을 보고 커플, 학생, 육아하는 부모님들이 찾아오는 것이 신기했고 다들 "너무 싼 거 아니에요?"라고 말하면서 너무나도 흡족해하는 모습을 보고 나도 덩달아 감사하고 신이 났다. 하지만 딱 여기까지, 내가 행복했던 순간은 1개월밖에 되지 않는다.

2020년 1월, 코로나19가 시작되는 것이 예사롭지 않았다. 나는 줄곧 유튜브를 보며 어떻게 진행되고 있는지 예의주시했다. 여기에서 또 최악의 소식은, 시아버님 회사가 망하면서 같이 사업했던 남편과 나의 친정아버지까지 동시에 모두 빚쟁이가 된 것이었다. 충격을 받았지만 주저할 시간이 없었다. 나는 빠르게 나의 자산들을 정리하기 시작했다. 그나마 주식, 코인, 부동산 등 돈 공부를 했던 것이 다행이었다. 나는 그렇게 2년을 버티며 충격에 건강이 악화된 시아버지와 가장으로서, 가족으로서 충격을 받은 남편, 네 살이 된 나의 아이를 모두 지킬 시간을 벌 수 있었다. 혼자 고군분투했던 나는 빠르게 성장을 할 수 있었지만 남편과 시아버지, 아이가 모두 걱정거리로 돌아왔다. 내가 원했던 인생 방향의 목표에서 주춤대는 순간이었지만 희망을 버리고 싶지 않았다.

같이 이겨내기 위해 가족과 단합하는 과정을 거쳐야 했다. 이것이 바로 시스템이다. 나 혼자 사업을 한다고 해봤자 내가 일하는 것 대비 돈이 벌리는 것이지, 내가 쉬면 돈을 벌 수 없는 시스템이었다. 이것은 많은 자영업자들이 생각하는 고민일 것이다.

나는 자동으로 들어오는 수익에 대해 고심했다. 나는 아이와 함께하고 싶은 엄마였고, 내가 성장함으로써 힘든 상황을 극복할 수 있다는 본보기를 보여주고 싶었다. 실패를 성공으로 바꾸는 건 내가 늘 해냈던 일이기에 이번에도 내 힘으로 가족들을 도울 수 있을 거라고 판단했다.

우선 남편과 시아버지부터 일어날 수 있도록 도와주어야 했다. 사업가에게, 또 사람에게 제일 중요한 것은 마인드다. 마인드부터 바꿔야 했다. 그런데 옛말에 이런 말이 있다. "사람은 고쳐 쓰지 못한다." 어느 정도 맞는 말이라고 인정할 수밖에 없지만, 설령 고쳐 쓰지 못해도 뚜렷한 목표만 있다면 각자의 성격대로 움직일 거라고 생각했다. 그렇게 나는 남편과 시아버지와 공통된 목표를 찾았다. '행복한 가정을 만들고 싶다. 나의 인생도 행복하게 살고 싶다'는 것이었다. 그렇다면 우리는 이 목표를 향해 움직여야 한다고 옆에서 매일 주문하듯 이야기를 해주었다. 세뇌를 시켜버리겠다는 마음으로 "할 수 있다.", "우리의 끝은 창대할 거다.”, “힘들수록 뭉쳐야 한다.”, “혼자가 아니다, 일어나야 한다.” 같은 말을 매일 수없이 해주었다. 그들에게 먼저 내가 성공하는 모습을 보여주며 동기부여를 해야 했기 때문에 나는 더 뛸 수밖에 없었다.

CHAPTER 8

# 창업가라고 받아들이겠습니다

나에게는 시간이 더 귀할 수밖에 없었다. 아이를 봐야 했고, 이 어려운 시기를 어찌 되었건 빨리 뚫고 헤쳐 나가야 가족들을 지킬 수 있을 거라 생각했다.

'무자본 창업'을 공부하고, '콘텐츠'에 대해 공부하고, '시스템'을 더 탄탄하게 짜는 방법을 공부하고, 세상 모든 공부를 내 것으로 만들기 위해 책을 읽고, 실행하고, 강의를 듣고, 직접 만남을 요청하고, 빚을 내면서까지 만남을 요청하면서 서울의 부자라고 유명한 한 분, 한 분에게 만남을 요청했다. 책을 읽으면서 아주 많은 아이디어들이 나오면서 너무 즐거웠지만 한편으로 많은 일들을 벌이고 있기에 당황스럽기도 했다. 디자인 판매, 상담, 콘텐츠 마케팅, 글쓰기 등 뭘 하더라도 '어떻게 하면 잘할 수 있을까?'를 생각했다. 그러다 '무자본 창업'의 대가를 만나 이런 말을 들었다. "창업가 기질인데?" 그 무자본 창업 대가처럼 보란 듯이 성공을 해야 창업가 명함을 내밀 수 있다고 생각했다. 하지만 나의 생각이 틀렸다는 것을 점점 알게 되었다.

나처럼 힘들고 어려운 사장님들이나 성장하고 싶어 하는 사장님들을 만날 때마다 그 문제의 해결을 독창적으로 생각하면서 제안을 하고 도와드리고 있었다. 성공하기 위해, 어떻게든 살아나기 위해 나보다 대단한 분들을 만나다 보니 나는 그들에 비해 아무것도 아니라는 생각을 했고, 부자들을 만나면서 그들보다 나는 똑똑하지 않다고 생각했다. 스스로의 자존감을 하락시키면서 담금질을 했던 것이다.

내가 드리는 제안이나 아이디어를 받고 즐거워하고 돈이 벌리는 사장님들을 보면서 나도 너무 즐거웠고 행복함을 느꼈다. 여러 콘텐츠들을 기웃거리면서 구경하고, 아이디어를 짜고, 같이 고민하고, 새로운 아이디어를 만들어보았다. 책을 읽으면서, 교육을 들으러 다니면서, 대한민국의 부자들과 이야기하면서 얻어낸 지식들이 내 머릿속에서 콜라보가 되며 새로운 것들이 창조되기 시작했다. 특히 그 무자본 창업의 대가를 만났을 때의 대화를 잊지 못한다. 세 시간 동안 함께하며 대화를 나누었는데 아주 많은 칭찬을 받았다. 그리고 용기를 얻었다. "창업가 맞습니다. 감사합니다."

CHAPTER 9

# 세일즈의 매력

또 한 사람의 감사한 부자를 만났다. 나를 칭찬해주면서 함께하자 손을 건네셨다. 그분의 제안은 나에게 기쁜 일이었다. 혼자 힘들었던 시간들이 지나고 이제는 나를 응원하는 사람들이 한 분, 한 분 늘어나고 있다는 것을 느꼈다. 나에게 관심 가져주고 '돈'을 주는 고객 한 분, 한 분에게 사랑을 담았다. 그 속에서 나는 '세일즈 잘하는 방법'을 생각해보았다. 너무 재미있고 잘 맞았다.

늘 하던 대로 세일즈와 관련된 책들을 보면서 글로 정리를 했다. 그러다 그중에 정말 마음에 와 닿는 책을 봤고 그 저자분을 만났다. 그 후 세일즈와 관련된 모든 책들을 정리하면서 글쓰기를 했고, 그러면서 나는 점점 더 세일즈의 매력에 빠질 수 있었다.

한국비즈니스협회 심길후 회장님을 만나서 의논한 결과 새로운 인생템이 나왔다. '글쓰기'였다. 너무나 당황하여 처음에는 무엇을 해야 할지 몰랐다. 이미 사업을 하면서 '세일즈', 즉 '판매하는 법', '마케팅'이 너무나도 중요하다는 것을 느끼고 있었다. 그래서 글쓰기를 연습하면서 또 수많은 책들을 읽고 그 내용을 정리했다.

그러다 보니 나는 어디든 손만 대면 돈을 버는 육아맘이 되었다. 자연스럽게 다른 대표님들에게 협력 제안을 받을 수도 있었고, 아이를 보면서 나의 시간을 할애하며 돈이 만들어지는 사업을 구축할 수 있었다. 나에게 판매라는 건 너무나도 쉬운 놀이가 된 것이다.

디자인도 팔아보았고, 케이크 토퍼 같은 작품을 만들어서 팔아도 보았고, 화장품을 팔아도 보았고, 나의 지식을 팔아도 보았고, 글쓰기 동영상 강의도 팔아보았다. 들이는 시간에 비례해 돈을 버는 일에서 시작해 차츰 내가 다른 일을 하는 동안에도 돈이 벌리는 세일즈 시스템을 하나씩 하나씩 만든 것이다.

CHAPTER 10

# 글쓰기로 천재가 되었습니다

나는 '글쓰기'를 인생템으로 삼으면서 법인 사업까지 만들 수 있었다. 이 글쓰기를 인생템으로 정하고 오직 글을 잘 쓰는 방법만 생각했다. 어떻게 하면 글쓰기로 사람들을 도울 수 있을까? 나의 색깔은 여기까지 오면서 빨, 주, 노, 초, 파, 남, 보 다양한 색깔을 띠었다. 그래서 가끔 혼돈이 오기도 했다. 하지만 글쓰기가 주는 아주 큰 장점이 있었다.

마케팅을 하자고 시작한 글쓰기도 아니었고, 출판을 하자고 시작했던 글쓰기도 아니었다. 나의 마음을 알리고 나를 알리기 위해 글쓰기를 시작했다. 매번 실행하고 알고 얻어가는 그 기쁨이 너무나도 감사하고 뿌듯했다. 어쩌면 이를 통해 나의 드라마 같은, 혹은 영화 같은 스토리가 만들어지는 것이 아닐까 하는 생각이 들었다. 배운 것, 알아낸 것 모두 글로 기록하다 보니 책 만드는 것은 어렵지 않은 일이 되었고, 어떠한 문의에도 도움이 되는 사람이 될 수 있었다.

독서를 할 때 그냥 읽는 것이 아니라 그것을 읽고 시도해보고 작가도 만나려고 노력했던 나의 모습이 나를 그 분야의 천재로 만들 수 있었다. 부끄럽지만 아직 나는 스스로를 천재라고 생각 안 한다. 이런 이야기를 하면 주변 분들이 당당하게 "나는 천재입니다"라고 말하고 다녀야 한다고 했다. 그래서 천재라고 가정하겠다.

아직 배우고 싶고, 공부하고 싶고, 알고 싶고, 만들고 싶고, 구축하고 싶다. 나처럼 이렇게 육아맘으로서, 가장으로서 '어떻게 살아가야 하나' 고민하고 좌절하는 부모들도 있을 거라는 생각이 든다. 내가 이렇게 모든 일들을 해냈던 것은 물론 나와 가족의 건강과 행복을 지키기 위한 목표도 있었지만, 내가 해냄으로써 같은 힘듦을 겪는 부모들에게 용기와 희망이 전달되었으면 좋겠다고 생각했다.

돈에 대해 아무것도 몰랐던 20대 숙녀가 돈을 만들어내고, 지켜내고, 불려내는 사업가 혹은 교육자가 된 지 2년도 채 안 되었다. 지금 나의 아이는 다섯 살이다. 코로나19로 인하여 아이와 24시간 함께할 때도 있다. 그럼에도 불구하고 아이를 건강하게 지켜내면서 돈도 벌고 있고, 아이와 함께 공존하면서도 누군가에게 도움을 주면서 돈을 버는 사업가가 되었다.

불가능? '나는 할 수 있다'는 마음으로 작은 도전부터 만들었으면 좋겠다. 누구나 천재가 될 수 있다고 응원하고 싶다.

CHAPTER 11

# 사업은 사람입니다

'돈'에 대해 공부하면서 사업에 임하고 많은 성공한 사람들을 만나면서 사업에 제일 중요한 것을 깨달았다. 돈을 많이 벌고 싶은가? 사업에 성공하고 싶은가? 그 성공이 오래가길 바라는가? 그렇다면 사람을 만나야 한다. 그것도 나에게 좋은 사람을 만나야 한다.

이것이 이기적인 행동일까? 그렇지 않다. 부자나 가난한 사람, 누구에게나 주어지는 공평함은 시간이다. 부자도 시간에 쫓기고, 육아맘도 시간에 쫓긴다. 사업도 마찬가지다. 이 소중한 시간을 누구와 함께하고 있느냐에 따라 나의 발전이 바람대로 이루어지는 것을 볼 수 있다.

환경은 정말 중요하다. 늘 나의 환경이 어떠한지, 나의 위치가 지금 어디에 있는지 나 스스로를 점검해보는 것도 필요하다. 그것은 나를 겸손한 사람으로 만들 수 있는 장치가 된다.

나의 어려움과 고민을 혼자 가져가겠다는 생각보다 누군가에게 이야기하고 도움을 요청하고 그것을 해결하는 방법을 얻어내는 것이 훨씬 더 이득이다. 자수성가란 말은 있지만, 절대 사람은 혼자 클 수 없다는 것을 직접 느낀다. 지금도 내가 힘들 때 늘 옆에서 응원해주며 함께해 주었던 사람들에게 감사하다.

누구나 다 스승이 있고, 어딘가에 배움이 있기에 성장이 있다. 절대 혼자 클 수 없고, 절대 혼자 부자가 될 수 없다. 많은 기업들은 그렇게 서로 협력한다. 지금 같은 힘든 시기에 대기업은 더더욱 대기업끼리 협력하는 모습들을 볼 수 있다.

내가 돈을 많이 벌고 싶거나, 사업에 성공해 그 위치에 오래오래 머물고 싶다면 늘 나에게 도움이 되는 사람들과 함께하고 그들에게 도움을 줄 수 있는 사람이 되어야 한다. 그것이 세상에서 내가 늘 성장하며 부자로 살 수 있는 부의 추월차선이라고 생각한다.

나는 그렇게 사람과 함께 무엇을 만들어내는 것을 즐거워하고 행복해한다. 가족들이 힘들었을 때에도 곧바로 하나의 힘으로 뭉쳤던 건 아니었다. 조금씩, 조금씩 서로의 마음이 합쳐지고, 공동의 목표를 설정하고, 보완하고 보완하면서 차츰 시스템을 만들어갔다.

나에게 제일 중요한 보물은 사람이다. 사람에 의해 돈이 벌리고, 사람으로 인해 내가 성장하는 것을 직접 경험하고 느꼈기 때문이다. 사업은 사람을 보고 따라간다.

## 레베카설(설인금)

(현) 한국 CEO 마인드성장 아카데미 대표

한국비즈니스협회 글쓰기학회 정회원

국제 코치연합(ICA) 인증 코치

에니어그램 강사

**[교육 이력]**

딱쉬운 마케팅

(주) 텔레비즈니스협회

나들비즈니스협회

보전모(보험전문가들의모임)

---

잠재의식의 뿌리가 바뀌면 성공은 자연스럽게 따라옵니다.

작가, 억대 연봉, 인플루언서들의 마인드 트레이너,

특히 CEO 대상으로 한 마인드 리프로그래밍 전문가로서

책으로만 배운 지식이 아닌

삶의 지혜와 경험을 바탕으로

깊은 영향력을 미치고 있는 레베카설입니다.

# 6
# 당신의 생각대로 될 것입니다

CHAPTER 1

# 당신만의 신화를 찾아서

인플루언서, 작가, 억대 연봉을 받는 사람들의 마인드 멘토.

지금 내가 하고 있는 일이다. 그들은 공개적으로 오기도 하고, 때로는 비공개적으로 오기도 한다. 그들은 나의 생각을 듣고 싶어 한다. 나의 의견을 궁금해한다. 이야기를 하다 보면 그 과정은 저마다 다 다르다. 때로는 저항하기도 하고, 때로는 공감하기도 하며, 심지어는 눈물을 흘리기도 한다. 시작도 다르고 과정도 다르지만 결국엔 다 자기 나름대로의 해법을 얻어간다. 어두웠던 얼굴이 이내 밝아지며, 굳게 잠가둔 마음의 빗장을 풀면서 그 안에 있던 온갖 감정의 쓰레기나 마음의 짐들을 마음의 감옥에서 꺼내 물고기를 방생하듯 하나둘 흘려보낸다. 이것은 일면에 불과하다. 비워진 그 마음에 채울 것이 있기 때문이다. 그것은 바로! 이제부터 남은 삶은 삶의 목적에 따라 살아가겠다는 다짐이다.

눈은 있었으나 보지 못했고, 귀는 있었지만 듣지 못했던 또 다른 세상을 그들은 알아버린 것이다. 한마디로 그들은 이제야 깨어난 것이다. 내가 살아온 지난 시간들은 내 생각이 만들어낸 결과값이었음을 알 게 된 것이다. 앞으로는 내 생각의 주인이자 주관자로서 내가 원하는 삶을 얼마든지 살 수 있다는 자각이 일어나버렸으니 그동안 고통이라고 생각했던 삶이 180도 바뀌어 가슴 뛰는 삶, 가슴 설레는 삶을 살 준비가 완료되었다. "이전 것은 지났으니 보라, 새것이 되었도다!"라는 성경 말씀처럼 그들은 이전과는 다른 삶의 출발선에 서게 된 것이다. 어제보다 더 강력하고, 어제보다 더 새로운 내가 매일 새롭게 태어나는 것이다.

이런 일이 가능하도록 하는 일이 바로 내가 하는 일이다. 이름하여 마인드 성공학, 마인드 리프로그래밍이다. 그리하여 사장님들의 마인드 성장과 수월한 성공을 함께하고 있다. 흥미로운 사실은, 내가 드리는 것이 아니다. 애당초 그들의 내면에 이미 존재하는 것들을 볼 수 있도록 하고 들을 수 있도록 하는 것일 뿐이다. 이미 존재하기에 찾아내는 것은 단지 시간문제일 뿐이다. 그리고 이 비밀 아닌 비밀이 풀어지고 나면 다시는 그 이전의 삶으로 회귀하는 일은 없다. 결코 대체할 수 없는 절대 불변의 가치를 발견했기 때문이다.

이쯤 되면 드디어 에밀 쿠에가 말한 "나는 날마다 모든 면에서 점점 더 좋아지고 있다"는 문장의 의미가 내 인생에서 펄떡펄떡 살아 숨 쉬게 된다. 그리고 성공학의 바이블이라 일컬어지는 《생각하라 그러면 부자가 되리라》를 쓴 나폴레온 힐이 말한 "나는 날마다 모든 면에서 점점 더 성공하고 있다"를 내 것으로 받아들일 수 있는 준비가 되는 것이다. 조셉 캠벨이 그토록 외쳤던 내 안에 이미 있는 '나만의 신화'를 찾아 떠나는 인생 여정(journey)을 떠날 수 있는 것이다.

고백한다, 이런 일을 하고 있는 나 역시 처음부터 그런 사람은 아니었다는 것을. 오히려 너무나 평범할 뿐만 아니라 고작 하는 생각이란 것이 너무나 찌질하고 형편없었다는 것을. 그리하여 결국엔 생각의 감옥, 마음의 감옥에 갇혀 수많은 세월을 사망의 음침한 골짜기를 헤매는 한 마리 양과 같았다는 것을. 갈 바를 알지 못하고 무엇을 해야 할지 몰라 방황하던 그 수많은 세월을 보내고 나서야 뒤늦게 찾게 된 나만의 신화를 이루어가고 있다는 것을.

어떻게 이런 일이 가능했을까? 혹시 그거 아는가? '제자가 준비되면 스승이 나타난다.' 그렇다, 스승 또는 멘토를 만날 준비가 되어 있었던 것이다. 그 시작은 바로 나부터였다. 뭐가 됐건, 어찌 됐건 그 시작의 꿈틀거림은 내 안에서 시작되었다. 내 안에 있는 그 신호가 거기에 걸맞은 외부의 신호를 끌어당긴 것이다. 나에게 오시는 분들의 시작이 그러했던 것처럼. 그리고 이제 이 글을 읽고 있는 당신 차례다. 당신만의 신화를 찾아 떠날 준비되었을까?

CHAPTER 2

# 자각 Self-Awareness

결혼을 해서 가정을 이루고 있고 아이들이 있는 30대, 40대는 5월에 마냥 좋은 날씨를 누리기가 쉽지 않아 보인다. 적어도 한국에 태어나서 자란 평범한 사람이라면 더더욱! 어린이날, 어버이날, 스승의 날이 연이어 있기 때문이다. 만약 가족 중 생일이 있거나 또 다른 기념일이라도 있다면 이 모든 일정들을 소화하느라 몸도, 마음도, 시간도, 돈도 한꺼번에 쏟아내야 한다. 남자의 입장도 만만치 않겠지만 여자의 입장 또한 마찬가지다. 엄마, 아내, 며느리 그리고 살림하는 주부, 아니면 일하는 여성으로서 일인 다역을 할 수밖에 없으면서도 정작 자신을 돌보거나 챙길 틈이나 여유 같은 것은 애당초 사치에 해당한다.

이 와중에 부부간의 갈등이나 문제가 있어서 점점 악화 일로를 치닫는다면 그 부부는 어떤 상황에 놓이게 될까? 딱 봐도 그들의 미래가 불안해 보인다. 꺼내기 싫은 이야기이지만 이 이야기는 바로 나의 이야기다.

대학교 때부터 영어 과외를 시작으로 해서, 결혼하고 아들 둘을 낳아 키울 때까지 정말 열심히 워킹맘으로 살았다. 누가 봐도 성실하게 살았고 일 자체도 학생들의 영어를 가르치는 일이다 보니 나름 선생님 소리 들으며 인정도 받고, 주위의 전업주부 엄마들에게 부럽다는 소리도 종종 들었다. 정작 내 마음은 늘 전쟁이고 지옥이었는데 말이다.

밖에서는 누구보다 사람 좋다는 소리를 듣는 아이들 아빠는 정작 집에서는 완고하고 보수적인 남편이자 아빠였다. 본인이 자기관리를 잘하고 운동광이다 보니 세 번의 자연 유산과 아들 둘의 출산으로 약해질 대로 약해진 내가 행여 아프기라도 하면 애정 어린 따뜻한 말 한마디보다는 운동을 안 해서 그렇다느니, 아프면 빨리 병원을 가거나 약을 사 먹으라는 등 해법을 제시하기에 바빴다. 여자는, 그리고 아내는 자기 남자에게 그걸 바라는 게 아닌데 말이다!

안타깝게도 나에 대한 공감 능력이 거의 제로였던 남편은 끝끝내 나의 감정을 살피고 헤아리는 사랑을 주기보다는 자기 나름의 사랑법으로 언제나 자신이 옳다고 주장하는 사람이었다. 오죽하면 살면서 갈등이 생길 때마다 당신은 고조선 시대 사람이다, 천상천하 유아독존이다, 그렇게 살 거면 총각으로 살면서 평생 연애만 하지 나와 왜 결혼했느냐면서 늘 불만에 가득 찬 쓴소리를 쏟아내기 바쁜 부부생활이 이어지게 되었다. 그리고 성실한(?) 직장인이었기에 일주일에 4, 5일은 업무의 연장으로 회식(밥만 먹진 않았겠지?)을 하고 왔고, 언제부턴가는 점점 잠만 자는 하숙생이 되어가고 있었다. 여기까진 그래도 귀엽다고 표현해도 될까?

사람이 좋다 보니 자잘한 돈 문제들이 생기기 시작했다. 이 사람 사정이 안돼서 얼마? 저 사람이 곧 갚아준다고 했으니 얼마? 일하다가 팀원 실적이 낮으면 먼저 해결해주고……. 하나하나는 몇 십만 원이지만 밑 빠진 독에 물 붓기는 규칙적으로 끝없이 이어지고, 심지어 2남 2녀의 장남이다 보니 평범한 부모님께 때마다 필요한 돈을 드려야 하는 상황……. 부모님께 드리는 돈은 아깝다거나 큰 불만 같은 것은 없었지만 어찌 됐건 둘이서 맞벌이로 열심히 살았으면서도 서서히 수입보다는 지출이 많아지게 되었다.

끝없이 이어지는 잔 폭풍우를 맞으면서 부부 사이에는 금이 가기 시작하고, 급기야는 서로가 다시는 돌아올 수 없는 각자만의 길을 가게 되었다. 문득 돌아보니 혼자 남아 있었다. 분명히 긴 시간 동안 원하든 원하지 않든, 누가 봐도 뻔한 답이 나올 수밖에 없었는데도 막상 혼자가 되었다는 그 낯설음과 막막함이란! 지금도 그 기분이나 감정을 어떻게 표현해야 할지 모르겠다.

연애하고 약혼하고 결혼해서 아들 둘을 낳고 살기까지 분명히 그 어느 누구도 억지로 등 떠밀어서 그렇게 산 것이 아니었는데도 불구하고 나의 30대와 40대는 스스로도 설명할 수 없는 시간들이었다. 적어도 부부의 관계만큼은 그러했다. 속이 썩어서 악취가 나고 그 부패함이 겉으로 드러나서 더 이상 감추기 힘들어질 때까지는 누가 봐도 평범한 일상이고 무난한 삶이었다. 대기업 급여에는 못 미치지만 어쨌든 화이트 칼

라였고, 앞서 말한 것처럼 특히나 겉으로 보기에는 누가 봐도 좋은 사람이었기에 나만 티 내지 않고 인내하고 희생했다면 적어도 법적으로만은 깨끗했을 수도 있었을 것이다. 아니, 최소한 시간 지연을 할 수는 있었을지도 모르겠다.

인상 좋지, 잘생겼지, 운동 잘하지, 늘 책 읽는 사람이지, 누가 봐도 문제가 없는 사람이었고 문제가 있다면 오히려 내가 문제일 것이라고 짐작하는 주변 분위기 속에서 화도 나고 억울하기도 했지만 일하면서 아이들과 함께 생활하느라 그냥 세월을 보내기, 아니 죽이기가 그 당시에는 최선이었다. 그렇게 20여 년을 보낼 수 있느냐고 질문할 수도 있을 것 같다. "어떻게 생각하세요?" 대답은 "네, 가능합니다!"다. 적당히 뜨거운 온도에서 서서히 죽어가는 개구리처럼 그렇게 정신과 영혼은 서서히 죽어가고 있었다는 것을 그 당시에는 몰랐다.

보통은 남편의 음주 문제가 심각하거나, 돈 또는 폭력이 문제가 되고 사회적인 이슈가 되어 그 상대 여성은 누가 봐도 연민을 불러일으키는 확실한 피해자가 되어 충분히 공감 받고 이해 받는 처지라도 되지만, 나의 경우에는 가족마저도 문제의 심각성을 잘 알지 못한 채 간접적인 비난은 모두 내가 받아야 했다. 그 당시에는 더더욱 그런 사회적인 분위기였다. 전적으로 내가 더 잘하면 되는 분위기인 것이었다. 남편이 돈 문제를 일으켜도 내가 더 벌면 해결되는 것이고, 술 먹고 늦게 들어와도 다들 그렇게 사는 것이라며 불평 없이 순응하고 적응하는 것이 자연스러운 거라는 분위기라면 이해가 될까? 그 당시에는 지금보다 더더욱 원더우먼이나 슈퍼우먼이 요구되던 시절이었다. 아무도 알아주지 않는 원더우먼이자 슈퍼우먼!

중고등학교 시절에 나름 공부도 잘하고 책도 잘 읽던 감성적인 문학소녀는 이미 온데간데없었고, 대학생 시절에 영화광이자 클래식광이었던 20대 초반의 통통 튀는 그 여성은 찾아보려야 찾아볼 수 없게 되어버렸다. 행복은 성적순이 아니라는 말을 증명하기라도 하듯이……. 누구보다 스마트하다는 소리도 들었던 때가 있었지만 생각을 멈추지 않으면 살 수 없었기에 치열하게 저항도 해보았던 30대를 지나 40대의 10여 년은 생각 머리를 거세해버렸고, 이미 주어진 영어 실력은 먹고사는 문제만을 해결하고 생계형 가장 노릇을 할 수 있을 만큼만, 정말 딱 그만큼만의 성실함과 책임감으로 적어도 내게 오는 아이들에게만은 부끄럽지 않을 정도의 선생 노릇만 했다.

고통이 극대화되면서 불면의 나날을 보내던 그때, 한없이 신세 한탄과 팔자 한탄을 하던 그때 빈 노트를 꺼내어 신에게 이 시기를 지혜롭게 잘 넘기게 해달라고 부르짖는 기도문을 써보기도 하고, 도저히 이해할 수 없는 그 사람을 이해할 수 있게 해달라고 하기도 하고, 너무 화가 나서 악담을 퍼붓기도 하면서 써 내려간 노트! 안타깝게도 어른이 되어 글이란 것을 쓰기 시작했던 나의 처음 글쓰기는 그렇게 한없이 찌질하고 부정적이며 원망 가득한 회색 글들로 가득했다.

한창 예민한 사춘기 아들들에게는 들키기 싫어서 책상 밑 어느 구석에 숨겨놓고 견디기 힘들 때면 꺼내 쓰던 나만의 일기장이었는데, 어느 날 그 일기장을 큰 아이가 봐버린 사태가 벌어졌다. 절대절대 그 누구도 봐서는 안 되는 내용들로 가득했던 그 일기장을 들켜버린 후에는 그동안 썼던 모든 글들을 버렸고 다시는 그런 식의 글을 쓰지 않았다.

하루도 두렵지 않은 날이 없었다. 무엇이 그토록 두려웠을까? 아이들이 적어도 성인이 될 때까지는 책임져야 한다는 압박감이 그렇게 하지 못하면 어쩌지라는 두려움으로 이어졌다. 지금의 나라면 그 시절에 대한 해석과 대처 방법이 완전히 달랐겠지만 그 당시의 나는 불확실하고 심지어 불안정해 보이는 미래에 대한 두려움에 완전히 압도되어 겉으로는 씩씩한 워킹맘으로 보였어도 속마음은 늘 두려움과 고통을 이겨내기 힘들어 몸부림을 치던 시간들이었다. 왜 그렇게 두려웠는지, 왜 그토록 고통스러워했는지, 지금 돌아보면 그렇게까지 두려워하거나 고통스러워하거나 불안해하지 않아도 되었을 법한데 마치 블랙홀에 빠지거나 늪에 빠진 사람처럼 그 상태에서 벗어나려 하면 할수록 더 허우적거리고 더 비틀거릴 뿐이었다.

이제는 그 시절의 나를 생각하면 한없이 안타깝기만 하다. 왜 그토록 유리 멘탈이었을까? 왜 그토록 자존감이 낮았을까? 왜 그토록 자신감이 없었을까? 사람의 마음이란 것이 참으로 묘한 것이라서 열 길 물속은 알아도 한 길 사람 속은 모른다는 말이 있듯이 다른 사람의 마음을 알기란 정말 어렵고도 어려운 고난이도 문제 풀이 같다. 모든 사람들이 다 그러는 것은 아니지만 더더욱 아이러니한 것은 정작 자신의 마음도 제대로 모르는 것이 바로 대부분의 인간이라는 것이다. 분명히 우리는 매순간 삶을 살아간다. 먹고 자는 생존에 관한 것뿐만 아니라 생각도 하고 말도 하고 행동도 하면서 나름 잘 살고 있는 것이 분명해 보인다. 그런데 시간이 지나면 알게 된다. 뭔가 잘못되어가고 있다는 것을…….

머리 좋다는 소리도 듣고 "공부가 제일 쉬웠어요"라고 말하는 그 누군가처럼 전교 1등은 못 해도 반에서 1등 하는 것쯤은 그다지 힘들지 않았다. 서울대는 못 가도 내신 일등급 받고 지방에 있는 국립대를 장학금 받고 옆집 문 들어가듯이 그렇게 대학도 쉽게 갔다. 경쟁률 높고 돈 많이 주는 회사는 못 가도 웬만한 회사는 맘먹으면 어렵지 않게 들어가서 나 하나 먹고살고 제법 돈도 모으는 것은 힘든 일이 아니다. 나름 똑똑하고, 나름 돈 벌 능력도 되고, 나름 나름 나름! 가장 독이 될 수 있는 그런 나름의 삶, 자신이 제법 괜찮게 살고 있는 줄로 착각하게 만드는 그런 지극히 평범한 삶을 산다. 끓는 물에서 서서히 죽어가는 개구리처럼. 정작 개구리는 그 사실을 모른 채. 이게 바로 과거의 나였다. 대부분의 사람들이 그렇게 사는 것처럼.

결혼 후의 삶이 순풍에 돛 단 듯이 순항이었다면 어쩌면 죽을 때까지 제법 나름대로 잘 살아가고 있는 것이라고 굳게 믿어 한 치도 의심하지 않으면서 내 세상이 전부이고 내 생각은 늘 옳으며 내가 누리고 있는 것들은 당연하고 그렇게 살지 못하는 사람들이 문제고 능력이 없는 것이라고 굳게 믿으며 살았을 것이다. 적당히 착하고, 적당히 선하게 어려운 이웃을 도울 줄도 아는 나름 선한 삶을 살아갔을 것이다.

위기나 고난에 처해보아야 그 사람의 진면목이 보이고 진가가 나타나는 것처럼 나름 잘 살고 있는 것처럼 보였던 나의 삶이 결국에는 하나도 남김없이 와르르 무너지자 그때서야 나의 오만과 편견이 보이기 시작했고, 삶의 모든 영역에서 대수술이 필요하단 것을 인식하기 시작했다. 그동안 나도 모르게 잘못 생각하고 잘못 살아왔다는 것을 인식하고 인정하는 것도 쉬운 일은 아니었지만, 까도 까도 끝없이 나오는 인식의 오류를 발견할 때마다 나는 지금까지 누구였으며, 나의 세상에서 무슨 짓을 하고 살았는지를 알아가는 나만의 신화의 여정을 출발하지 않을 수 없었다.

CHAPTER 3

# 치유의 글쓰기

사람이 일반적으로 커다란 변화의 시기를 맞이하는 이유는 세 가지 정도가 있다고 한다. 첫째는 큰 충격을 받는 일이 있었다거나, 둘째는 죽을 뻔한 일을 겪거나 임사체험을 하는 경우이고, 세 번째는 그 사람의 생각을 완전히 변화시키는 멘토나 스승을 만난 경우라고 한다. 나의 경우는 첫 번째에 해당한다.

요즘은 사람들이 이혼을 흔하게 하다 보니 이혼했다고 하면 독감 한 번 걸렸거나 맹장 수술하듯이 그다지 대수롭지 않게 받아들이는 사회적인 분위기 같다. 내가 이혼한 당시에도 사회적인 편견은 예전만큼 심하진 않았다. 그러다 보니 굳이 주위의 시선을 예민하게 신경 쓴다거나 하여 에너지를 쓰거나 그로 인해 스트레스 받을 일은 그다지 없었다. 또 굳이 가까운 사이가 아니라면 나의 상황을 그대로 말할 필요조차 없었기에 외부적인 요인으로 인해 크게 힘든 건 없었다. 다만 나를 괴롭힌 단 한 가지는 내 인생이 실패로 끝났고 그러니 나는 루저라는 생각을 떨쳐버릴 수가 없었던 것이다. 주위에서 아무리 괜찮다고 위로를 하고 달래주어도 전혀 위로가 되지 않았다. 오히려 시간이 흐르면 흐를수록 고통은 심해져만 갔다. 앞에서 이야기한 것처럼 그동안 눌려 있고 위축되어 있던 부정적인 감정들이 서류 한 장일 뿐이라고 나 자신을 이성적으로 아무리 달래도 절대로 설득되지 않았던 것이다.

완전한 의욕 상실, 무기력의 늪에 빠져 외출하기를 거부하고 사람 만나는 것을 피하기 시작했다. 영어를 배우겠다고 오는 학생들에게 최소한의 책임과 의무도 지키기 힘들어질 무렵 멀쩡하게 오는 학생들을 스스로 정리하며 완전한 집콕 생활을 시작했다. 그 당시를 어떻게 벗어날 수 있었을까? 그 시기를 지금 다시 돌이켜봐도 생각의 감옥, 우울의 감옥에서 벗어나 지금 이렇게 살고 있는 것 또한 이성적으로 '딱 이거다' 라고 설명하긴 쉽지 않다. 그래도 세 가지 정도는 말할 수 있을 것 같다.

가장 큰 첫 번째 이유는 역시 아이들이다. 마음은 숨 쉬고 살아야 하는 이유를 찾지 못했지만 나에게 아이들이 있다는 것이 생존 욕구나 의지의 불씨만은 꺼지지 않게 해줬던 것이다.

두 번째 이유는 주변 지인들의 관심과 사랑이다. 친언니를 비롯해 내 사정을 알고 있는 주위 사람들이 정말 꾸준하게 한결같이 곁에 있어주었고, 필요할 때마다 시간을 함께 보내거나 맛있는 음식을 사주면서 변함없는 지지와 사랑을 보내준 것이 그토록 요지부동이었던 나를 움직이게 했던 것이다. 당시에 이렇게 좋은 이웃들이 없었다면 지금의 내가 있을 수 있을까? 솔직히 잘 모르겠다. 그러다 보니 더더욱 한 사람의 선한 영향력, 또는 사랑과 관심의 힘을 믿는 것 같다.

마지막 이유는 앞의 두 가지 이유가 기폭제가 되어 생각의 전환이 시작되었던 것이다. '죽기를 선택하지 않을 거라면 한번 살아봐야겠다. 이왕 살기로 선택했다면 지금까지와는 전혀 다른 삶을 살고 싶다. 그러기 위해서는 무엇을 어떻게 해야 할까?'

생각이 꼬리에 꼬리를 물고 이어질 즈음 우연히 본 유튜브를 통해 성공학이란 것을 알게 되었다. 그 영상은 충격과 흥분에 충분히 빠지고도 남을 내용이었다. 성공학이라는 것만으로도 나의 관심을 끌기에 충분했는데 유튜브를 조금 더 보니 잠재의식에 대한 이야기나 시각화, 확언 등 나이 50 넘어 태어나서 처음 듣는 이야기들로 가득했기 때문이다. 단 1초의 망설임도 없이 그분께 연락을 취하고 그분이 진행하는 성공학 프로그램을 등록했다. 지금도 여전히 그 설렘과 흥분, 떨림이 생생하다. 인간의 무의식에 대한 기본적인 이해를 하기 시작하고 더 나아가 잠재의식을 활성화하는 방법들을 알아가는 성공학은 내가 평생을 두고 알아가고 싶게 했다. 그리고 시간이 흘러 세 가지를 정리할 수 있었다.

첫째, 우리가 흔히 자기계발서에서 보았던 성공의 개념과는 근본부터가 다르다는 것이다. 무의식을 이해하지 못하면 성공을 향해 가는 길이 얼마나 힘들고 험난한지를 알게 되었다. 그래서 진정한 성공을 원한다면 액셀을 밟기 전에 우리 무의식에 단단히 자리 잡고 있는 브레이크부터 먼저 풀어야 한다는 것을. 나중에 더 자세히 알게 된 사실이지만 나를 포함하여 대부분의 사람들이 이 진실을 제대로 알지 못해 힘들어

하고 고통스러워할 뿐만 아니라 자신의 잠재력을 아예 모르거나 과소 평가한다는 것이다.

둘째, 근본적으로 많은 사람들이 성공이라는 개념에 대한 이해도 부족하지만 출발부터 잘못된 경우가 많다는 것을 이해할 수 있었다. 삶의 목적이 제대로 설정되지 않은 채로 우선 당장 부자 되기 위해 필요한 목표 설정부터 하고 보는 경우가 대부분이다. 그렇게 되면 어떤 결과로 이어질까? 극단적으로 표현하자면 짧게는 몇 년, 길게는 십 년 이상을 그 목표를 이루기 위해 시간과 돈 그리고 열정을 다 쏟았는데 결국 그 때 가서 보니 정작 자신이 진정으로 원하는 것이 거기에 없을 수 있다.

예를 들어 삶의 목적 또는 살아가는 자신만의 분명하고 특별한 이유가 분명하지 않은 채 주위에서 또는 부모님이 의사가 되면 성공하는 것이라는 목표만을 최종 목적지로 찍게 하고, 자신도 그것이 성공인 줄 알고 모든 시간과 열정을 불태워 결국 의사가 되었는데 의사의 삶이 평소에 그림을 그린 대로의 이상적인 삶이 아니란 걸 알게 되었다고 한다면? 나는 이것을, 인생 사다리를 애당초 잘못 놓았다고 말한다. 즉, 출발이 잘못된 것이다. 문제는 의사라는 목표를 세운 것이 아니라 의사라는 목표가 삶의 목적과 일치하지 않았기 때문에 생기는 불상사란 뜻이다.

의사라는 목표가 삶의 목적과 일치한다면 의사로 살아가는 과정에서 만나는 그 어떤 어려움이나 고난도 의사의 길을 가는 데 포기하거나 멈추게 할 수가 없다. 반면에 단지 남들이 보기에 성공한 것 같고 돈 잘 버는 일이라서 선택한 것이 의사라고 한다면 그것은 기준 자체가 외부적인 것이고 돈이기 때문에 끊임없이 그것과 스스로 비교하거나 다른 사람들에게 비교당하고 그것을 의식하면서 정신적인 감옥에 갇혀서 사는 절대적인 오류를 범하게 된다. 이 부분에 대해서는 정말 할 말이 많지만 기회가 된다면 다음에 더 자세하게 이야기를 나누고 싶다.

셋째, 참된 성공을 위해 내면의 치유 작업은 필수다. 언뜻 보기에 '이게 무슨 말이지?' 하며 이해가 쉽게 되지 않을 수도 있다. 치유의 영역 역시 다루어야 할 부분이 정말 많지만 여기에서 말하는 치유란 간단하게 말하자면, 태어나서 지금까지 살아오면서 보고 들었던 모든 부정적인 암시들을 이야기한다고 보면 좋을 것 같다. 안타깝게도 이 부분 역시 대부분의 사람들이 쉽게 알아차리지 못하는 부분이다. 이 부분이 결정적으로 한 사람의 잠재력을 그저 잠재력의 영역으로 영원히 묻어두느냐 아니냐에 결정적인 영향을 미친다. 잠룡이 익룡이 되어 훨훨 비상하듯이 우리는 우리의 잠재력이 깨어나서 날개를 제대로 달기만 한다면 어디만큼 얼마나 높이 비상하게 될지 아무도 모른다. 그만큼 우리의 잠재력은 무한한 가능성을 품고 있는 씨앗이기 때문이다.

위의 세 가지만 제대로 이해하고 인생을 살아가도 성공하지 못할 사람이 없다고 자신한다. 이런 원리들을 잘 몰랐기에 우리는 겪지 않아도 될 너무나 많은 시행착오들을 겪었다. 그리고 그것들이 인생의 꼬리표처럼 달려 평생을 두고 우리를 괴롭히기도 한다. 나 역시 마찬가지였다. 이러한 성공 법칙을 늦은 나이에 안 만큼 처리해야 할 치유 작업은 많았고 시간도 오래 걸렸다. 특히나 인생에서 커다란 오점을 남긴 것 같은 이혼에 대한 치유 작업은 결국 내가 자란 환경, 특히 어린 시절로 거슬러 올라가서 부모님과의 관계와 깊이 연결되어 있음을 이해하고 받아들이기까지는 꽤 많은 시간과 노력을 기울여야 했다.

어떤 사건이나 상황이 발생하기 전에 그 사건이나 상황을 발생하게 하는 원인을 알아차리고 미리 막을 수 있는 것이 있다. 비 오기 전에 비가 올 것을 예상하고 우산을 미리 챙겨서 외출하는 것처럼 우리 인생에서도 조금만 시간과 노력을 기울이면 미리미리 준비할 수 있는 것들이 많다. 감정이나 관계에 대한 것들도 말이다. 상처나 아픔으로 이어지지 않을 수 있다.

치유 작업에 대한 새로운 인식은 나의 생각과 감정과 행동에 많은 변화를 주었다. 그리고 그 시작은 역시 책을 읽거나 사유를 한 뒤에 정리하듯이 써 내려간 글쓰기가 정말 많은 도움이 되었다. 처음에는 내 감정에 대한 정리를 글쓰기를 통해 해나갔다. 그다음에는 그 감정에 의해 일어나는 나의 생각 그리고 이어지는 행동에 대해 기회가 될 때마다 써 보기를 했던 것 같다. 이처럼 글쓰기를 하면서 나의 내면을 들여다보는 것은 나의 감정과 생각을 나와 분리하여 저만치 떨어지게 해놓고 마치 다른 사람을 대하듯이 볼 수 있는 객관성을 준다. 이렇게 제3자적 관점으로 나의 감정과 생각을 주관적인 관점에서 분리한 후에 객관화시키는 작업이 매우 중요한 것이라는 것을 시간이 흐를수록 더 실감하고 있다. 왜냐하면 이것은 알아차림과 명상을 할 때 반드시 필요할 뿐만 아니라 어찌 보면 삶을 지혜롭게 살아가는 데 꼭 필요하기 때문이다.

CHAPTER 4

# 새 생명 부여받은 글쓰기

많은 작업을 거치고 인생을 재조율하면서 나의 무의식에 깔려 있는 기존의 프로그램을 교체해가는 과정은 신나는 일이다. 틀어지고 갈라지고 구멍 난 내 인생의 여기저기를 고쳐나가는 일은 상처를 드러낼 때에는 그때의 기억과 이미지 그리고 감정이 동시에 올라와서 무척이나 힘들기도 하지만 그 기억과 이미지 그리고 감정이 내가 아니라는 것을 알기에 바로 즉시 현재의 나로 돌아올 수 있는 일종의 회복 탄력성이 매우 높아지게 된다.

이 과정 속에서 나를 궁극적으로 설레게 했던 깨달음은 바로 정체성에 대한 것이었다. 자아 정체성에 관하여 도움을 받을 수 있는 책들이 많았다. 그중에서도 한 권의 책을 소개해보려고 한다. 바로 맥스웰 몰츠의 《성공의 법칙》이다.

성형외과 의사였던 맥스웰 몰츠 박사는 평생 다양한 환자들의 외모를 개선해주었고, 삶 자체가 극적으로 변하는 것을 경험할 수 있었다.

하지만 똑같은 외모 변화에도 불구하고 이후 삶에 대한 만족도는 천차만별인 것을 보고서 과연 무엇이 이런 결과에 영향을 주는 걸까 생각하다가 결국 답 하나를 얻게 되었다. 그것은 바로 개개인이 각자 가지고 있는 '자아 이미지' 때문이었던 것이다. 자아 이미지란 '나는 이런 이런 사람이야!'라는 개개인마다 자신에 대해 지니고 있는 지극히 주관적인 생각이다. 그런데 이것은 놀랍게도 스스로에 대한 믿음으로부터 나온다는 것을 맥스웰 몰츠 박사가 알게 된 것이다. 이것이 바로 사람이 자신도 모르게 태어나 자라면서 형성된 자아 정체성에 대한 초기 입력값이라고 할 수 있을 것 같다. 컴퓨터로 따지면 용도에 맞게 필요한 프로그램이 이미 깔려서 나오는 것처럼.

맥스웰 몰츠 박사는 또한 자동 온도조절장치에 우리의 자아 이미지를 비유한다. 예를 들어 실내 온도를 24도에 맞춰놓을 때 날씨가 추워 온도가 내려가면 자동 온도조절장치가 그 사실을 알아내고 24도가 되게 하기 위해 작동하는 것처럼 사람도 마찬가지라는 것이다. 만약 어떤 사람이 알게 모르게 월 1,000만 원 버는 것이 최고로 돈을 많이 버는 것이라고 스스로를 정해놓았다면 그가 월 3,000만 원을 번다고 해도 내면에 있는 자동 조절장치 때문에 결국 월 1,000만 원을 버는 상태가 되도록 무의식이 자동으로 맞추게 되는 원리인 것이다.

이러한 원인과 결과는 비단 돈 문제만이 아니라 인생의 모든 영역에서 작동이 되기 때문에 스스로가 굳게 믿고 있는 자아 이미지가 무엇이냐에 따라 삶의 질과 결과는 엄청나게 달라진다는 것을 우리는 늘 인식하고 있어야 한다. 이 사실 하나만 봐도 우리는 자신이 할 수 있다고 믿으면 할 수 있고, 할 수 없다고 믿으면 할 수 없다는 말이 자연스럽게 납득이 된다. 그리고 더 나아가서 자아 이미지를 다시 조정하는 작업을 통해 단 한 번뿐인 인생에서 내가 되기를 원하고, 하기를 원하는 삶으로 자신의 목적을 정하고 그 목적에 맞는 목표를 충분히 이룰 수 있다는 믿음으로 나아가야 한다.

미국의 마케팅 거장 비루스 바튼은 말했다. "현재의 처지에 굴하지 않고, 그보다 훨씬 나은 무엇이 자기 안에 숨겨져 있다고 믿는 사람들의 성취보다 더 훌륭한 것은 없다." 자아 이미지는 바뀔 수 있다. 그 사실을 꼭 기억해두면 좋겠다. 성공은 결정되는 게 아니라 선택하는 것이라는 것을.

예를 들어 성공한 가족사를 보더라도 유전은 그들의 성공과 거의 또는 전혀 상관없다는 것을 알 수 있다. 대신 어떤 특징을 발견했는데, 성공한 이들은 자신을 재설정한 자아 이미지에 맞춰서 다시 프로그래밍한다는 것이다. 즉, 우리 인간이 통제하지 못하는 유전자가 우리를 결정하는 것이 아니라, 조건을 설정해 프로그램화된 상태에서 교육받고 지도받은 자아 이미지가 성공을 결정한다는 것이다.

이와 같은 내용들을 하나둘씩 알아가면서 인생의 실패자라고 생각했는데, 그렇게 생각한 것도 내가 만들어낸 것이라는 점을 인지하게 된 순간, 나를 다시 바라보게 되었다. 치유 작업을 위한 글쓰기를 한 것처럼 그동안 살아오면서 잘했던 일이나 잘하고 있는 것들을 써 내려갔다.

나 자신이 잘하거나 할 수 있는 일들이 그렇게나 많다는 것을 쓰기 전에는 몰랐다. 100가지, 200가지, 300가지 이상을 쓸 수 있었다.

우리는 아침에 자연스럽게 눈을 뜨고 몸을 움직이며 내 발로 스스로 일어나 물을 마시고 화장실에 가서 생리 활동을 하고 씻는 일련의 모든 행동들이 어마어마한 기적의 연속이라는 것을 놓치고 살아간다. 실은 이 모두가 그 누군가에게는 꿈에서도 이루고 싶은 기적 중의 기적인데 말이다. 이것부터 시작해 학교에 다닐 때 개근상을 받았다거나 자전거 타기에 성공하기, 수영하는 법 배워서 수영하기 등 정말 많은 것들을 자동으로 해내는 자신을 발견하게 될 것이다.

눈치 챘는가? 이런 작업이 바로 잘못 프로그래밍된 자아 이미지를 다시 프로그래밍하는 것이다. 그리고 이 작업은 원래 나에게 이미 있는 것을 끄집어내어 다시 기억하게 하는 작업이다. 그리고 한 걸음 더 나아가서 원하는 자아 이미지를 정하고 거기에 맞는 나를 이제부터 프로그래밍해가는 것이다. 이것이 바로 내 인생의 온도를 내가 정하고 그 온도에 자동적으로 반응하여 결과적으로 그 온도에 딱 맞는 자동화가 될 때까지 지속하고 반복하는 것이다. 그 과정에서 글쓰기는 아주 중요한 역할을 두 가지 한다.

첫 번째는 과거에 해낸 일을 꺼내어 쓰기를 할 때에는 '내가 이렇게 많은 것을 할 수 있는 사람이구나!' 하면서 스스로 이루어낸 성공에 감탄하고 기뻐하면서 자신감이 쑥쑥 올라가는 기분 좋은 경험을 해나가는 것이다. 자신감은 성공 법칙에서 매우 중요하게 다루는 법칙 중 하나다. 어찌 보면 내가 할 수 있다는 자신감이 없다면 다른 성공 법칙들은 다 무용지물일 수도 있다. 자신감이 있느냐 없느냐에 따라 일반적으로 한 가지 할 것 같은 사람이 다섯 가지, 열 가지도 해낼 수 있고, 분명히 남들이 보기에는 재능도 있고 하면 잘할 것 같은데도 정작 본인은 자신감이 부족하여 결국 실천하지 못해 열 가지 할 수 있는 사람이 겨우 하나나 둘을 하는 것에 안주해버리기도 한다. 이처럼 과거의 성공 경험을 기억하고 자축하면서 스스로의 자신감에 부스터 역할을 하게 하는 글쓰기는 성공을 향해 나아가는 우리에게 커다란 동기부여를 해주는 것이다.

두 번째는, 글쓰기를 통해 내 안에 있는 무한한 가능성을 풀어서 펼치는 작업을 하는 것이다. 나의 가능성을 원하는 미래와 연결시켜서 하고 싶고, 되고 싶고, 갖고 싶은 미래의 내 모습을 끊임없이 말하고 적어 나가는 작업을 통해 내가 원하는 것에만 집중하고 몰입할 수 있게 해준다. 뿐만 아니라 자연스럽게 어떻게 하면 그것들을 현실로 끌어당길 수 있을까를 생각하게 된다. 그렇게 생각하다 보면 아주 자연스럽게 우리의 잠재의식은 거기에 걸맞은 사람, 정보, 자원, 기회, 노하우들을 우연한 기회들로 가장하여 적당하게 무르익었을 때 현실이 되게 하는 마법을 부린다. 생생하게 꿈꾸고, 말로 선언하고, 글로 적으면 현실이 되는 것은 거의 진리에 가깝다고 말할 수 있다.

나 역시 그런 삶의 여정을 보내고 있는 중이다. 생각(인식)의 전환을 통해 과거에 대한 자아 이미지를 다시 프로그래밍하고 중간중간에 필요에 따라 적절한 작업을 한 시간들이 3년 이상 쌓이기 시작하자 서서히 삶이 바뀌게 되는 경험을 했다. 환경이 달라지고 만나는 사람들이 달라졌다. 원하는 미래를 끌어당기면서 살고 있다. 인생의 실패자라고 생각했던 삶에서 지금은 내가 경험한 실패, 내가 경험한 상처도 나의 자산이 되어 나를 만나러 오는 분들에게 도움을 드리는 것으로 바뀌었다.

《내 상처의 크기가 내 사명의 크기다》라는 책이 있다. 너무 멋지지 않은가! 그렇다. 내가 경험한 실패나 상처를 뒤집어 보면 그 안에는 엄청난 성공 가능성의 씨앗들이 알차게 들어 있는 것을 재발견할 수 있다. 재발견하여 에너지의 성질을 바꿔주기만 하면 된다. 아주 쉽다. 시작이 반이고 모두가 얼마든지 할 수 있다.

우리는 어제가 오늘 같고, 내일도 오늘과 비슷할 거라는 착각을 하면서 살아갈 때가 있다. 미시적으로 볼 때에는 그렇게 보이기도 한다. 변화가 거의 없고 늘 그저 그런 똑같은 일상을 반복하는 것처럼 보일 때가 있는 것이다. 그런데 삶을 바라보는 이러한 생각, 즉 인식이 바로 내가 가지고 있는 잘못된 고정관념 또는 프레임이라는 것을 알아차려야 한다. 자신이 스스로 그렇게 생각하고 거기에 맞는 선택을 하고 행동을 했기 때문에 그런 생각에 딱 맞는 현실이 놀랍도록 정확하게 펼쳐지는 것일 뿐이다. 이러한 인식의 오류 또는 인식의 함정에 빠져 얼마나 많은 사람들이 자신의 잠재력을 스스로 믿어주지 못한 채 결국은 무덤에 그대로 가져가는지 알 수 없다. 너무나 가슴 아프고 안타까운 일이다.

이제부터 우리는 이전과는 완전히 다른 삶을 살기로 선택해야 한다. 원하는 삶을 명확하게 정하고 거기에 걸맞은 삶을 살기 시작해야 한다. 미시적으로 볼 때에는 수많은 변수들에 의해 이런 명확한 삶의 목적과 목표를 가지고 살아간다고 해도 때로는 실패한 것처럼 보이고, 때로는 전진하는 것이 아니라 오히려 후퇴하는 것처럼 보일 때도 있을 것이다. 거기에 속아서는 안 된다. 실패로 결론지어버리는 순간에 실패가 되는 것이지, 실패로 보이는 것은 과정 중에 나타나는 일종의 성공의 단짝일 뿐이다. 동전의 앞뒷면처럼. 그리고 나에게 다가오는 모든 경험들은 다 선한 것이며, 내가 진정으로 원하는 삶을 살아가는 데 있어서 꼭 필요한 것이기에 신이 허락한 것이라는 내려놓음과 수용의 자세가 있을 때 결국 우리는 이길 수밖에 없는 게임을 하고 있는 것과 같다. 이 진실을 우리는 명심해야 할 것이다. 진실로 그렇다!

CHAPTER 5

# 깨어남Awake을 위한 글쓰기

조 비테일의 책《인생의 놓쳐버린 교훈》에는 이런 말이 나온다.

> "할 수 있다고 믿으면 무엇이든지 할 수 있다는 사실을 좀 더 빨리 알았더라면 얼마나 좋았을까. 대수롭지 않은 말처럼 들리겠지만, 이것은 사람이 사는 동안 이루어내는 모든 업적의 뼈대이자 근간이다. 우리가 할 수 있다는 것을 믿는 순간, 우리는 정말로 할 수 있다."

이 글을 읽는 독자들은 어떻게 생각할까? 이제는 우리가 진정으로 자신의 참모습을 볼 수 있는 눈과 들을 수 있는 귀를 갖고 자신의 내면에 있는 영혼의 울림을 느껴야 할 때라고 생각한다. 잘못 입력된 고정관념이나 부정적으로 프로그래밍된 무의식 상태에서 깨어나는 것이 절실하다. 그러려면 어떻게 하면 좋을까?

여러 가지 작업들이 있을 수 있다. 때로는 혼자서 할 수도 있고, 때로는 같은 목적을 가지고 있는 사람들과 함께 할 수도 있다. 책을 읽을 수도 있고, 교육이나 세미나에 참석할 수도 있다. 많은 것들을 다양하게 시도해보는 것을 추천한다. 그리고 당부하고 싶은 것이 있다. 눈치 챘을지 모르지만 위에 열거한 것들은 모두 인풋에 해당한다. 한마디로 집어넣기만 했다는 의미다. 이것은 자칫하면 더 혼란스러울 수도 있다.

음식을 과하게 먹으면 소화도 되지 않고 배 속은 더부룩하고 이전보다 더 불편한 상황이 발생하듯이, 자신을 알아가고 자아 이미지를 확립하고 원하는 삶을 끌어당기는 과정에서 버퍼링이 발생하거나 소화불량이 생길 수도 있다. 이것을 방지하거나 최소화할 수 있는 가장 현명한 방법이 바로 글쓰기다.

글쓰기를 통해 때때마다 아웃풋을 하고 객관화하는 과정이 필요하다. 해보면 알게 되겠지만 톱니바퀴의 오목과 볼록이 조화롭게 딱딱 맞춰질 때 가장 수월하고 편안하게 굴러가는 것처럼 인풋과 아웃풋이 조화를 이룰 때 원하는 미래가 더 빨리, 그리고 더 수월하게 다가올 것이다. 글쓰기는 그만큼 중요하다. 글쓰기를 통해 아웃풋을 내는 사람과 그렇지 못한 사람의 미래는 그 차이가 엄청날 것이다. 무엇을 하든, 어디에 있든 간에 글쓰기와 함께하는 일상생활을 응원한다!

CHAPTER 6

# 우리의 인생 자체가 신화다

한양대학교 교수이자 지식생태학자로 알려진 유영만 교수의 이야기로 글을 마치려고 한다. 지금까지 책을 90권 넘게 쓰신 분으로도 유명하다. 그런데 이분이 지극히 가난한 가정에서 태어나 고등학교는 공고를 갔다는 것을 아는 사람은 그다지 많지 않은 것 같다. 공고를 나와서 취업하는 것만이 자신의 미래라고 생각했던 그 시절에 교수님의 삶을 180도 바꿔버리는 사건이 일어났다. 그것은 바로 우연히 보게 된 책 한 권이었다. 흥미로운 것은 그 책이 베스트셀러도 아니고, 스테디셀러도 아니었다는 것이다. 그저 그 당시 유영만 교수님에게 딱 필요한 책이었던 것이다.

마치 운명처럼 만난 그 책은 바로 교수님 자신처럼 평생을 공돌이로 살아갈 팔자라고 생각했던 같은 처지의 저자가 어떤 계기로 인해 결국 변호사가 되었다는 내용이었다. 이 책을 본 교수님은 그때부터 꿈을 꾸기 시작했다고 한다. 자신의 운명이 공돌이로 정해져 있다고 생각했는데 원하는 사람이 될 수 있다는 희망을 본 것이다. 그렇게 몇 십 년이 지난 지금은 대학교 교수님이자 90권 이상의 책을 쓴 작가님이 된 것이다.

나 역시 좋은 프로그램 하나 만난 걸로 끝날 수 있었다. 그런데 나에게도 그 프로그램은 유영만 교수님이 겪었던 그런 울림이 있었다. 그래서 지금의 내가 있을 수 있었다. 여기에서 말하고 싶은 것은 바로 책 한 권, 프로그램 하나가 우리의 인생을 완전히 바꿀 수도 있다는 것이다. 그리고 누구나 자신의 삶 속에 적어도 책 한 권만큼의 지혜와 지식 그리고 경험이 있다고 믿는다. 그런 각자의 여정 자체가 신화의 여정이다.

내가 블로그나 인스타에 쓴 글 한 줄이 누군가에게는 자신의 삶을 다시 생각해보고 이전과는 다르게 살아보고 싶다는 설렘이나 가슴 뛰는 경험을 하게 할지도 모른다. 나는 이 글을 읽는 독자들이 그런 여정에 설레고 가슴 뛰게 할 불씨 하나쯤은 키울 수 있기를 바란다.

그저 그렇고 평범한 삶을 사는 사람은 단 한 명도 없다. 자신이 살아온 흔적을 남겨보는 것은 어떨까? 혹시 아는가? 그 흔적을 따라가는 그 누군가의 삶을 당신이 송두리째 바꿔놓을지!

## 이은미

현) beauty artist academy 대표

현) MADE BY HAIR SALON 원장

다수 헤어디자이너 매출 업그레이드

미용인 마인드 리셋 교육

'헤어디자이너 혼자 매출 1,000만 원부터 시작하기' 강의

모든 미용인들에게
그들이 배워온 미용 교육 전반에
자부심을 갖고 자신감을 가질 수 있도록,
그들의 노력이 더 가치 있도록
미용인의 몸값을 올려줄 사람.

성공한 이들은 그들이 성공했던 방법들을 다른 이들과
함께 나누고 배우고 이끌고 있다.

나 역시 배워온 모든 교육과 나의 노력들이
고객에게 전부 보이지 못해 안타까웠다.
나의 이런 경험과 생각이 모여
가족 같은 직원들에게 전해지고 있고
모든 미용인들에게 나눔, 배움, 이끎을 전해줄 것이다.

# 7
# 글쓰기가 나의 삶에 스미어들었다

CHAPTER 1

# 어느 정도까지 블로그에 애정을 가져보았습니까?

과거 부모님의 틀 안에서 벗어나고 싶었던 20대 아가씨는 자유를 꿈꾸며 탈출을 시도했다. 자취를 해보기도 하고, 기숙사에 살아보기도 했다. 그래도 마무리는 항상 본가로 불려 들어갔다. 나의 삶 속에서의 집이란 잠만 자는 곳이었다.

새벽 일찍 일어나 출근을 했고, 자정이 지나 새벽쯤 집에 들어왔다. 집이 싫어서라기보다는 하고 싶은 일이 많았다. 미용실 직원으로서 디자이너가 되기 위해 배우는 아이들을 가르치기도 했다. 근무 외 시간은 운동이나 여러 가지 수업 등등 자기계발을 하며 바쁘게 살아왔다. 이렇게 많은 경험을 하며 사는 삶은 늘 즐거웠다. 그러다 보니 나의 꿈은 '자유를 원하는 도비' 그 이상도, 그 이하도 아니었다.

"정리하고 내려와서 가게나 차려라." 갑작스러운 부모님의 말씀에 거역할 수 있는 다른 말이 생각나지 않았다. 항상 그래 왔다. 결국에는 부모님의 말씀대로 행동을 하고 있었다. 이번에도 어쩔 수 없이 정리하고 내려와서 가게나 차렸다.

억지로 1인 숍을 오픈했는데 의욕이 하나도 없었다. 재미도 없었다. 손님이 없어도 상관없었다. 되레 숍 때문에 놀지 못한다는 생각에 귀찮기도 했다. 사실 이렇게 일할 바에야 안 하느니만 못하겠다는 생각도 들었다.

오픈한 지 보름 정도 지났다. 혼자서 놀 만한 건 다 놀고 나니 너무 심심했다. 심심하지 않으려고 남들 다 한다는 블로그를 개설했다. 그리고 못 해도 2~3일에 한 개씩은 포스팅을 했다. 심심해서 했던 블로그에 재미를 붙이자 점점 더 정성을 들여 글을 쓰기 시작했다. 하루 방문자 수? 이런 건 관심도 없었고, 댓글이나 공감 수에도 관심이 없었다.

그냥 '내 글이 어떻게 하면 최상단에 올라가지?'라는 생각뿐이었다. 최상단에 글을 올리는 게 가게 오픈한 것보다 더 재미있었다. 그게 나의 하루 낙이었다. 매일 출근 후 내가 쓴 글이 몇 개나 최상단에 올랐는지 확인했다. 페이지를 넘긴 블로그 글이 있으면 다시 내용을 보충해서 글을 썼다. 그런데 최상단에 올라갔던 글들을 보고 오는 고객이 생기기 시작했다.

'동네 장사는 재미없어', '동네에 오픈한 게 창피하다'라는 생각이 머리 한쪽에 항상 자리해 있었다. 그래서 그 고객들을 보며 '왜 여기까지 머리를 하러 오는 거지?'라는 생각을 정말 많이 했다.

사실 그렇지 않은가? 굳이 이런 동네까지 와서 머리를 왜? 어르신들이 이렇게 많이 있는 이 동네에 왜? 하지만 고객들의 생각은 달랐다.

서울에 몰려 있는 1인 숍은 너무 멀었고, 동네 사랑방 같은 미용실이 아닌 젊은 느낌의 미용실이 가까운 곳에 있었으면 했다. 디자이너가 1부터 10까지 모든 것을 다 해주는 숍이 있기를 희망하고 있었다. 때마침 내가 그 희망사항을 이루어드리게 된 것이었다.

작은 간판 하나 없는 나의 숍은 아파트 상가 안에 자리 잡고 있었다. 상가에 들어와도 요리조리 고개 움직이며 찾아야 나오는 미용실이었다. 이런 가게를 찾아와준다는 게 너무 신기하면서도 감사했다. 동네 사람들이 온 것보다 블로그를 보고 왔다는 고객이 더 좋았다. 이때 미용실을 오픈한 것을 처음으로 후회하지 않았다.

오픈한 지 5개월쯤 되었을 때 동네에서 오는 고객 수와 블로그를 보고 오는 고객 수가 대략 6 대 4 정도로 비율이 맞춰졌다. 그리고 블로그로 오는 고객의 매출이 총매출의 60~70%를 차지하고 있었다.

동네 사람들은 그들의 요구사항을 듣고 스타일을 만들어주어야 한다. 반대로 블로그를 통해 오는 분들은 이미 원하는 스타일이 확실하게 있었다. 추가로 몇 가지만 보완해주면 더 만족스러운 스타일이 탄생하니 새롭고 신선한 스타일을 해드리는 재미가 있었다. 이러니 블로그가 재미있을 수밖에 없지 않았을까?

나는 글을 쓰는 것을 좋아하지 않는다. 글을 잘 못 쓰기 때문에 글을 쓰는 게 재미가 없다. 그렇다고 말을 잘하는 것도 아니다. 시작은 잘하는데 끝맺음이 모호하다. 이런 내가 블로그로 글을 써봤자 얼마나 잘 썼을까? 지금은 블로그 글이 최상단에 올라가려면 글자 수가 몇 자 정도 돼야 하고, 해시태그를 어떻게 넣어야 하는지 등등 조건이 있다는 것 정도는 알고 있다. 하지만 과거에는 지금처럼 복잡한 조건이 없었던 건지, 있었던 건지 모르겠다. 그런데도 글을 보고 오는 고객의 수가 매출의 50% 이상을 차지하고 있었다면 이유가 있지 않을까? 최상단에 오르는 조건은 모르겠고 이 방법이 안 되면 저 방법으로 내가 아는 선에서는 최선을 다했다. 그러면서 나는 나만의 방법을 만들어갔다.

일단은 그냥 내 생각을 최대한 정성 들여 썼다. 생각을 입으로 말해가며 적어보았다. 최대한 이 글을 읽는 사람들에게 도움이 되었으면 하는 마음으로 글을 썼다. 말을 못 하겠으면 그림을 그렸고, 그림으로 표현이 안 되면 동영상으로 직접 보여주었다. 일곱 살 아이에게 설명하듯이 쉽고 자세하게 글을 썼다.

만약 당신이 블로그를 어떻게 쓰는지 모르겠다면 내가 지금까지 했던 말대로 해보길 바란다. 당신이 아무리 전문적인 지식을 가졌다 하더라도 블로그는 쉽게 써야 한다. 일반인에게 전문지식을 설명하는 것이란 걸 명심해야 한다. 최대한 쉽고 친절하게 풀어쓴 글이 필요하다.

숍을 운영하면서, 그리고 살아오면서 가장 많이 들어왔던 말은 "선생님, 미용 말고 유치원 선생님 해도 잘 어울리셨겠어요."다. 내가 고객에게 설명하는 이 습관 자체가 나의 전문지식을 일반인에게 알리는 것에 특화된 뇌를 가지고 있다는 것이다. 당신이 이런 뇌를 갖고 있지 않다면 훈련으로도 얼마든지 가능하다. 그러니 글 쓰는 것에 두려움이 있더라도 나의 직업에 대해 블로그로 소통을 하고 싶다면 언제든지 가능하다는 것을 알려주고 싶다. 가능성을 조금씩 쌓아가다 보면 과거의 나처럼 글에 재미가 붙기 시작한다.

재미가 있으니 블로그를 올리기도 전에 '또 어떤 글을 올릴까?' 하는 생각이 절로 났다. 우울했던 1인 샵은 어느새 나의 아지트, 나의 미용 연구소가 되어 있었다. 꼭 이 경험 때문은 아니지만 지금까지도 우리 직원에게 "어떤 일이든지 잘하는 것보다는 재미있어야 오래 할 수 있다."는 말을 한다. 이 말은 나이, 시간, 직업을 불문하고 누구에게나 적용이 되는 문구인 것 같다.

과거에는 '좋아하는 일(재미있는 일)만으로는 성공할 수 없다.'고 했다. 현재에서의 이 문구는 다르게 해석된다. 내가 하는 일을 좋아하고 재미있어 해야 관성처럼 꾸준하게 이어나갈 수 있다, 마치 스피노자의 코나투스 개념처럼 말이다. 성공은 나 자신을 유지하고 꾸준히 행동을 이어가는 사람이 거머쥘 수 있다. 여기서 유지하고 꾸준하게 이어가는 행동이 코나투스다.

학창 시절에 하기 싫은 공부를 억지로 했다면 성인이 된 지금도 억지로 무언가를 하고 있는지 묻고 싶다. 과거의 나도 자유를 외치는 도비였던 것처럼 당신도 먹고살기 위해 하기 싫은 일을 억지로 하며 살고 있지는 않은가? 물론 나는 내가 좋아하는 직업을 갖고 있었다. 하지만 나에게 1인 숍은 하기 싫은 일을 억지로 하며 사는 것이었다. 하기 싫은 홍보를 해야 했다. 하기 싫은 이벤트를 주기적으로 만들어냈다. 하기 싫은 청소를 해야 했다. 가게 안에 있는 모든 것들이 다 하기 싫은 것들뿐이었다.

이러했던 내가 블로그를 통해 글을 쓰게 되고 그 글로 인해 고객 유입을 경험했다. 경험하고 나니 더 블로그에 애착이 생겨 더 열심히 글을 쓰게 되었고, 이 행동은 숍에까지 영향을 주었다. 블로그를 보고 오는 고객님이 더 편하게 머리를 하다 가실 수 있도록 청소, 분위기 등등을 신경 쓰게 되었다. 블로그 글이 돈으로 연결되는 것을 경험하게 되었다. 이 글을 읽고 있는 당신! 당신은 글로 어디까지 경험해보았는가? '무'의 상태라면 나처럼만 해보시길!

글을 쓸 때에는 내가 그 주제에 대해 전문가가 아니어도 쓸 수가 있었다. 고지식한 나의 사고방식으로 인해 첫 번째 포스팅은 미용과 관련된 글을 썼다. 미용에 관련하여 이야기할 것들은 정말 많았다. 하지만 그 이야기를 궁금해하는 고객들의 수는 적었다. 환원제가 무엇인지, 염색약의 성분은 무엇인지에 대해 관심 있는 고객 수가 적었다. 이러한 글들로 인해 나의 초반 포스팅 글들은 조회 수 '0'에 말뚝을 박을 기세였다.

앞서 말했지만, 나의 글들을 최상단으로 올려서 많은 사람에게 알리고 싶었고, 이렇게 정성껏 쓴 글이 많은 사람들 눈에 보였으면 했다. 그러기 위해선 지루한 내용을 고객들이 끌릴 만한 이야기로 바꿔가야 했다. 그래야 글이 검색 후 최상단에 있을 수 있기 때문이었다. 홈 스타일링 방법, 유행 스타일 스타일링 방법, 유행하는 스타일 분석 등의 흥미있는 글을 쓰다 보면 얼마 안 가서 위기를 맞게 된다.

하지만 '다음엔 어떤 글을 써야 하지?'라는 고민이 새로운 주제를 만들어주었다. 좋은 곳을 다녀오면 그것에 관한 글을 쓰기도 하고, 키우는 반려묘에게 에피소드가 생기면 그 부분에 대해서 글을 쓰기도 했다. 이렇게 다른 주제로 글을 쓴 것이 꾸준하게 글을 쓸 수 있는 힘이 되어주었다. 만약 남들 다 하는 글을 쓰고 싶다면 지금 블로그라도 개설해보길 추천한다.

뭣도 아닌 나도 이렇게 했는데 당신이라고 못할 게 뭐가 있으랴? 어떠한 주제도 필요 없다. 과거 나처럼 글 쓰는 재주가 없다면 매일 한 줄의 글이라도 써보는 게 좋다. 앞뒤 말 다 자르고 중요 포인트 한 가지만 말해보자면 일.단.써.라.

이것저것 재지 말고 그냥 써야지 글을 쓰게 된다. 그것이 일기가 되었든, 후기가 되었든, 기록이 되었든 상관이 없는 것이다. 그렇게 글을 쓰다 보면 내 글의 반응이 나타나게 될 것이며, 그 반응이 나를 더 움직여 글을 쓰게 하는 힘이 될 것이다.

CHAPTER 2

# 무모한 계획

1인 미용실 운영에 재미를 붙일 때쯤 나는 결혼을 하게 되었다. 결혼은 늘 전쟁터 같았지만, 심적인 안정을 주는 놈이었다. 결혼 후 1년이 조금 못 된 상태에서 확장을 계획하게 되었다. 1인 숍을 운영하며 아기를 낳고 육아까지 병행할 자신이 없었다. 내가 육아를 하면서도 숍은 항상 열려 있었으면 했고, 육아와 일 그 어느 하나 포기하기 싫었다. 확장 이전 후 자리를 잡아놓은 상태에서 임신해야겠다는 계획을 세우고 조금씩 확장 이전에 대한 준비를 시작했다.

목 좋은 곳에 자리를 잡았다. 계약하고 실내 인테리어를 하던 중 임신인 걸 알게 되었다. 계획에 차질이 생겼지만 무를 수도 없었다. 임신과 상관없이 계획했던 일은 쭉쭉 진행되었다. 엄밀히 말하자면 막힘없이 진행할 수밖에 없었다. 가진 자금이 얼마 없었다. 하루라도 빠르게 오픈해서 돈을 벌어야 했다. 빠르게 진행했던 계획은 문제가 없는 듯했지만 오픈과 동시에 하나둘씩 문제가 보이기 시작했다.

일단 가장 큰 문제는 너무 급하게 한 확장 이전이었다. 오픈 준비를 제대로 하지 않아 아슬아슬한 줄타기를 하듯 하루를 겨우 버텨내고 있었다. 미용실에만 온 정신을 쏟는 날이 많아지자 직원 관리는 뒷전이 되어버리고 말았다. 직원의 성장보다 내가 한 명이라도 더 받아야 한다고 생각했다. 그래야 고객들이 더 많이 자리를 잡으리라 생각했다. 하지만 나의 이기적인 생각 때문에 자리를 못 잡고 힘들어하는 직원들이 많아졌고, 디자이너가 자주 바뀌게 되었다.

나의 문제라는 생각은 전혀 하지 않았다. 직원들이 능력이 부족해 고객 유치를 못 한다는 생각만 했다. 그래서인지 오픈 후 3개월 동안 정착하지 못한 많은 디자이너가 지나쳐 갔다. 이후에도 많은 디자이너가 오갔지만 출산 전 미용실을 안정화하겠다는 나의 목표는 실패로 돌아갔다. 50평대의 미용실에 디자이너 한 명을 두고 조산을 하게 되었기 때문이었다. 아이를 낳고 나서도 마취가 풀려가는 몸으로 직원을 구했고, 산후조리를 하면서도 직원을 구했다. 그렇게 부족한 직원을 충원해갔다.

3개월의 출산 휴가를 마쳤다. 그렇게 얼굴도 못 보고 구한 직원들과 일을 해야 한다는 설렘과 두려움으로 출근을 했다. 하지만 새로운 디자이너들과의 일은 쉽지 않았다. 내가 없는 사이 나도 모르는 새로운 규칙도 생겼다. 당황스러운 나날이 계속되면서 '이 미용실의 주인은 누구인가?'라는 의문이 매일 들었다.

그래, 직원들 관점에서 어색했을 거라는 생각이 들었다. 갑자기 나타난 원장이 이래라저래라 하니 그럴 수 있을 것으로 생각했다. 그래도 시간이 지나 그들이 적응되면 원래대로 돌아갈 수 있을 거라 생각했다. 하지만 시간이 지나도 원상 복귀의 희망은 보이지 않았다. 내가 꿈꿔오던 직원과 원장의 분위기는 현실과 너무 달랐다. 시작이 어떠했기에 그랬는지는 기억나지 않지만 한번 깊어진 골은 그 깊이를 가늠하지 못할 만큼 깊어져만 갔다.

시간은 계속 흐르고 직원들도, 나도 힘든 시간은 계속 이어지고 있었다. 더는 보고만 있을 수 없었다. 무언가 조치가 필요했다. 어디서부터 잘못되었을까? 1인 숍이었을 때부터 되짚어보기 시작했다. 확장 준비를 하던 그때로 돌아가 잘못했던 부분이 무엇인지 찾고 있을 때 잊고 있었던 블로그가 생각이 났다.

'그땐 의욕이 넘쳤고 즐거웠던 일들이 참 많았는데…….' 과거 회상을 한참 하다 보니 '지금 나의 사업장이 즐거운 직장인가?' 하는 생각이 들었다. '아니, 하나도 즐겁지 않아…….' 즐거워 보이지 않았다. 나도, 직원들도 즐거워 보이지 않았다.

다시 즐거워지고 싶었다. 그리고 우연히 과거 올려놓았던 블로그 글을 통해 새로운 아이디어가 떠오르기 시작했다. 나는 다시 블로그를 시작했다. 엄밀히 말하면 일기를 쓰기 시작했다. 과거 내가 상위노출을 위해 글을 썼다면 지금은 직원들과 나, 미용실을 위해 글을 쓰기 시작했다. 모두가 같은 곳을 바라보며 성장할 수 있도록 말이다. 하지만 문제는, 쓰고 기록해야 할 글들이 너무 많았다. 직원들과의 관계, 기울어져가는 매출, 의욕 없는 분위기 등등을 해결할 수 있는 여러 가지 방안에 관한 내용과 기록들이 필요했다. 생각만으로는 해결될 것들이 없었다. 일단 머릿속에서 생각들을 꺼내보는 작업부터 해야 했다.

예전에 복주환 님의 《당신의 생각을 정리해드립니다》라는 책을 읽은 적이 있다. 생각 정리가 가장 힘들었던 나에게 도움이 되었던 책이었는데 내가 이 책을 읽은 이후 지금까지도 사용하는 방법이 '나분배'다. '나열, 분류, 배열'의 줄임말인데 생각을 정리하는 데에는 이것만큼 확실한 것이 없는 것 같았다. 먼저 미용실에 관하여 고민이라고 느껴지는 모든 것에 대해 일단 적었다. 그것을 매출과 직원 등등으로 분류하고, 가장 먼저 해결해야 할 순서대로 배열했다.

그러자 내가 가장 먼저 해야 할 것들이 보이기 시작했다. 해야 할 그것들에 대해 준비를 하고 하나씩 해결해나가면 되겠다고 느끼는 것들이 생기기 시작했다. 가장 먼저 해야 할 것은 앞으로 있을 사업장의 변화에 대해 직원들에게 알리는 것이었다. 두근두근 떨리는 마음으로 직원들을 불러 모았다. "선생님들, 다 모여주세요."

더 이상 숍의 이런 분위기를 보고만 있을 수는 없었다. 이대로 가다가는 폐업신고를 하는 나의 모습이 현실이 될 것 같았다. 떨리는 마음으로 입을 열었다. "저는 숍이 망해가는 모습을 더 이상 보고만 있을 수 없습니다. 이제부터 새로운 방식으로 숍을 운영해갈 거예요. 지금까지 근무했던 환경과 많이 달라질 겁니다. 새로운 방식이 마음에 들지 않으시다면 함께 가실 분만 내일까지 개인적으로 연락을 주시면 됩니다."

직원들에게 통보 후 최대한 자연스럽게 티 내지 않고 화장실로 갔다. '쿵쾅쿵쾅' 심장이 밖으로 튀어나올 것 같았다. 정신없이 뛰어대는 심장을 진정시키고 화장실에서 나와 곧장 퇴근했다. 뭐라도 하지 않으면 하루가 너무 길 것 같았다. 육아에만 집중하며 직원들의 연락을 기다렸다. 기다리는 하루의 시간이 일주일처럼 길었다. 마음을 단단히 먹었지만, 혹시나 다 그만두면 어쩌나 하는 걱정에 조금은 후회하기도 했다. 다행히도 그 시간이 되기 전에 모든 직원에게 긍정적인 답변을 받았다. 긍정적인 답변에 부담감이 밀려오긴 했지만, 기왕에 시작한 거 제대로 해보자는 마음이 생겼다. 그리고 본격적으로 망해가는 나의 사업장을 살리는 프로젝트를 시작하게 되었다.

CHAPTER 3

# 프로젝트 시작 기록

원장인 나의 목표와 직원의 목표가 같은 곳을 바라볼 수 있도록 하는 것이 프로젝트의 취지였다. 같은 목표를 바라본다는 것은 망해가는 사업장을 살리는 데 중요한 역할을 한다. 일단 그러기 위해서는 직원의 성향과 생각을 알아야 했다. 그리고 사업장의 목표도 확실하게 잡혀 있어야 했다.

성장할 수 있는 사업장, 근무를 하는 동안 즐겁게 일할 수 있는 직장, 이것이 내 사업장의 최종 목적이었다. 이 목적과 함께 갈 직원을 찾아야 한다. 가능하면 현재까지 함께 일해온 직원이 사업장의 목적과 같은 방향을 보고 있다면 더 좋을 듯했다. 등잔 밑부터 찾자는 마음으로 가까운 곳에서부터 함께할 인재를 찾기 위해 매주 1회 직원 한 명씩과 개인 미팅을 갖기 시작했다.

첫 시작은 쉽지 않았다. 미팅과 이후 프로젝트에 관한 생각들은 준비했지만 나의 준비가 미흡했다. 열정만 앞서 있었다. 하고픈 말도 많왔고, 듣고 싶었던 말도 많았다. 그렇다 보니 직원들이 하는 말보다 내가 하는 말이 더 많았다. 마음이 급해 중간에 말을 자르기 일쑤였다. 미팅이 끝나고 나면 당연히 노트북 화면에 남은 글들은 몇 자 없었다. 그리고 무슨 이야기가 오갔는지도 전혀 기억에 남지 않았다. 이러면 무슨 소용이 있을까? 일단 내가 무엇을 잘못하고 있는지에 대해 알아야 했다. 그래야 주 1회 미팅이 효과적일 듯했다. 그래서 미팅이 끝날 때마다 미팅 시 나의 행동에 대해 일기를 쓰듯 나의 단점에 대해 기록했다.

2주 정도 미팅 후 단점을 기록하다 보니 나의 잘못된 점이 보이기 시작했다. 생각보다 이른 시간 안에 답이 나오게 되었다. 첫 번째 나의 단점은 듣기보다 말하기의 횟수가 더 많았다는 것이었다. 나의 화르르 올랐다가 금방 식어버리는 열정을 고치기 위해서라도 단점을 고쳐야만 했다. 차분한 상태에서 미팅이 진행되어야 제대로 할 수 있을 듯했다. 그래서 까먹지 않으려고 다음 미팅부터는 노트북 창의 가장 윗부분에 3분의 1 말하기, 3분의 2 듣기를 적어놓고 시작했다. 말을 하려다가도 그 문장을 한 번씩 보면서 참고 또 참았다.

참는 횟수가 늘어남에 따라 나의 듣기 횟수가 늘어났다. 동시에 직원의 말하기 횟수도 늘어나는 것이 보였다. 횟수가 늘어날수록 직원의 생각과 성향에 대해 조금씩 이야기를 들을 수 있었다. 이렇게 직원과의 미팅 횟수가 늘어날수록 파일이 한 개씩 쌓이기 시작했다. 수집벽이 있는 것도 아닌데 파일이 한 개씩 쌓일 때마다 뭔가 채워지고 있는 것 같아 기분이 좋았다. 이렇게 쌓인 이야기 덕분에 현재 나의 노트북 안에는 직원들과의 미팅 내용으로 가득 찬 파일 하나가 있다. 현재까지 직원들과 함께 미팅한 내용이다.

직원과 한 명씩 둘만 있는 공간에서 이루어지고 있는 미팅에 대해 어떤 사람은 이렇게 물어본다. "직원과 1 대 1로 미팅을 하면 부담스러워하지 않을까요?" 그렇게 생각할 수도 있겠지만 개별로 미팅을 하게 되면 좋은 점은 다른 직원들을 의식하지 않고 이야기를 나눌 수 있다는 점이다. 물론 사업장의 사장과 얼마나 신뢰가 쌓인 상태인가에 따라 달라질 수도 있다. 이럴 때에는 신뢰를 쌓아가며 미팅 내용의 수위를 조절해가면서 이야기를 끌어가야 한다.

누군가는 신뢰도 감정을 건드리면서 쌓아야 돈독해진다고 한다. 하지만 나는 다르게 생각했다. 직원들은 원장(사장)에게 많은 것을 약속한다. 그리고 원장도 직원들에게 많은 것을 약속한다. 직원들은 한 명의 원장에게 약속하지만, 원장은 다수의 직원과 약속을 한다. 당연히 원장이 기억해야 할 약속들이 더 많다. 하지만 약속을 안 지키는 경우는 대개 원장이다. 이 작은 약속만 지켜지더라도 신뢰는 돈독하게 쌓인다. 내가 직원과의 미팅 시에 대화 내용을 적는 것도 그 이유다. 직원과의 작은 약속을 지키기 위해 기록하는 것이다.

여기에서 나의 두 번째 단점을 찾았다. 약속을 지키지 않는 원장. 기억해야 할 것이 많았다고 한다면 그것은 변명이었다. 앞서 말했듯이 미팅 시에 했던 약속이나 그 외의 작은 약속들만 지켜졌어도 신뢰는 뜨개질의 실처럼 튼튼하게 떠지지 않았을까? 이제 변명을 그만 해야겠다고 생각했다. 약속을 잘 지키는 원장이 되어야 했다. 약속을 지키지 못할 거면 처음부터 약속하지 않거나 한 번 한 약속은 무조건 지켜야 했다. 그래서 열심히 기록했고 기억해냈다. 그리고 지키려고 노력했다.

만약 지켜야만 하는 약속들이라면, 그리고 내가 당장 기록하지 못할 상황이라면 직원들에게라도 부탁한다. "지금 한 말 꼭 카톡으로 보내줄래요?" 덕분에 직원들과의 카톡이 멈추는 기간은 길어야 3~4일을 넘기지 않는다. 소소한 약속도 있지만 매주 한 번씩 하는 미팅 내용을 공유해야 하기 때문이다. 매번 미팅이 끝나면 직원 한 명에게 미팅 내용을 카톡으로 공유해준다.

앞에서 이야기했지만 망한 미용실 살리기 프로젝트에서 숍의 목표와 직원의 목표가 같은 곳을 바라보는 것이 '망함→안 망함'으로 가는 방법이었다. 하지만 직원의 목표를 숍의 목표와 같은 방향으로 바꾸겠다는 티를 대놓고 내면 거부감이 들 것이 당연했다. 공유되는 미팅의 내용이 왜곡되지 않게 숍의 목표와 같은 방향으로 가기 위해선 직원들의 생각이 조금씩 바뀌어야 했다.

생각의 틀이 조금씩 바뀔 수 있도록 미팅이 끝날 때마다 작은 숙제를 내주었다. 물론 본업에 방해가 되지 않을 정도로만 주었다. 숙제에 대한 본인의 생각을 그다음 미팅 때 듣다 보면 조금씩 생각의 틀이 바뀌기 시작한다.(물론 사람마다 바뀌는 정도는 다르지만 미세하게라도 바뀌고 있다면 성공적이다.) 바뀐 생각으로 미팅을 하고 그 내용을 다시 직원에게 카톡으로 공유한다. 이 내용이 반복되다 보면 직원들이 읽게 되는 카톡의 내용은 솝이 원하는 목표와 같은 방향이 된다. 이론적으로는 정말 쉽다. 하지만 알다가도 모를 것이 사람의 마음이라 잘 나가다가도 처음으로 리셋되기 일쑤였다.

'왜 자꾸 리셋이 될까?' 기록했던 나의 단점들을 다시금 되짚어보았다. 맙소사, 아니길 바랐던 나의 세 번째 단점이 나왔다. 나는 당근과 채찍을 적절하게 주는 원장이 아니었다. 8할이 채찍이었다. 이러니 좋은 쪽으로 가더라도 의지가 꺾여 다시 리셋될 수밖에 없었다.

내가 직원이라면 어떤 느낌일까? 당연 리셋이지. 여태 버티고 있는 직원들이 대단하다고 느껴졌다. 한편으론 리셋이 되고 있던 게 아니라 직원들이 그들 스스로 습관을 바꾸는 것이 힘들어 원래대로 돌아가고 있는 것이 아닌가 하는 느낌도 들었다.

바뀐 사업장의 룰 앞에서 직원들이 바뀌지 않는 이유는 두 가지다. 애초부터 바뀔 생각이 없거나, 생각은 있지만 몸이 움직이지 않거나! 애초부터 바뀔 생각이 없는 사람은 생각을 바뀌게 만들 시간에 다른 직원을 구하는 편이 훨씬 빠르다. 그만큼 가능성이 없다는 것이다. 그러니 이런 사람과는 빠르게 손절하되 변화할 생각이 있는 직원들의 몸을 움직일 수 있도록 나의 단점인 말투를 고쳐야 했다.

칭찬은 고래도 춤추게 한다고 했다. 과거 8할이 채찍이었다면 8할을 당근으로 바꾸기 위해 노력했다. 그래서 미팅 시 '3분의 1 말하기, 3분의 2 듣기' 외에도 '열 번 이상 칭찬하기'라는 글을 미팅 후 기록하는 한글파일 제일 상단에 적었다. 차라리 듣기가 나을 정도로 열 번 이상 칭찬하기는 쉽지 않았다. 칭찬을 해야 한다는 생각에 직원들의 말이 잘 안 들릴 때도 있었다. 이야기를 들으면 칭찬이 안 나올 때도 있었다. 미팅 때마다 나의 단점을 보완할 수 있도록 혼자만의 끊임없는 싸움을 반복했다. 완벽하게 나아지진 않았지만, 직원들의 리셋은 어느 정도 막을 수 있게 되었다. 아직 완벽하게 열 번의 칭찬을 하려면 시간이 필요하다. 부족한 점투성이지만 처음 나의 목표대로 하나씩 이루어가고 있다.

이렇게 나의 노트북에 나의 단점들과 미팅 내용을 기록했던 모든 파일이 점점 쌓여갔다. 그리고 이 글들이 망해가던 나의 사업장을 살리는 프로젝트의 큰 핵심이 되었다. 미팅 내용 기록의 첫 시작은 '단점을 보완해 매주 미팅을 성공적으로 끝내자.', '사업장을 망하게 두지 말자.'였다. 작게 세운 목표들이 모이자 이 글들이 나의 목표를 조금씩 달성해주게 되었다. 나처럼 직원을 두고 사업장을 운영하는 사람이라면 그날 어떠한 일이 있었는지, 어떻게 대처했는지에 대한 기록을 남기는 것이 매우 중요하다. 현재 이렇게 글을 남길 수 있는 것도, 누군가에게 도움을 줄 수 있는 글을 쓰는 것도 기록이 있기 때문이다.

글을 쓰는 이유 중 또 다른 하나는 잘못된 일을 되풀이하지 않을 수 있다는 점이다. 나도 사람이고 이 글을 읽는 당신도 사람이다. 사람이란, 같은 실수를 반복하는 멍청한 동물이다. 한번 해보고 안 좋은 쪽으로 마무리가 되었다면 다시는 하지 말아야 한다. 하지만 최소 1회 이상은 반복해서 똑같은 결과를 또 보게 된다. 다시 읽지 않더라도 기록을 남겨 적어놓은 순간, 같은 실수를 반복할 확률은 절반 정도로 줄어든다고 한다. 정말 신기하지 않은가? 이토록 글의 힘은 엄청나다.

이 엄청난 글의 힘을 믿고 매일 단 한 줄이라도 글을 쓰기를 추천하고 싶다. 반복되는 실수는 이미 과거의 이야기다. 이 이야기는 당신에게도 적용될 수 있다는 점을 기억하기 바란다.

CHAPTER 4

# 마인드 리셋

나의 직원 관리가 점점 좋은 쪽으로 변화될 수 있었던 것은 나의 마인드가 바뀌었기 때문이라고 생각한다. 과거 나의 모습(미용실 확장 당시 나의 모습)을 생각해보면 프리랜서 대우를 해준다는 명목 아래 무엇이든지 직원들에게 의견을 물어봤다. 그래, 의견이야 얼마든지 물어볼 수 있다. 하지만 나는 직원들에게 의견을 물어보는 것뿐만 아니라 그 의견에 너무 의지하는 원장이 되어버렸다. 어떠한 일이든지 혼자 결정을 내리지 못했다. 이런 일이 반복되다 보니 직원들의 눈치를 보며 결정을 내리는 한심한 호구 원장이 되어 있었다. 이 사업장은 나의 열정과 경험으로 성장해가야 하지만 그렇지 못했던 것이다. 그들이 변화할 수 있도록 생각을 바꾸는 것이 힘들었다.

어렸을 적 어른들이 미래의 나를 위해 '이거 해라', '이걸 꾸준히 해나가야 잘된다' 등등 많은 조언을 해주셨다. 어른들의 조언들은 지금은 힘들지만, 나중에는 편해질 수 있는 말씀들이다. 하지만 조언대로 하지 못하고 지금 몸이 편한 대로, 멋대로 지내다가 안 좋은 결과를 맛보고 후회를 하게 된다.

내 사업장에 관해서도 마찬가지였다. 물론 주변에 나와 같은 사업장을 차린 어른이나 지인이 없다 보니 많은 조언을 받지는 못했지만, 기본적인 것에 대해 조언을 들을 수는 있었다. 그 조언 중 하나가 "결정을 내릴 때에는 그 누구도 아닌 사장인 너의 결정이 중요해."였다 나는 나의 결정에 대한 책임을 피하려고 했던 것 같다. 나의 결정과 사업장을 운영하는 것(직원 관리)은 별개의 문제라고 생각했던 것 같다. 정말 호구 원장이 되기에 안성맞춤인 사람이 나였다.

외로움과 익숙해져야 하는 위치였다. 외로움을 즐겨야 하는 위치였다. 많은 생각들의 늪 속에서 원할 때에는 잘 헤쳐 나올 수 있는 사람이 되어야 했다. 이것들이 잘 안 되었기 때문에 직원들에게서 멀어지는 것이 싫어 먼저 대화를 유도해갔다. 직원들과 가까워지기 위해 원하는 것을 먼저 해주려고 했다. 하지만 나는 그런 호구 원장에서 벗어나야만 했고, 더 망하면 안 된다는 생각밖에 나지 않았다. 그래서 외로움을 사랑하게 되었고, 외로운 시간을 활용하는 법을 터득하게 되면서 조금씩 마인드가 바뀌게 되었다. 직원들의 행동과 생각을 바꾸기 위해서는 내가 먼저 바뀌어야 한다고 느꼈다. 느꼈던 그대로 나의 마인드가 바뀌니 직원들은 알아서 따라오게 되더라. 그리고 호구 원장이라는 단어에서 조금씩 멀어져가게 되더라.

당신의 사업장에서 호구가 되고 싶지 않다면 외로움을 즐기기 바란다. 외로워하는 시간을 활용하는 법을 알아가기 바란다. 그리고 결정을 내릴 때에는 그 누구도 아닌 당신의 생각이 중요하다는 것을 기억하기 바란다.

CHAPTER 5

# 스미어들었다

망한 미용실 살리기 프로젝트로 시작된 미팅이 하나둘씩 기록으로 남게 되었다. 그리고 이 기록이 글쓰기로 바뀌어가고 있다. 글쓰기의 '기역' 자도 몰랐던 내가 글을 쓰다니……. 끄적거렸던 글들은 어느새 문장이 되었다. 그리고 그 문장들이 페이지를 한 쪽, 두 쪽 채우게 되었다.

미용실을 확장했을 때에는 순수익이 월 500만 원씩만 나와도 좋겠다고 생각했다. 그리고 순수익이 월 500만 원쯤 되면 돈도 많이 모을 수 있을 거라고 생각했다. 누군가 월 1,000만 원을 벌어도, 월 1억을 벌어도 저금하는 돈은 비슷하다고 했는데 역시나 월 500을 벌어도 수중에 남는 현금은 얼마 안 되었다. 나는 더 많은 욕심을 부리게 되었다.

소소하게 바뀐 나의 목표는 순수익 월 1,000만 원이었다. 웃기지만 '소소하게'가 포인트다. 그런데 아이러니하게도 순수익 월 1,000만 원은 뒷전이고 사업장을 망하게 두지 않기 위해 기록으로 남겨두었던 모든 파일이 나의 글쓰기 글감들이 되었다. 그 글감들이 나를 자극하고 나의 손가락을 움직여 키보드를 두드리게 했다. 글을 쓰게 만들었다. 글감이라고 생각하지 않았던 기록들이었다. 그저 까먹지 않기 위한 약속들이었다. 그런데 이놈들이 나를 글쓰기에 입문시켜버렸다. 그리고 어이없지만 순수익 월 1,000보다 글쓰기가 더 좋아지고 있다. 돈보다 글쓰기가 더 좋아져버렸다니…….

키보드를 두드리다가 다시 마우스 휠을 굴려 지나간 글들을 읽어보면 내 생각들과 우리 직원들의 생각을 다시금 느낄 수 있었다. 과거 나의 행동들을 되돌아볼 수 있었다. 그리고 더욱 발전해온 나의 모습을 보게 되었다.

나의 모든 행동과 생각들은 글로 인해 반성의 시간이 되기도 했다. 절대 깨면 안 될 약속의 새끼손가락이 되기도 했다. 그리고 그 어떤 건물보다도 튼튼하게 쌓인 신뢰가 보였다. 글을 쓰면서 나는 더 단단해졌다.

문득 고등학생 때 담임 선생님이 해주셨던 말이 생각난다. "네가 이 수학 문제를 완벽하게 마스터하려면 누군가한테 알려줄 수 있을 정도가 되어야 해. 그래야 네 것이 되는 거야." 학교 다닐 때 보면 공부 잘하는 친구들은 이런 것도 잘했다. 자습시간에 중간 정도 성적의 아이들이 문제를 풀다가 막히면 반에서 공부를 제일 잘하는 친구에게 갔다. 그 친구는 다른 아이들이 와서 자꾸 물어보는 것이 여간 귀찮은 일이 아니었을 것이다. 하지만 그 친구들이 반에서 1등, 전교에서 상위권에 있을 수 있는 이유는 물론 열심히 노력한 것도 있었겠지만, 누군가에게 가르쳐줌으로써 하나씩 자신의 것으로 만들어가고 있었던 것이라는 생각이 든다.

글쓰기를 하면 할수록 성장하는 느낌이 들었던 건 이런 이유 때문이지 않을까 싶다. 사업장을 운영하면서 느꼈던 일들을 기록하고, 추가로 내 생각들을 적었을 때 비로소 경험이 몸과 머리에 쌓이게 되었다. 그리고 나의 경험을 누군가에게 말할 수 있게 되었을 때 나의 것이 되어가고 있었다. 다른 이들의 걱정과 고민을 듣고 이야기를 나누면서 상대에게 도움을 줄 수 있는 말들이 더 늘어나고 있었다.

고민이 있다면 글을 써보기 바란다. 나의 경우 글을 한 자, 한 자 적을 때마다 나의 행동이 달라지고 내 생각이 달라졌다. 직원의 행동이 바뀌고 사업장의 분위기가 바뀌었다. 글로 인해 수입의 금액이 바뀌게 되었다.

나라는 사람조차 이렇게 바뀌었고 더 높은 곳을 향해 바쁘게 달려가고 있다. 이렇게 되고 싶지 않은가? 글이 바꿔줄 모습에 대해 상상해보면 무궁무진하다. 당신도 할 수 있다. 지금부터 시작!

## 김현정(클레어 케이 Clair K)

광고대행사 ㈜클레어아이엠씨 대표
온라인 디자인쇼핑몰 클레어디자인랩 대표
1인 광고대행사 창업 아카데미 원장
㈜한국비즈니스협회 회원
㈜한국비즈니스협회 글쓰기학회 정회원
《야 너도 할 수 있어 1인 광고대행사》의 저자

남들이 부러워하는 꿀빠는 회사를
자존감 무너진다며 박차고 나온 무대포

'세상이 그렇게 만만한 줄 알아?'라며
회사에 남아 있으라는 사람들에게
"나도 만만하지 않아."라고 말할 줄 아는 사람

돈 없고 백 없으면 성공할 수 없다는 말에 공감하지만
"돈 없고 백 없어도 성공했다."라고 말할 수 있는 사람

누군가는 아이디어를 구상하고 주변에 말하며 의견을 듣고 다닐 때
주변에 말하는 대신 미친 추진력으로 아이디어를 사업화시키는 사람

전투화로 군화 대신 하이힐을 신는
클레어 케이입니다.

# 8
# 잘나가는 광고대행사 대표 클레어, 갑자기 글을 쓴다고?

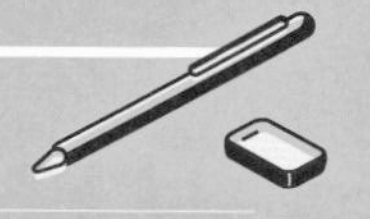

CHAPTER 1

# 문제아 인생, 클레어

어려서부터 글쓰기에 재주가 없었다. 초등학교 시절, 저학년 때 그림일기를 떼고 나니 공책 한 면을 까만 글씨로 채워야 하는 일기 쓰기도 힘이 들었다. 매일 숙제로 일기를 쓰는 게 싫어서 가요나 시집의 시를 베껴 제출했다가 어머니가 학교에 불려 가시고, 등짝 스매싱을 맞으며 어머니의 감시하에 일기를 쓰곤 했다.

하얀 것은 종이요, 까만 것은 글씨인 나에게 독서 역시 거리가 먼 이야기였다. 친구들이 위인전집을 읽을 때 나는 아이들이 읽은 책 이야기를 귀동냥했다. 난독증도 아니면서 책 읽기를 싫어했고, 친구들과 몰려다니며 방방이 뛰고 떡볶이 사 먹으며 노는 게 좋은 철없는 꼬마였다.

공부도 못하고 글도 쓸 일이 없었지만 대학에서는 국문학을 전공했다. 부디 '뭐야, 국문과면 글쓰기의 기초는 제대로 배웠겠네.'라는 오해는 하지 말기 바란다. 부끄럽지만 입학 당시에는 어문계열이 진입장벽이 제일 낮았고, 개판인 수능 성적으로 어문계열 선택은 불가항력이었다. 결정적으로 영어나 중국어, 일본어 같은 외국어를 새롭게 공부하려면 반드시 열공을 해야 하는데 열심히 할 마음이 조금도 없었다.

돌이켜 생각해보면 대학은 놀러 간 거였다. 4년의 기억은 대부분 신나게 놀러 다닌 기억뿐이다. 당연히 출석일수는 모자랐고 과제를 제대로 내지도 않아서 1학년 때 학고를 받았다. 그때 내가 생각해낸 해결책은 휴학이었다. 집에다가 말도 안 한 채 몰래 휴학을 하고, 남들 학교 갈 시간에 아르바이트를 하고 그 돈으로 놀러 다녔다. 몰래 한 휴학은 금방 탄로가 났고 부모님 뒷목을 잡게 하고 나서야 학교로 복학했다.

복학 후에는 출석일수를 채워 학고만 면하자고 생각했다. 헌혈증을 내면 결석일수 하루를 지워준다는 말에 헌혈증도 매 학기 꼬박꼬박 제출했다. 강의를 들어갈 생각은 안 하고, 어떻게든 출석일수만 채울 생각을 했다. 더 나은 미래를 위해 노력이란 것을 할 줄 몰랐던 나는 놀 때 빼고는 열정이 없는 사람이었다.

아무런 노력도 하지 않고 스스로 미래를 불투명하게 만들어가던 당시에도 국문과만 졸업하면 어떻게든 작가가 되고 선생님이 되는 줄 알았다. 강의를 열심히 듣지도 않고, 공부를 열심히 하지도 않았으니 그렇게 될 리 없다는 당연한 사실을 20대의 나는 왜 몰랐을까?

전공 교수님조차 내 얼굴과 이름을 매치하지 못할 정도로 놀았던 대학생활은 턱걸이로 통과한 졸업시험과 함께 끝났다. 마치 군대의 100일 휴가 같은 대학생활이 끝나고 사회에 늦은 첫걸음을 내디뎠다.

CHAPTER 2

# 예스맨 클레어

국문과 졸업이란 타이틀이 사회에 나온 나에게 꽤 괜찮은 스펙이 되리라곤 상상도 못했다. 국문과를 졸업했단 이유가 입사에 큰 영향을 미쳤으니, 최소한 대학 4년 등록금은 회수되었다. 광고대행사에 입사하게 된 건 운 9, 기 1이다. '국어국문학과 졸업'이 운 9였다.

첫 번째 회사였던 곳의 아찔했던 면접이 아직도 기억난다. 면접관은 여자이고 나이도 있던 나를 탐탁찮게 생각했고, 분위기를 보아하니 여기도 탈락 예정이었다. 그때 "국문과 나왔으면 카피 잘 뽑겠네, 잘할 수 있죠?"라고 다른 면접관(내가 갈 팀의 팀장이었다)이 물었다. 나는 등에 식은땀이 났다.

"카피(copywriting)는 쓸 줄 모릅니다. 다른 카피(photocopier, 복사기)는 열심히 하겠습니다"라고 말하고 싶었다. 입사와 동시에 뻔히 걸릴 실력이었지만 이미 다른 광고대행사 면접에서 여러 차례 떨어진 뒤였기에 입이 떨어지지 않았다. 내 입에서 나온 말은 "네, 잘할 수 있습니다."였다. 그렇게 광고대행사에 무사히 입사했지만 회사가 원하는 카피라이터가 되지는 못했다. 몇 번 시켜보고 다들 나에게 카피가 나오는 걸 포기했다.

광고대행사에서 나의 포지션은 AE(Account Executive)였다. 카피는 젬병이었지만 광고주와의 커뮤니케이션이 꽤 괜찮은 편이었다. AE란 통상적으로 광고를 기획하고 운영하는 광고대행사 직원을 말한다. 성공적인 광고 기획을 위해서는 광고주와의 커뮤니케이션이 중요하다. 커뮤니케이션을 통해 그들의 니즈(needs)를 파악하고 상품(product)의 광고 마케팅 방향을 설정해 그들의 상품을 잠재고객(target)에게 잘 맞는 콘셉트로 광고를 진행해야 하는 것이다.

커뮤니케이션의 첫 번째는 바로 광고주의 말에 귀를 기울이는 것이다. 그리고 그들과의 커뮤니케이션을 통해 제품의 키포인트를 찾아내 제안서를 작성하고, 광고홍보 계획을 수립하고, 계획에 맞춰 보도자료를 배포하고, 소비자 반응도를 추적한다. 매번 새로운 광고주와 새로운 콘셉트를 만들어내 진행하는 건 재미있는 일이었다. 학교 다닐 때에는 진득하니 앉아서 공부하는 게 그렇게 어려웠는데, 회사에 들어오니 매번 새로운 광고를 만들어내기 위해 새로운 분야를 공부하고 연구하는 게 의외로 적성에 맞았다.

명문대를 나오고 각종 공모전을 석권한 잘난 AE들 틈에서 살아남을 수 있었던 이유는 광고주들의 이야기를 충분히 들었기 때문이다. 그들은 제품에 대한 프라이드가 강하며 제품에 대한 이야기나 마케팅 포인트에 대해 말하기를 좋아했다. 간혹 어떤 AE들은 광고주의 방식이 그간 경험상 효과가 전혀 없거나 엉뚱하다며 우리의 방식을 강력하게 주장하는 경우가 있다. 하지만 나는 설사 우리가 제안하는 방식이 더 좋을지라도 광고주가 원하는 방식이 있다면 왜 그렇게 생각했는지 먼저 들어본 뒤 우리의 주장을 광고주가 쉽게 알아들을 수 있는 단어로 이야기했다.

광고주와 우리는 서로의 주장을 관철시켜야 하는 사이가 아니라 함께 머리를 맞대고 더 좋은 방안을 연구해야 하는 동지다. 나는 항상 그들의 생각을 좀 더 손쉽게 이해하고, 더욱 돈독한 동지애를 만들어낼 수 있는 방법을 고민했다. 그러다 마침내 그들과 더 친해질 수 있고, 더 편안하게 상품에 관한 이야기를 할 수 있는 방법을 찾았다. 바로 그들과 개인적인 친분을 더 쌓는 것이었다.

영업관리는 연애와 같았다. 마음에 드는 사람과 연애를 하려면 자주 만나고 대화하고 공감하며 서로에게 호감을 가져야 한다. 자주 만나야 대화를 하든, 공감을 하든 할 테니 나는 광고주와 회의 이외에도 만나는 걸 선호했다. 사적으로 만났다는 뜻이 아니라 광고주 회사가 야근을 한다고 하면 "지나가다 들렀어요."라는 뻔한 멘트를 하며 떡볶이를 사가지고 가기도 했다. 회의가 있으면 한 시간 전에 먼저 가서 업무 이야기 전에 아이가 있는 사람들에겐 아이 안부를 묻고, 결혼한 지 얼마 안 된 이에겐 배우자의 안부를 묻는 등 분위기가 부드러워질 수 있는 인사를 주고받았다. 그들과 가까워질수록 그들의 니즈를 파악하는 시간이 짧아졌다.

누구나 편안한 분위기에서 본인이 원하는 바를 더 잘 이야기할 수 있다. 그러나 연애도 알고 보면 갑을 관계다. 더 사랑하는 사람이 을이라고 한다. 더 사랑하는 사람은 덜 사랑하는 사람의 부탁을 거절하기 힘들다. 영업관리도 그랬다. 나는 늘 그들이 제품을 바라보는 시각이 궁금했다.

우리와 같은 광고대행사는 그들의 제품을 스쳐 지나가지만 그들은 무려 그 제품을 만들고 회사를 키워내지 않았는가? 그들만큼 제품의 마케팅 방안을 고민하는 사람은 없으리라고 생각했다.

광고주와 대행사라는 관계는 계약서부터 갑을 관계다. 약간 다르다면 나는 사람이 아니라 일을 사랑했고, 일에 지장을 주고 싶지 않았다. 때로는 금쪽같은 주말을 날려버리기도 하고 가족과의 약속을 취소해야 할 때도 있었지만, 사랑하는 일을 위해 주말을 영업관리에 쓰는 것을 마다하지 않았다.

그들의 생각을 좀 더 잘 알고 싶어 시작한 영업관리 방식도 결과가 항상 좋지는 않았다. 나는 대부분 주말에도 그들의 요구에 응하려고 했지만 본인들이 깜박 잊고 하지 않은 일을 해달라고 부탁하기도 했고, 주말에 제안서를 보내달라는 요구를 하기도 했고, 개인적인 일을 부탁하기도 했고, 같은 회사 동료에게 왜 주말까지 일을 하느냐는 못마땅한 시선을 받기도 했다.

'을'의 역할을 너무나도 충실히 행한 나는 '거절'이란 단어가 무엇인지 몰랐다. 시작은 분명 나만의 영업관리였는데 어느새 전형적인 예스맨이 되어버렸다.

CHAPTER 3

# 산 타는 클레어의 시작

날짜조차 선명히 기억하는 2018년 10월 27일, 내 인생의 전환점이 생겼다.

며칠 전, 주 거래처의 대표님이 갑자기 등산을 좋아하는지 물었다. 일단 1초의 망설임도 없이 "네"라고 대답한 뒤 생각했다. 전형적인 예스맨 식 선 대답 후 생각이었다. '등산이라니? 등산이 뭐지? 막걸리 마시자는 말씀인가? 산 있는 곳으로 워크숍을 가자는 말인가? 설마 산을 올라가는 걸 말하는 건 아니겠지?'

어차피 내려올 산에 왜 올라가는지 이해가 되지 않았던 당시로서는 적잖이 당황스러운 순간이었다. 하지만 그분은 주 거래처의 여성 대표님이셨다. "괜찮아, 열심히 하네."라고 항상 말해주시는 좋은 분이었지만, 광고는 열심히 한다고 잘하는 분야가 아니다. 소비자와 광고주를 모두 만족시킬 수 있는 포인트를 잘 뽑아야 한다. 잘한다는 소리를 들어야 하는 분야다. 이분과 친분을 좀 더 쌓는다면 회사가 원하는 광고의 색을 더 잘 찾아낼 수 있을 것 같았다. 금쪽같은 주말이었지만 분명 이 친분은 회사에, 그리고 다음 프로젝트에 도움이 될 것이었다. 그리고 이미 내 입에선 등산을 좋아한다는 대답이 나오고 난 다음이었다.

난생처음 등산이란 이름으로 오른 산은 북한산이었다. 북한산성 앞 공영주차장에 차를 주차할 때까지만 해도 매우 들떠 있었다. 좋은 공기 마시며 알록달록한 산을 구경하니 잠시 뒤에 마실 막걸리가 맛있을 거란 생각에 기분이 좋았다. 단 한 번도 산의 정상에 가보지 않았으니 첫 산행에서 정상을 염두에 두고 갔을 리 만무했고, 산책 같은 등산을 한두 시간 하다가 막걸리를 마시며 수다 떠는 일정이리라 믿어 의심치 않았다. 그때 거래처 대표님이 "가볍게 백운대 다녀오자."라고 했는데, 등산의 'ㄷ'도 모르는 내가 거기가 정상인지, 설악산의 흔들바위 같은 산의 어느 위치를 말한 건지 어찌 안단 말인가? 그렇게 앞으로 내 운명이 어떻게 바뀔지도 모르고 대표님의 뒤꽁무니를 졸졸 쫓아 산에 들어섰다.

땀은 사우나에서나 흘리는 것인 줄만 알았다. 등산은 사우나에서만큼 땀을 흘리면서도 답답하지 않게 시원한 바람이 불고, 향긋한 풀과 흙냄새가 나고, 사진이나 영상으론 절대 담을 수 없는 오색의 풍경을 볼 수 있고, 산새 지저귀는 소리와 바람에 바스락거리며 흩날리는 나뭇잎 소리가 한 번도 들어본 적 없는 음악처럼 들리는 오감을 고루 자극하는 것이었다. 나무의 높이가 가늠이 되지 않아 두껍고 낮은 가지에 머리를 쿵 하고 박고, 난간 없는 돌계단을 네 발로 기어 올라가고,

낙엽이 잔뜩 쌓인 길에서 발을 헛디뎌 넘어지면서 정상에 다다랐다.

백운대에 오르기 전, 마지막 난코스가 기다리고 있었다. 백운봉암문을 지나면 암벽등반을 해야 한다. 둥그런 바위에 한 줄짜리 쇠봉을 잡고 오를 때에는 '제발 안 떨어지게 해주세요, 살려주세요.'라며 세상의 모든 신께 기도했다. 중간에 돌아 내려가고 싶었지만 뒤돌아보는 게 더 무서웠다. 등산이 이렇게 위험한 것인지 상상이나 했을까? 나는 심하진 않지만 고소공포증이 있었다. 15층 아파트에서 베란다를 내다보지 못했고, 놀이기구도 타지 못했다. 그런 내가 오롯이 팔 힘에 기대어 쇠봉을 잡고 올라가야 하는 등산을 하고 있었다.

10월 말이지만 산 위의 공기는 영하를 웃돌 정도로 추웠고, 쇠봉을 잡은 손은 얼어붙어서 봉을 놓쳐도 이상하지 않았다. 그렇게 오르는 북한산은 놀이기구보다 더 무서웠다. '살아서 내려가면 반드시 퇴사를 하리라. 광고주가 하자고 한다고 뭐든지 다 하진 않으리라. 내려가면 당장 운동해야지. 술 끊어야지.' 등등 오만 가지 생각을 하다 백운대에 다다랐다.

목숨이 위협받는 공포를 경험하며 올라간 곳, 뒤돌아 내려갈 수 없어서 올라간 곳, 이 산에서 내려가면 당장 회사를 때려치우고 예스맨은 더 이상 하지 않을 거라며 올라간 그곳은 경이로웠다. 첫눈에 사랑에 빠진다는 게 이런 느낌일 것이다. 뭐라고 말할 수 없고 표현할 방법은 없지만 입이 벌어지고, 다리가 후들거려 서 있기도 힘들었다. 하지만 조금이라도 더 보고 싶은 장관이었다. 형용할 수 없는 자연이 주는 아름다움, 경이로움, 편안함, 공포까지 다 있었다.

북한산 정상에서 국기봉을 등지고 멀리 보이는 도시 풍경과 좌우 아래쪽으로 펼쳐지는 아름다운 암석 봉우리를 바라보니 가슴이 먹먹했다. 뒤에서 한 번씩 부는 바람 때문에 앞으로 고꾸라질 것만 같아 오래 서 있을 수는 없었다. 그러나 시간이 흐르면서 잊히는 것이 아까운 첫 등정의 감정과 백운대의 풍경을 오래도록 눈에 담고 싶었다. 조금이라도 더 기억하기 위해 10월 말 칼바람에 시린 눈을 비볐다.

CHAPTER 4

# 아이디어 테트리스

첫 등산 경험은 나의 많은 것을 바꿨다. 스트레스 해소는 술 마시는 거 외에는 없는 줄 알았는데 새로운 세상을 알게 된 것이다. 한 달에 한 번도 가기 힘든 등산이었지만, 산은 알코올에 절은 간과 숙취를 가져가고 튼튼한 근육과 아이디어들을 내어주었다. 과도한 업무나 대인관계에서 오는 스트레스가 심해질 때면 산을 찾았다.

워낙 운동을 싫어했고 대학 때부터 들이부어댄 알코올로 체력이 저질이었다. 처음 1년은 어느 산을 오르건 그렇게 힘들었다. 고바위를 만날 때마다 허벅지는 터질 것 같고, 구토가 쏠리고 단전에서 욕이 나왔다. "왜 이걸 악을 쓰고 기어 올라가지? 미쳤네, 미쳤어! 밑에서 막걸리나 마실걸, 이걸 왜 올라간다고 이 고생이야." 이런 구시렁은 산을 오를 때마다 한 거 같다.

중간에 내려가고 싶고, 울고 싶고, 눕고 싶고 늘 그랬다. 그러나 단 한 번도 중간에 내려간 적도, 운 적도 없다. 무작정 올라갔다. 올라가는 동안에는 산 밖에서의 문제를 모두 잊었다. 몸이 힘들어서 스트레스를 떠올리기는커녕 올라가기 바빴다. 그리고 산 정상에 오르면 언제나 가슴이 벅차올랐다. "수고했어, 고생했어, 괜찮아."라고 토닥거리는 듯한 바람이 스쳐 지나갔다.

정상에 앉아 쉬는 동안에는 산 밑에서 고민했던 생각이 정리되기 시작한다. 산을 오를 때에는 몸이 힘들어서 생각나지 않지만, 정상에서 풍경을 바라보고 있을 때면 신기하게도 문제의 해결책들이 테트리스 블록처럼 착착 정리되어간다. 복잡한 생각이 정리되어 스스로 해결되는 것, 두서없던 생각이 정리되면서 아이디어로 재구성되는 것, 나는 이걸 '아이디어 테트리스'라고 부른다. 모든 문제와 해답은 나에게 있다. 내 주변에 산재한 문제들은 내가 낸 문제이니 해답도 내가 찾을 수 있다. 단지 생각의 정리가 필요할 뿐이다. 생각이 복잡할수록 역동적으로 에너지를 쏟아낸다. 그러면 복잡했던 생각들은 테트리스처럼 칸에 꼭 맞게 차곡차곡 쌓이다가 한 줄이 일자로 맞춰지면 사라지듯 일주일 내내 잡고 있던 문제들이 사라지곤 한다.

일을 하다 보면 협력사에 긴박하게 시안을 넘기고 납품을 요청할 때가 있다. 지금까지 거래하고 있던 협력사 중 한 곳이 우리 회사에 긴박하게 제작 요청을 하면 그들 일정에 맞춰서 순차적으로 진행하느라 애를 먹었다. 급한 건들은 서로 양해를 구해서 다른 곳의 일을 잠시 미루고 그 일을 먼저 진행하다 보면 업무의 효율성이 떨어지는 등 문제가 있었다. 몇 년간 거래를 해온 터라 사장님과도 잘 알고 지냈고, 업무에 대한 이해도도 높은 업체였다. 새로운 업체로 바꾸면 손발이 맞을 때까지 시간이 오래 걸릴 수밖에 없었다. 어느 순간 우리 회사의 일정이 이 협력업체 일정에 맞게 돌아가게 되었다. 또한 광고주가 긴박하게 요청해도 해당 업체의 일정 때문에 납품 일정을 변경해야 할 때가 있었다. 주객이 전도된 입장이었지만, 새로운 거래처를 찾기가 그간의 의리와 손발 맞는 걸 생각했을 때 쉬운 일은 아니었다.

'업무의 효율성이 떨어진다고 말하는 건 그 회사의 문제지. 우리가 고민해야 할 부분은 아니잖아? 거래처에서 일정을 못 맞추고 핸들링도 되지 않는 바람에 나나 다른 직원이 광고주에게 죄송하다는 말을 여러 번 하게 되었다면, 지금까지 손발을 맞춰온 시간도 아쉽고 단가도 저렴하지만 할 수 없다. 납기일을 맞추고 우리 조건을 더 잘 들어주는 업체가 더 필요해.' 이런 생각이 들었고, 장고 끝에 거래처를 바꾸기로 결론을 내렸다. 그리고 오래 지나지 않아 회사 스케줄에 맞춰줄 수 있는 업체를 찾았다.

광고주의 문제도 있었다. 광고 납품은 완료되었는데 결제가 되지 않았다. 관계가 나빴던 것도 아니고 광고주와의 친분도 있다 보니 내 입장에서는 좀 난감한 상황이었다. 결론을 내려야만 했다. '결제를 차일피일 미루는 광고주와의 문제는 법의 도움을 받아야겠다. 쌓아온 관계가 아쉽지만, 지금까지 결제를 미루면서 변변한 변명조차 하지 않는다는 건 우리에 대한 예의를 지키지 않고 있다는 뜻이다. 담당 직원이 힘써주겠다고는 했지만, 그 말을 들은 지 이미 몇 주가 지났네. 그럼 쉽게 결제를 해주지 않겠군. 내일 법무사에게 전화해야겠다.' 이렇게 생각이 정리되었고, 속세에서의 문제가 해결되었다.

산에서 떠오른 아이디어들이 모두 기억에 남는 건 아니었다. 하산을 하고 나면 일부는 사라지고 일부는 남았다. 특히 거래처 관련 부분은 기억이 났지만 번뜩이는 아이템이나 카피, 디자인 시안 같은 건 다시 떠올리려 해도 잘 기억나지 않았다. 잃어버린 기억이 아쉬워질 즈음 방법을 찾아냈다. 글을 쓰는 것, 바로 그것이었다.

산은 자주 갈수록 나를 반기며 다양한 아이디어를 내어주었다. 특히 혼자 등산을 할 때면 더 많은 힐링과 생각을 하게 되어 더 많은 아이디어가 나왔다. 제안서의 수정사항이 번뜩하면서 머릿속에 떠올랐고, 카피는 카피라이터가 쓰는 거라며 쳐다보지도 않았는데 킬링 포인트가 있는 카피가 머릿속을 스치기도 했다.

처음 등산을 하기 시작할 무렵 탈모샴푸의 온라인 마케팅을 진행할 때 이런 일도 있었다. 세상에 탈모샴푸는 넘쳐났고, 다들 우리 건 다른 샴푸와 다르다고 말하고 있었다. 광고대행사 입장에서는 이 탈모샴푸가 세상 다른 탈모샴푸와 차별화되는 프리미엄 제품이란 것을 알려야 했다. 제품의 팩트는 17가지 한방성분이 들어가 있는데 다른 샴푸들보다 그 양이 많았다. 계면활성제를 많이 쓰지 않아서 거품이 잘 나지 않았다. 특이하게 거품을 내지 않고 샴푸액이 바로 머리에 닿아도 괜찮다고 했으며, 두피 마사지를 하고 팩처럼 머리에 얹어두는 과정이 있어야 탈모가 완화된다는 것이었다. 난감했다. 의약외품이고, 천연

유래성분이 들어가 있고, 3분간 마사지를 해야 하고, 계면활성제가 거의 들어 있지 않다는 것도 알려야 했고, 머리에 팩으로 얹어야 된다는 것도 알려야 했다. 알려야 할 정보가 너무 길다는 생각이 들었다.

상세페이지 시안을 만들 즈음이었다. 친구가 북한산을 가자고 해서 머리도 복잡하니 다녀오자는 생각에 또 한 번 북한산을 가게 되었다. 북한산성 쪽에서 백운대 방향으로 올라가다 보면 돌계단이 나오는데 누군가 조용히 "하나둘, 하나둘" 하고 구령을 붙였다. 계단을 오르기 힘이 드니 왼발에 하나, 오른발에 둘이라고 구령을 붙이며 올라가는 듯했다. 그 소리에 맞춰 나도 계단을 오르다가 아이디어가 번뜩 떠올랐다. '소비자들이 쉽게 접근할 수 있는 법칙을 만들어주자!'

산에서 내려와 샴푸회사 사장님께 연락을 드렸다. 계면활성제가 들어 있지 않아 다른 샴푸는 서너번 펌핑해야 나오는 천연유래성분들이 이 제품은 한 번만 펌핑해도 충분했으며, 두피마사지는 3분 정도, 팩은 최소 5분이었다.

광고에서는 '아이드마(AIDMA)'라는 법칙을 자주 사용한다. 소비자의 구매심리를 나타내는 법칙인데 바로 A(attention), I(interest), D(desire), M(memory), A(action)의 줄임말이다. 이 법칙은 고객이 광고를 주목할 때(attention) 흥미를 유발(interest)하고 욕구(desire)가 생기면 기억(memory)함으로써 구매하는 행동(action)으로 이어진다는 것이다.

고객이 제품을 기억하고 구입하게 하기 위한 방법으로 수많은 기업들이 이미지 광고를 하고 있다. 이미지 광고란 자사 제품의 인지도 향상을 위해 하나의 색을 입히는 작업이다. 한 커피 브랜드를 예로 들어 보자. 원빈이 모델로 나와 "난 너랑 달라."라는 강렬한 문구 하나로 일반 커피와 TOP를 구분해버렸다. 지속적으로 광고에 노출됨에 따라 소비자들은 서서히 커피를 캔커피와 TOP로 나눠서 구분해 인식하게 되고, 수많은 커피 중에서 하나의 색이 입혀진 TOP를 선택하는 사람들이 늘어나게 되는 것이다.

무수히 많은 탈모샴푸 중의 하나지만 이 제품만의 독특함을 찾아서 만들어낸 카피가 바로 '135법칙'이다. '1번 펌핑, 3분 마사지, 5분 기다리기.' 샴푸에 8분을 투자하는 것은 조금 길게 느껴지지만 샤워로 바꾸면 이야기는 달라진다. 1번 펌핑해서 3분간 머리 마사지 후 샤워하고 세수하고 양치하면 대체로 5분 이상이 지난다. 135법칙은 입에 딱 붙어서 탈모샴푸를 구매하는 이들에게 쉽게 기억되었다. 쉽게 기억되는 방법은 잘 잊히지 않고 사람들이 충실히 제품을 사용하게 했고, 많은 사람들이 탈모샴푸 중 135법칙을 사용하는 샴푸에 대해 알게 되었다.

한번은 분양 광고를 맡게 되었는데 도무지 콘셉트를 무엇으로 잡아야 할지 떠오르지가 않았다. 정부의 부동산 정책들로 부동산 시장은 얼어붙어 있는데 이 시국에 어떤 콘셉트를 어떻게 잡아야 할지 아이디어가 떠오르지 않았다. 그때 문득 기억은행 통장이 생각났다. 딱히 어떤 아이디어를 얻겠다는 생각보다는 무슨 생각을 했었는지, 어떤 산에서 어떤 생각을 했었는지, 일은 손에 안 잡히고 머리는 지끈지끈하니 리프레쉬 할 수 있지 않을까 하는 마음에 뒤적여봤다. 집 근처 산에 강아지랑 둘이 갔던 건지 산 이름이나 시간은 없었다. 내용은 지극히 개인적이라 좀 정화한 언어로 풀어보자면 다음과 같다.

강아지랑 둘이 올라갔는데 정상에 사람이 많아 앉아 쉴 수 있는 곳이 없었다. 강아지도 조금은 쉬어야 하는데 사람들이 많아서 눈치가 보였고, 등산길 아래쪽으로 한참을 내려가서 인적 없는 곳 흙바닥에 앉아서 강아지에게 물을 먹이고 나도 마셨다. 등산로를 한참 되돌아 내려가 흙바닥에 앉아야 하는 것도, 강아지에게 물 한 모금 맘 편히 못 먹이는 것도 짜증이 났는데 바람이 이마를 스쳤다. 아니, 이마를 탁 때린 것 같았다. 아무도 나와 강아지에게 눈치를 주지 않았을 거다. 정상까지 올라온 조그만 강아지가 장해서 쳐다봤겠지. 정상엔 앉을 자리가 없었으니 당연히 쉴 수 없다. 바닥에 앉으니 강아지랑 나란히 앉아서 쉴 수 있어 좋았다. 꼭 탁 트인 뷰를 봐야 하는 건 아니다. 나무숲을 보고 있으니 푸릇한 나무들이 아름다웠다. 이마를 바람이 한 대 치기 전까지 몰랐는데 행복했다.

그날의 기분이 떠오르며 바람이 불기 전까지 몰랐던 행복에 주목했다. 우리 콘셉트 제안은 '투자의 바람'으로 결정되었고, 이 콘셉트는 채택되었다.

CHAPTER 5

# 기억은행 글쓰기통장

우리는 삶의 모든 순간을 기억하지 못한다. 뇌를 무의식과 의식으로 나눈다면 적어도 의식의 순간들은 대부분 기억이 된다. 결국 기억은 내가 인지하는 삶의 모든 순간과 경험을 저장할 수 있는 은행이고, 경험은 돈이고, 글쓰기는 통장이다. 모든 경험을 다 기억할 수 없으니 글쓰기라는 통장을 만들어 언제 무엇을 보고 느끼고 경험했는지 기록해 둔다면 소중한 기억을 더 잘 살릴 수 있다. 2018년 10월 27일, 나는 기억은행의 통장을 개설했다.

글쓰기를 앞에서 언급한 아이드마 법칙에 적용해보면, 우리는 어떠한 일을 진행할 때(attention) 재미있고(interest), 아이디어가 떠올라서 이것을 저장하고 싶은 욕구(desire)가 생기면 그것을 기억(memory)하기 위해 글을 쓰는 것(action)이다.

우리가 기억하기 위해 글을 쓴다면, 기억이란 무엇일까? 경험한 것을 저장해두었다가 나중에 재생 또는 재구성하여 꺼내 보는 것이다.

기억의 과정은 기명, 보유, 재생, 재인 4단계로 나누어볼 수 있는데, 기명은 현재 일어난 일 중 인상적인 것만 기억하는 것을 말한다. 기명이란 특별히 인상적이었던 순간을 말하는데, 이것은 약간의 왜곡도 있다. 예를 들면 어릴 때 엄마 손을 잡고 갔던 할머니 댁이 매우 멀게 느껴졌지만 성인이 된 후 가보니 그렇게 멀지 않은 것과 같은 원리다.

기명은 능동적 기명과 수동적 기명으로 나뉜다. 능동적 기명은 자발적으로 암기하려고 하는 경우, 수동적 기명은 별다른 노력 없이 암기되는 경우다. 능동적 기명은 시간을 들여 알아보고 암기한 대중교통으로 북한산을 가는 버스노선이라고 한다면, 수동적 기명은 대부분의 사람들이 '산' 하면 자연스럽게 떠오르는 연관검색어인 '막걸리'다.

보유는 기명된 것이 필요할 때 언제든지 의식 위로 떠오를 수 있도록 축적된 상태다. 보유에는 강조화, 평판화, 단수화, 표준화가 있다. 강조화는 말 그대로 시간이 지나면서 기억된 것이 점차 강해지는 것이다. 평판화는 강조와 반대로 기명된 것이 점차 약해지는 것이다. 단순화는 길고 복잡했던 기명이 짧게 단순화되는 것이고, 표준화는 기명된 것이 이미 알고 있는 일상적 지식으로 변화하는 것이다.

예를 들면 내가 첫 산행에서 백운대 정상을 오르던 길의 공포는 보유의 강조화였으며, 점차 약해져 사라진 기억의 평판화는 산행 후 온몸의 근육통이었고, 단순화는 초행의 긴 산행 시간이 위에 적은 '가을에 맞는 오색의 산을 볼 수 있고'와 같이 짧게 표현된 것이고, 표준화는 등산을 하면 땀을 흘리고 운동이 된다는 지식으로 변한 것이다.

재생은 지금까지 보유된 기명이 어떤 사건이나 계기 등으로 인해 떠오르는 것을 말한다. 기명에 능동적 기명과 수동적 기명이 있듯이 재생에도 능동적인 부분과 수동적인 부분이 있다. 적극적으로 어떠한 부분을 떠올리려고 하는 것과 적극적 의도 없이 갑자기 떠오르는 경우가 그것이다. 능동적 재생은 시험 문제를 풀 때 떠오르지 않는 답안을 떠올리려고 할 때일 것이고, 수동적 재생은 애써 생각하지 않아도 매개체를 보면 해당 기억이 떠오르는 것, 즉 막걸리를 보면 산을 오르내리는 모습이 떠오르는 것을 말한다. 기명이 사진이라면 재생은 영상인 것이다.

마지막 재인은 나의 경험, 즉 기명이 확실히 내 것인지 인지하는 것을 말하는데 결국 재생이 되는지가 확인되면 그것을 자신의 경험으로 인지하는 것이다. 내가 2018년 10월 27일에 산에서 돌계단에 걸려 넘어진 기억(재생)이 있다면 이것은 확실한 나의 기억으로 재인되었다고 말할 수 있다.

여기서 주목해야 할 부분은 바로 기명과 보유다. 우리의 기명이 능동적으로 생성되어 보유의 단계로 넘어갔는데, 보유의 평판화로 소중한 아이디어가 사라진다면 얼마나 억울한 일이겠는가?

나는 기억은행에 통장을 개설한 사람이다. 산에서 떠오른 아이디어를 산에 묻어두고 돌아섰던 어리석은 시절은 지났다. 내가 떠올린 기명이 사라지지 않도록 은행 통장에 잘 적어두어야 한다. 나만 보는 내 통장에 내가 잘 보유하고 있다가 재생할 수 있는 소중한 기억들을 잘

남긴다면 흘려보내는 아까운 아이디어들을 잡아둘 수 있을 것이다. 본인의 통장은 남들에게 보여줄 것도 아니니 남들 좋다는 것 말고 본인 손에 맞는 것을 쓰는 게 제일 좋다.

등산을 다니면서 글을 썼기에 앱을 주로 이용했다. 등산 코스를 알려주는 앱들도 많고, 필기를 할 수 있는 다양한 앱들도 많이 나와 있다. 처음에는 사진만 봐도 대략적인 기억이 나서 사진만 찍고 글을 쓰지 않았다. 그러나 앞서 말했듯이 기억의 기명이란 부분은 왜곡이란 걸 하고 또 헷갈리기도 했다. 그래서 가장 기본인 노트앱에다가 한 줄씩 메모를 하곤 했다.

그다음은 에버노트를 추천받아 썼다. 에버노트를 켜고 사진을 찍고 밑에 간단히 한 줄 정도 썼다. 가장 좋아했던 방법은 하산 후 종이 수첩에 적는 것이었다. 특히 연필로 적으면 사각거리는 소리와 손에 느껴지는 감촉이 좋아서 가장 선호하는 방법이기도 했다. 핸드폰 사진을 보면서 종이에 써 내려가면 추가적인 아이디어가 떠오르기도 했다. 하지만 내려오고 난 뒤 종이에 쓰는 것은 시간을 일부러 내야 하는 귀찮음도 있었고, 내 경험과 아이디어의 상당 부분이 유실되는 단점이 있었다.

마지막으로 찾아낸 글쓰기통장은 네이버 메모장이다. 하산 후 집에 가는 지하철이나 버스에서 간단하게 메모를 한다. 산에서 얻은 이야기들은 때론 단어 하나이기도 하고, 때론 긴 산행일기가 나오기도 한다. 무엇보다 PC랑 연동되는 장점 때문에 PC로 한 번씩 열어보기 편하다.

통장을 개설하고 나면 한 번씩 확인하고 싶은 게 통장 잔고다. 한 번씩 메모장을 열어 적어놓은 아이디어나 과거에 써둔 글을 보면 밥 안 먹어도 배부르단 말이 무슨 말인지 알게 된다. 물론 메모장의 글을 읽어보면 부끄러워서 쥐구멍을 찾고 싶을 때도 있다. 하지만 '이때 어떻게 이런 생각을 했지?'라고 할 만한 신박한 아이디어에 무릎을 탁 칠 때도 있다.

산을 타는 취미 덕분에 글 쓰는 습관이 생기니, 불현듯 떠오른 아이디어를 흘려버리지 않아도 된다. 어디를 가든, 어떤 일을 하든 아이디어들을 버릇처럼 적게 된다. 회의할 때에도 메모를 잘 하는 편은 아니었는데 지금은 휴대폰을 켜거나 다이어리를 펴놓고 바로 작성하게 된다. 물론 휴대폰의 메모장을 사용하는 회의 자리에서는 꼭 휴대폰으로 메모 중이라고 미리 상대에게 양해를 구해야 회의 중 딴짓을 한다고 오해받지 않는다.

또 다른 좋은 점은 "내가 예전에는 아이디어 뱅크였는데 지금은 아이디어가 없어."라는 말을 하지 않아도 된다. 사실 우리는 아이디어가 무궁무진하고, 그것들을 메모장에 잘 적어두기만 하면 사람들이 "뭐 좋은 아이디어 없나?"라고 옆구리를 '쿡' 찌르면 메모장을 휘리릭 뒤져서 '탁' 하고 내놓을 수 있다. 이런 '쿡찌탁' 아이디어는 글쓰기통장을 개설한 사람 누구에게나 공짜다. 우리는 숨 쉬면서 살아가기만 한다면 누구나 가질 수 있는 '경험'이라는 마르지 않는 아이디어 샘물을 가지고 있기 때문이다.

CHAPTER 6

# 산에서 글 쓰는 클레어

오롯이 혼자만의 시간을 갖게 해준 산행이란 경험은 다양한 아이디어를 떠오르게 했다. 무릇 생각만 하는 건 누구나 할 수 있는 일이다. 그것을 기록하고 실체화하는 것이 어려운 일이다. 혼자만의 시간을 갖고 무언가가 떠오르면 그게 무엇이든 메모장에 적었다. 때론 단어, 때론 문장, 때론 한 장의 긴 글이 나오기도 한다. 내 삶의 기록이 되기도 하고, 일의 아이디어가 되기도 하고, 생각의 정리가 되기도 한다. 때론 아이드마 법칙과 같이 내 기억에 각인시키기 위해 글을 쓰기도 했다. 능동적 기면을 사용하여 기억하고 싶은 부분은 항상 존재했다. 그리고 그럴 때 아이드마 법칙처럼 즐거운 그 순간을 기억하기 위한 욕구가 생기면 글로 옮겼다. 산을 타며 피톤치드를 마시는 순간이기도 하고, 안개 낀 등산로가 예쁠 때이기도 했다. 이렇게 소중하게 쌓아둔 글들은 기억의 저편으로 사라져가던 추억을 소환했다.

설악산은 신기한 인연들을 만나게 해준 기억이 있다. 공룡능선 산행길에 맞은편 코스에서 올라오는 사람들 중 낯익은 얼굴을 발견했다. 스쳐 지나간 뒤 설마 하는 마음에 뒤돌아보니 그들도 뒤돌아 나를 보고 있었다. 오랜만에 보게 된 친구들이었다. 마주친 우연이 재미있다고 안전산행 하라며 헤어졌고, 내가 SNS에 올린 능선의 사진을 보고 서로 안부만 묻던 후배는 자신도 같은 날 같은 코스로 산을 탔다며 중간에 마주치지 않았을까 이야기하며 신기해하기도 했다. 1년 365일 중 어느 한 날에 아는 사람과 설악이라는 커다란 산을 타다 우연히 만나는 일이 쉽게 생기는 일은 아니지 않을까? 이 일은 설악산을 떠올릴 때마다 수동적 기면으로 우연히 만난 그들이 떠오를 것이고, 아주 오랜 시간이 지나면 내가 썼던 글을 보면서 재미있었던 한때로 추억될 것이다.

산에 적은 양의 물을 가지고 가서 힘들었던 기억은 다음 산행 때 충분한 양의 식수와 수분 많은 과일을 챙기게 해주었다. 한라산을 처음 갔을 때 나와 일행은 물이 얼마나 필요한지 몰랐다. 우리는 물을 500밀리리터 한 개만 준비했다. 여덟 시간의 등산에 물이 얼마나 필요한지도, 대피소에서 물을 팔지 않는다는 것도 몰랐다. 또 성판악 코스는 주차 공간이 협소해서 늦게 가면 주차가 안 되어 국제대학 주차장에 차를 세워두고 버스를 타고 올라가야 한다는 것도 몰랐다. 메모장에 기록해두니 굳이 찾아보지 않아도 한번 썼던 기억 때문인지 더 생생하게 떠올라 다른 이들의 산행에 조언을 해줄 수 있기도 했다.

글쓰기란 나와 평생 인연이 없는 미지의 세계였다. 글쓰기를 업으로 삼고 살아가는 사람들도 많지만 굳이 나도 그럴 필요가 있는가 싶었던 시절을 지나고, 광고주의 말 한마디 거절하지 못하던 시절 '등산'이라는 즐거운 취미를 만났다. 산은 나에게 건강한 몸과 마음, 긍정적인 시야, 자연에 대한 경이로움을 선사해주었고, 이러한 경험을 글로 쓰고 싶다는 마음이 들게 해주었다. 그뿐일까? 번뜩이는 아이디어를 내어주고, 생각을 정리할 수 있는 공간을 내어주고, 글감까지 내어주는 산을 어떻게 사랑하지 않을 수 있을까? 그리고 이렇게 사랑하는 산을 어떻게 글로 남기지 않을 수 있을까?

시작은 글이라면 손사래부터 치던, 평생 글 쓸 일 없을 것 같던 글쓰기 고자였다. 그러나 잘 만난 광고주 덕에 산을 알고 그것을 기억하고 싶어 글을 썼다. 산을 다니며 자연으로부터 오는 밝고 긍정적인 에너지를 받으니 나도, 내 주변도 서서히 변화하기 시작했다. 먼저 그동안 용기 내지 못했던 퇴사를 하고 내가 좋아하는 일을 마음껏 하기로 했다. 물론 좋아하는 일은 광고였다. 나만의 광고회사를 창업하고 회사 운영을 내 방식대로 하다 보니 직원으로 일할 때보다 성격이 점점 밝아졌다. 그러다 보니 자연스럽게 주변은 온통 밝고 긍정적인 사람들로 채워졌다. 열심히 일하고 주말엔 등산을 다니니 내 글은 점점 늘어났고, 이렇게 짧게 단어로 시작했던 글들은 어느새 긴 문장이 되었고, 긴 문장은 어느새 글이 되었다.

나의 글은 광고회사에서 일하면서 습득한 지식을 이제 막 창업하는 이들과 나누기 위한 '1인 광고대행사 창업'에 대한 신간으로 곧 출간될 예정이다. 그리고 창업을 꿈꾸는 이들이 평생의 아이템을 찾아가는 여정을 도와줄 창업 아카데미를 설립하게 되었다.

작은 메모에서 시작하여 작가의 반열에 오르고 1인 광고대행사 창업 아카데미 원장이 되다니, 글의 힘은 참으로 놀랍지 않은가? 오늘도 나는 풍부한 글감이 넘쳐나고 마르지 않는 아이디어가 샘솟는 산으로 간다. 이번 산에서는 어떤 재미있는 경험을 하고 어떤 글을 쓰게 될지 기대가 된다.

## 장명진

웹소설 작가
브런치 작가

글을 쓰기 위해 머리를 감싸는 내 모습은 변태스럽다.

오늘도 책상에 앉는다.
떠오르는 생각에 키보드는 불이 난다.

얼마나 지났을까?
키보드는 차갑게 식어 있고
자리에는 내가 없다.

다른 수가 없다.
다시 책상에 앉을 뿐.

# 9
# 글 못 쓰는 생각 변태

CHAPTER 1

# 산책로에 출현한 생각 변태

나는 글 못 쓰는 생각 변태다. 생각 변태라고 하면 '무슨 말이지?' 할 수 있겠다. 누구나 이해하도록 풀어보면 '생각만 하는 변태'라고 말하고 싶다. 나는 생각이 많아 늘 엉킨 실타래가 머릿속에 있다. 하루는 실타래를 풀고 싶어 실타래가 풀리는 상상을 하며 머리카락 하나를 뽑은 적이 있다. 뽑고 나서 느꼈다. 역시 괜히 뽑았다.

나를 '생각만 하는 변태'라고 정의 내린 건 몇 년 전이었다. 나는 평소 걷기를 좋아한다. 특히 아무 생각 없이 걷기를 좋아한다. 그러나 실상 아무 생각 없이 걸었던 적은 없었다. 그날도 마찬가지였다. 아무 생각 없이 걷기를 시작했지만 결국 생각에 빠져 걷던 중 내 입에서 제법 큰 소리가 터져 나왔다. "와! 나는 생각 변태구나!"

걷던 곳은 집 근처의 천이 흐르는 산책로였다. 선선한 바람이 불어 제법 산책하기 좋은 저녁시간이라 사람이 좀 있었다. 내가 육성으로 내뱉은 소리를 들은 사람들의 이상한 눈초리가 당시에는 느껴지지 않았다. 나만의 생각에 빠져 있었기 때문이었다. 사람들의 눈초리를 느낀 건 걷기를 마치고 집에 와서였다. '내가 그때 왜 그랬지?'

당연한 이야기지만 나에게 눈길을 주는 사람은 집에 없지만 내가 느끼기엔 그들의 시선이 집까지 따라와 나를 쳐다보는 듯했다. 소위 말하는 쪽팔림이 집에 와서 느껴진 것이었다. 쪽팔림은 잠자리에 드는 순간까지 따라왔다. 결국 나는 이불킥을 시전하고야 말았다.

그 쪽팔림이 나에게서 떠난 건 그날 밤 꿈을 꾼 뒤였다. 그날 잠자리에서 무슨 꿈을 꾸었는지 기억은 나지 않지만 묘한 감정은 아로새겨져 있다. 그 묘한 감정은 예전이나 지금이나 말과 글로 설명하기 애매하다. 그래서 나의 목표 중 하나는 묘한 감정을 말과 글로 표현하여 사람들이 그걸 봤을 때 이해하게 하는 것이다. 그것을 위해 나는 노력 중이다. 쓸데없다고 할 수도 있다. 하지만 비단 나만이 이런 것은 아닐 거라 생각했기 때문일지도 모른다.

CHAPTER 2

# 꿈꾸는 생각 변태

나는 꿈을 자주 꾸는 편이다. 여기서 '자주'라는 표현을 쓴 건 다른 사람보다 꿈꾸는 횟수가 많기 때문이다. 사람은 꿈을 꾸지만 기억을 잘 못 한다는 연구 결과가 있다고 한다. 이 결과에 따르면 나는 다른 사람보다 꿈을 잘 기억하는 편이겠다. 이렇게 자주 꿈을 꾸다 보니 하루는 '꿈을 꾸는 특별한 계기가 있는 걸까? 어떨 때 꿈을 꾸는 걸까?' 하고 궁금증이 생겼다. 그래서 꿈을 꾼 날을 체크해봤다.

한 달을 체크해본 결과, 매일매일 꾼 적도 있고 보통 일주일에 서너 번인 걸 알 수 있었다. 이제 하루를 쭉 관찰하기 시작했다. '꿈을 꾼 날은 다른 날과는 무언가 다르지 않을까?'라는 생각에서였다. 처음에는 도무지 감을 잡지 못했다. '이런 걸 왜 하고 있나?'라는 생각도 들었다. 그러다 어느 날 꿈을 꾼 날은 유달리 생각이 많았음을 알게 되었다. 생각이 유독 많았던 날은 어김없이 꿈을 꾸는 것이었다. 이런 발견이 별거 아닐 수도 있지만 나에게는 특별했다.

누구나 특별한 경험은 잘 기억한다. 내 경우에는 꿈이 그렇다. 현실에 없는 경험을 할 수 있기 때문이다. 생각이 많았던 날 꿈을 꾼다는 사실을 안 이후, 나는 아침에 일어나면 꿈을 기억나는 대로 메모하기 시작했다. 왠지 모르게 꿈이 자신을 기억해주길 바라는 것 같았기 때문이었다.

하루는 너무 꿈이 생생해 하루를 망친 날이 있었다. 하루를 망치게 한 원흉인 그 꿈은 플라스틱을 먹는 꿈이었다. 플라스틱을 먹으면서 시각, 촉각, 미각, 청각, 후각이 느껴졌다. 혀에서 느껴지는 이상한 맛, 아그작 소리, 미끈거리는 감촉, 쌓여 있는 플라스틱, 플라스틱 특유의 냄새까지……. 순간 속이 매스꺼워 잠에서 깼다. 그리고 화장실에 후다닥 달려갔다. 있지도 않은 배 속의 플라스틱이 넘어올 것 같은 기분이 들어서였다. 당연하지만 내 배 속에는 플라스틱이 없었다. 그럼에도 속이 매스꺼운 건 생생한 꿈의 기억이 나를 잡아먹었기 때문이라고 생각한다. 이날 하루 종일 속이 매스꺼워 밥을 먹지 못했다. 밥에서 플라스틱 맛이 느껴졌다. 이 경험을 혼자만 알기에는 뭔가 아쉽다는 생각이 들었다. 친구에게 블라블라 이야기했더니 씩 웃으며 한마디를 했다. "너, 좀 변태 같다?"

서로 마음속에 있는 이야기도 하는 친구라 자칫 오해를 살 만한 변태라는 말은 신경 쓰지 않았다. 하지만 이상하게 변태라는 단어가 내 머릿속을 맴돌았다. 그 결과 산책로에서 육성으로 터진 말이 "와! 나는 생각 변태구나!"였던 것이었다. 나라는 사람을 정의하게 해준 건 친구의 '변태'라는 말이었다.

CHAPTER 3

# 만남은 사소함으로 시작된다

내 기억으론 생각은 언제나 곁에 있었지만 곁에 있다는 걸 인지한 건 중학교 때였다. 마치 신경 쓰지 않았던 이성이 언제부턴가 신경 쓰여 힐끔힐끔 쳐다보는 것과 같다고 할까. 시작은 친구가 읽고 있는 '판타지 소설'을 나에게 읽어보라고 권유한 때부터였다. 장르소설 광이었던 친구는 판타지, 무협, SF, 로맨스 등 가리지도 않고 읽었다. 우연히 그 친구의 권유로 책에 빠져 들었고 인간의 상상하는 힘은 놀랍다는 걸 알게 되었다.

그때 뭐가 그리 재밌었는지 학교 수업시간에 몰래 읽고, 집에서 읽고, 걸어 다니면서 읽었다. 당시 집 근처에는 책 대여점이 참으로 많았다. 나를 이쪽 세계(?)로 안내해준 친구와 자주 대여점에 드나들었는데 돈이 없던 우리는 "1권은 나, 2권은 네가 빌려." 하면서 알뜰살뜰 책을 빌렸다. 보통 친구들은 돈이 생기면 매점에서 빵을 사 먹곤 했지만 나는 돈이 생기면 대여점에 바쳤다.

첫 시작은 판타지 소설이었지만, 고등학생이 되어서 읽은 책들은 지금의 내가 생각해봐도 의외였다. 인문학이라는 분야조차 몰랐던 나는 읽고 있는 책이 인문학 책인지도 몰랐고, 《바람과 함께 사라지다》와 같은 책은 단순히 제목이 멋있다는 이유로 읽었다. 당시 내 수준으로는 이해하기 힘든 책들이었다. 그럼에도 불구하고 꿋꿋하게 마지막까지 읽었다. 지금 읽으라고 하면 선뜻 읽기 힘들 텐데, 그때는 무슨 생각으로 책을 읽었을까?

"친구 따라 강남 간다."는 말이 있는데, 나는 친구 따라 책에 입문한 것이었다. 친구는 계속 장르문학을 읽었지만 나는 좀 달랐다. 그 계기는 집 근처에 도서관이 생긴 뒤부터였다. 대여점에는 판타지, 무협, 만화책밖에 없었는데 도서관에는 정말 많은 책이 있었다. 대여점 말고도 이렇게 많은 책이 있다는 사실이 충격이었다.

그렇게 도서관에서 다양한 책을 읽으며 생각을 키워나갔다. 아, 생각을 키워나갔다고 하면 잘못된 표현이 되겠다. 나는 생각을 키운 적이 없기 때문이다. 생각은 알아서 잘 자라줬다. 다만 내가 컨트롤할 수 없을 뿐.

CHAPTER 4

# 생각 녀석은 가만히 있으면 큰일 나는 줄 안다

생각을 글로 쓴 첫 경험은 고2 때였다. 학교 백일장으로 기억한다. 그 전주부터 선생님은 서울대공원에서 백일장이 있을 거라고 말씀하셨지만 나는 5월이라 그냥 놀러 가나보다 생각했다. 백일장 당일에 달랑 한 문장 쓰고 제출한 다음, 어디 놀러 갈까 하는 이야기로 친구들과 낄낄거렸던 기억이 아직도 생생하다.

백일장이 있었던 날, 서울대공원에 모인 학생들은 선생님 말씀을 듣는 둥 마는 둥 했다. 백일장을 위해 받은 종이에는 '안녕하세요' 한 문장을 쓰고 백일장의 두 시간을 친구들과 농담 따먹기 하며 보냈다. 선선한 바람이 불어도 5월은 더웠다. 물을 많이 마셔 화장실에 갔는데 뒤편으로 산책로가 보였다. 화장실을 다녀온 뒤, 땀이나 식힐 겸 서울대공원 산책로를 혼자 걷기 시작했다. 그러다 문득 어떤 문구가 떠올랐다. 걷다 보면 생각이 많아지는 버릇이 발동한 것이었다.

걸으면서 생각이 많아진 건 언제부터였을까? 걷기를 따로 시간 내서 시작한 건 엄마 때문이었다. 엄마가 걷기를 좋아하는 편이셔서 어릴 때부터 따라나선 게 시작이었다. 그렇게 시작한 걷기가 정점을 찍은 건 고1 때였다. 당시 고등학교는 집에서 대중교통으로만 40분 거리였다. 무슨 생각이 들었는지 모르겠지만 대중교통 40분 거리를 걷기 시작했다. 등굣길을 걸었을 때 걸리는 시간 한 시간 30분, 왕복으로는 세 시간이었다. 왜 걷기 시작했는지는 지금 생각해도 이유를 잘 모르겠다.

지금 생각해보면 내 의지가 아니라 생각 녀석이 나를 조종한 게 아닐까 싶다. 그 이유는 내가 세 시간 동안 무엇을 하며 걸었는지를 보면 알 수 있다. 핸드폰도 없었다. 있었다고 해도 시간 때우기에는 도움이 되지 않았다. 왜냐하면 011, 018, 019 등의 번호가 있던 시절이었으니까. 구닥다리 핸드폰으로 시간을 보내는 건 한계가 있다. 수중에 있는 거라고는 가방에 있는 책이 전부였다. 도서관에서 빌린 몇 권의 책. 중학교 때부터 걸으며 책을 읽는 버릇이 있던 나는 책으로 왕복 세 시간을 보냈을까? 아니었다. 책은 학교 수업시간에 몰래 읽는 용도였다. 나와 세 시간 동안 함께한 건 생각이었다. 나와 생각은 일정한 방식으로 밀당을 했다. 어떤 한 문장 또는 견해를 생각 녀석이 나에게 던지면 나는 생각 녀석과 주거니 받거니 했다.

"오늘은 이거에 대해 이야기해보자."

"이게 더 재밌는 거 같은데?"

눈치 챘겠지만 결국 혼잣말이다. 괜히 길을 걷다 혼자서 "와! 나는 생각 변태구나!" 했던 게 아니었다. 다 이런 훈련(?)이 있었기에 가능했던 것이었다. 지금도 여전히 혼자 있든, 여럿이 있든, 혼자서 궁시렁거리는 건 이때 만들어진 버릇이다. 그렇게 나는 왕복 세 시간이라는 등굣길을 생각과 함께 대략 1년간 함께했다.

그때 생각과 함께했던 걸 메모했으면 어땠을까? 모든 게 미숙했다. 생각도, 나도. 생각은 그리 똑똑한 녀석이 아니다. 했던 이야기 또 하고, 또 하는 걸 보면 말이다. 결국 내가 똑똑하지 못했던 거지만. 지금 돌이켜보면 지나간 생각이 아쉽다. 만약 메모를 했다면 그 메모를 다시 볼 때 부끄러워 버렸을지도 모르겠다. 하지만 지금은 조금 다르게 생각한다. 그때 생각과 나누었던 이야기는 부끄럽지 않다. 지금의 내가 글을 쓸 수 있게 용기를 줬기 때문이다.

그 시간이, 백일장 날 더워서 산책했던 서울대공원 산책길에 어떤 문구를 떠올리게 한 것이었다. 그 문구는 '새하얀 도화지에 사람은 무엇을 채워 넣으며 사는 걸까?'였다. 내가 이 문구를 지금도 기억하는 이유가 있다. 이때 쓴 글을 지금도 가지고 있기 때문이다. 한 번씩 책장을 정리하다가 책장 한편에 모셔둔 이 글을 꼭 본다. 처음에는 책장에 이 글이 있는지도 몰랐다. 발견했을 때에는 '이게 뭐지?' 하면서 '버릴까?' 생각했다. 너무 부끄러웠기 때문이다. 그래도 버리기에는 아깝다는 생각이 들어 '다시 눈에 띄지 말아라' 하면서 책장 깊숙이 숨겼지만 재밌는 건 책장을 정리할 때면 항상 발견되었다.

그렇게 생각난 문구를 가지고 백일장에서 열심히 적었다. 나중에는 받은 용지가 모자라 추가로 용지를 받아서 적었다. 친구들은 같이 낄낄거리던 내가 갑자기 집중해서 글을 쓰니 황당하게 쳐다봤다. 결국 제한시간 두 시간을 꽉꽉 채워 맨 마지막에 쓴 글을 제출했다. 뿌듯했다. 무언가 글을 적어본 건 초등학교 일기 이후 처음이라 뿌듯했다. 그렇게 뿌듯함을 남겼건만 백일장에 대한 기억은 금세 잊혀졌다.

하루는 종례시간에 백일장에서 전체 2등을 했다는 선생님의 말씀을 들었다. 기분이 좋기도 하련만 그렇지 않았다. 애초에 백지로 제출한 녀석들이 많았기 때문이었다. 그렇게 생각을 글로 쓴 첫 경험은 그냥저냥 특별할 것 없는 경험으로 끝났다.

가끔 이런 생각을 할 때가 있다. 만약 백일장 경험 이후 '내가 글에 재능이 있나?'라고 한 번이라도 생각해봤더라면, 또는 누군가 나에게 '너는 글쓰기에 재능이 있구나?'라고 말했더라면 어땠을까? 내가 재능이 있다는 걸 발견했을까, 아니면 재능은 없지만 가야 할 길을 발견했을까? 하지만 지금이어서 다행이고, 지금이어서 글을 쓸 준비가 되었으며, 지금이어서 글을 쓸 자신감을 얻었다. 공부는 열심히 한 적 없고 책을 읽으면 변태처럼 생각에 빠지는 나는 이제야 글을 쓸 준비가 되었다.

CHAPTER 5

# 누구나 변태다

어째서 나는 변태라는 단어에 꽂혔을까? 보통 우리가 쓰고 있는 변태라는 단어에는 두 가지 의미가 있다. 하나는 정상이 아님을 뜻하고, 다른 하나는 곤충이 성충으로 변하는 과정을 뜻한다. 전자는 부정적 의미로 흔히 잘못된 인식을 가지고 있는 사람을 말하며, 후자는 긍정적 의미로 과거의 허물을 벗고 달라진 모습을 뜻한다.

재밌는 건 변태라는 단어를 앞서 언급했던 두 가지와 다른 형태로 쓰는 경우다. 한 분야에 집착을 한다든지, 또는 한 분야를 디테일하게 잘 아는 등의 경우다.

야구에서는 타자가 '이런 공을 친다고?'라는 말이 나올 정도로 치기 힘든 공을 치는 경우나 굳이 칠 필요 없는 공을 칠 때가 있다. 이런 경우에 '변태 타자'라고 부른다고 한다. 이처럼 각 분야마다 '이 정도까지?', '그 정도까지 한다고?' 같은 반응을 불러일으키는 사람이 종종 있는데 우리는 이런 사람을 그 분야의 '변태'라고 칭한다. 이를 좋게 받아들이는 사람이 있는 반면, 싫어하는 사람도 있다. 보통은 싫어하는 게 일반적이겠지만 나는 왠지 모르게 '변태'라 불리는 게 나쁘지 않았다. 그래서 친구가 나를 '변태'라고 불렀을 때에도 거부감이 없었던 게 아닐까? 만약 다른 사람이 나에게 '변태 같다'고 해도 나는 거부감이 없었을까? 아마도 별 거부감이 없지 않을까 한다. 변태는 당연히 그래야 하기 때문이다.

나의 변태스러움은 언제부터 시작된 걸까? 내 기억으로는 초등학교 때였던 걸로 기억한다. 사실 나는 내 기억을 신뢰하지 않는 편이다. 기억은 자신이 언제나 기억하고 싶은 것만 기억하기 때문이다. 내 기억을 신뢰하지 못하게 된 사건이 있었다. 한번은 엄마랑 마트로 장을 보러 갔었다. 엄마가 잡곡을 사신다며 쌀 코너로 가시더니 병아리콩을 카트에 담으시는 게 아닌가? 나는 쉐프였던 지인에게 병아리콩이 정말 맛있다는 이야기를 들은 적이 있는데 기회가 되면 꼭 먹어봐야겠다고 생각하던 중이었다.

"병아리콩이 그렇게 맛있다던데 엄마도 알아? 먹어보고 싶었는데 잘됐네."

"얘는 뭔 소리 하는 거야. 집에서 밥에 넣어 먹는 게 병아리콩이잖아. 예전에 이건 무슨 콩이냐고 물어봐서 병아리콩이라고 했는데 기억 안 나니?"

무슨 소리일까? 내가 병아리콩을 매일 먹는 사람이라고? 알고 보니 나는 매일 밥에 병아리콩을 넣어서 먹는 가정의 자식이었다. 그 뒤로 나는 내 기억을 믿지 않는 편이다. 그래서 나 혼자만의 기억보다 다른 누군가와 기억을 공유했을 때 그 기억이 일치한다면 믿는 편이다. 하지만 변태스러움이 시작됐다고 생각하는 초등학교 때의 기억은 믿을 만하다. 왜냐하면 집에 초등학교 때의 결과물이 남아 있기 때문이다. 집에 있는 결과물은 종이접기다. 어떤 계기로 시작했는지는 잘 모르겠다. 아마 '종이접기 아저씨' 때문이 아닐까 싶다. 초등학교 때 내가 접할 수 있는 매체는 책과 TV가 전부였기 때문에 '종이접기 아저씨'가 영향을 준 게 맞을 듯싶다.

용돈 한두 푼 꼬박꼬박 모아 산 책은 종이접기 책이었고, 방학 때마다 자율숙제로 제출한 건 종이접기로 만든 것이었다. 그리고 방과 후 활동은 종이접기부였을 정도로 꽤나 열정적이었다. 지금도 집에는 그때 만들었던 종이접기 작품을 액자에 넣어 방에 걸어두고 있다. 한번은 만들었던 종이접기 작품을 선생님께 보여드린 적이 있다. 선생님은 그것을 교실 뒤편에 며칠간 배치하셨는데 그때 다른 반 친구들이 보게 되어 전교에서 종이접기를 잘하는 어린이로 통하게 되었다.

계속할 것 같았던 종이접기는 초등학교 이후로 그만두었다. 방에 걸려 있는 종이접기 액자를 보며 '그땐 그랬지.' 하면서 과거 회상 정도로 생각하고 있을 뿐이다. '글 못 쓰는 생각 변태'로 불리기를 원하는 나는 이때의 기억을 자주 떠올리며 글을 쓰고 있다. 왜냐하면 '이때만큼 순수하게 무언가에 집중하며 열과 성의를 다한 적이 있는가?'라는 질문을 나에게 던지고 답을 해본다면 답은 '없다'이다. 물론 열과 성의를 다

한 적은 있지만 포인트는 '순수하게'다. 이 이야기는 변태스러움과 관련된 이야기는 아니다. 그냥 한 어린이가 작은 재능을 보였던……. 뭐, 그런 이야기다. 그리고 비단 나만 그런 건 아니란 생각이 문득 든다.

CHAPTER 6

# 생각의 불만을 꿈이 알고 있었다

내가 남들과 다르다고 느낀 건 앞에서 언급했던 '꿈'이다. 나는 플라스틱 먹는 꿈을 꾸고 그 감각이 현실에 나타나 속이 매스꺼울 정도로 꿈의 생동감을 느낀다.

꿈을 꾸기 시작한 건 고등학교 때부터였다. 이상하게 높은 곳에서 떨어지는 꿈을 자주 꿨다. 보통 꿈이라 하면 현실에서 잘 일어나지 않는 일이 많다고 하는데, 나는 유독 현실에서 잘 일어나지 않는 일 정도가 아니라 현실과 아예 관련이 없는 꿈을 꿨다. 마치 소설 속에서나 나올 법한 일들 말이다.

한번은 대성통곡을 하는 꿈을 꾼 적이 있는데 그 소리에 내가 놀라 잠에서 깨니 베갯잇이 흠뻑 젖어 있었다. 사춘기 때에는 이런 꿈을 꾼다는 게 창피하고 부끄러운 일이었다. 사소한 감정도 부끄럽다고 생각한 시기였다. 지금은, 부끄럽더라도 주변에 말하는 편이다. 분명 꿈은 생각 녀석과 관련이 있을 듯한데 정확히는 모르겠다. 문득 이런 생각이 들었다. 생각이 불만을 품고 있다는 걸 알려주기 위해 꿈이 나에게 알려주는 건 아닐까? 생각이 자신을 돌봐주지 않으니 삐진 것이 분명했다. 생각이 왜 삐졌는지는 잘 모르겠다. 속 시원하게 말해주면 좋으련만, 도무지 무엇을 말하고 싶은지 알 길이 없다. 그래도 괜찮다. 생각을 잘 달래줄 자신이 있기 때문이다. 우선 나를 마주하는 용기부터 시작하기로 한다.

처음에는 생각이 나를 괴롭히는 줄 알았다. 하지만 생각은 나를 더 다양한 세계로 이끌어주었고, 더 나은 나를 만들어주고 있다. 이제 보답을 하려고 한다. 나를 이끌어준 생각에 대한 보답. 내가 무엇을 하고 싶어 하는지 알게 해주었고 결심하게 해준 것에 대한 보답. 글을 쓰겠다고 결심하니 생각 녀석이 요동쳤다. 그렇게 해주기를 바라왔던 것처럼. 생각은 머리에 서식하는 줄 알았는데 아닌가 보다. 마음에 서식하는 게 분명하다. 생각 녀석이 요동칠 때 마음이 두근거린 것을 보면 생각의 서식지는 마음이 확실하다. 내가 생각하는 글쓰기의 시작은 '나를 마주하는 것'이다. 결국 생각이 원하는 건 이것이었다.

CHAPTER 7

# 생각 변태의 글은 형편없다

글을 쓰기로 결심했다. '그러면 무슨 글을 써야 하나?'라는 질문을 나에게 해보았다. 일기를 써야 하나? 아니야, 일기는 아니야. 나는 내 글을 다른 사람이 봐주었으면 좋겠어. 일기는 나만 보는 성향이 강해서 아닌 것 같아. 에세이를 써야 할까? 아니야, 나는 생각은 많지만 공감 있는 글을 쓰기는 힘들어. 시도 아니고……. 그렇다면 남는 건 소설뿐이구나. 소설 중에서 내가 가장 많이 읽었던 소설은 판타지이니 판타지가 좋지 않을까? 하지만 단순하게 판타지를 많이 읽었다고 해서 내가 글을 잘 쓸 거라 생각하지 않았다. 정보가 필요했다.

인터넷에는 워낙에 많은 정보가 있기 때문에 정보의 허와 실을 구분할 필요가 있었다. 실제로 생각보다 많은 정보가 있었고, 나는 그 정보를 토대로 나를 판단하기 시작했다. 글을 써본 경험은 어릴 때 일기, 고등학교 때 쓴 백일장뿐이었다. 가지고 있는 건 언제나 정리되지 않은 생각뿐이었다. 이 정도만으로 글을 쓸 수 있을까?

찾아보니 나처럼 글을 쓰고 싶어 하는 사람들이 많았다. 저마다 사연은 다르지만 말이다. 돈을 벌고 싶어서인 사람도 있었고 글이 좋아서, 글을 쓰는 게 행복해서인 사람도 있었다. 나는 내가 글을 좋아한다기보다 생각 녀석이 원했기 때문에 글을 쓰고자 결심했는데 내가 과연 잘할 수 있는 걸까? 이왕이면 글로 돈을 벌고 싶었다. 점점 내가 무엇을 써야 하는지 답이 나오기 시작했다. 웹소설을 써야겠다는 결론이 나왔다. 비교적 진입장벽이 낮고 돈을 벌 수 있는 장르는 웹소설뿐이었다.

이런 이야기가 있다. '웹소설에서 성공하려면 엉덩이를 오래 붙이고 있어야 한다.' 엉덩이 힘에서 글이 나온다는 이야기다. 정말 그런 걸까? 오래 앉아 있기만 하면 글이 잘 써지는 걸까? 생각 변태를 자처하는 나는 언제나 반대인 상황도 생각했다. 생각에 생각을 거듭한 결과, 오래 앉아 있는다고 글이 잘 써지지는 않는다는 결론을 내렸다. 결론을 내리게 한 책이 한 권 있다. 바로 오쓰카 에이지의 《이야기 체조》라는 책이었다.

이 책에 따르면 '이야기'를 모국어처럼 하는 사람과 외국어처럼 하는 사람이 있다고 한다. 신선한 충격이었다. 타고난 재능에 대한 것을 말하는 게 아닐까 생각했다. 배우지 않아도 피아노를 본능처럼 치는 사람처럼, 배우지 않아도 스포츠에 재능을 보이는 사람처럼 말이다. 그럼 나는 이야기를 모국어처럼 사용하는 걸까, 아니면 외국어처럼 사용하는 걸까? 아무 글이나 한번 쓰려고 하니 '커서는 몇 번 깜빡이는 걸까?' 하는 잡념만 들었다. 나에게 이야기는 외국어인 걸까? 책을 계속 읽어보니 중요한 건 이야기를 모국어처럼 사용하건, 외국어처럼 사용하건 각자 이야기를 쓰는 방식이 있다는 것이었다. 그러면서 생각 녀석을 쿡 찌르자 녀석이 주저리주저리 떠들기 시작했다.

나라는 사람을 멀리서 바라보니 이야기를 외국어처럼 사용하는 듯하다. 앞으로 웹소설에만 그치지 않고 책을 출간하고 싶다. 그러려면 내 이야기에 메시지가 담겨 있어야 한다. 그 메시지가 누군가에게 도움이 된다면 성공한 글이 아닐까? 혼자만의 힘으로는 불가능하다. 무협지를 보면 사부와 제자가 있는데 왜 현실에서는 혼자 하려고 하는 걸까? 그럴 필요가 전혀 없다. 내 글이 똥인지, 된장인지 구분해줄 사람이 필요하다.

결국 배워야겠다는 생각을 하게 되었다. 내 마음을 알기라도 하는 듯 웹소설 강좌들이 많이 보이기 시작했다. 하나씩 살펴보니 정말 끌리는 강좌들이 많았다. 그리고 커리큘럼은 결제를 부르게 했다. 정말 이대로만 하면 억대 연봉의 작가가 될 수 있는 걸까? 다소 자극적이었다. 내가 원하는 바를 정확히 알고 있는 강좌에 점점 끌려 결제를 하려던 찰나에 책을 한 권 읽었다. 간다 마사노리의《비상식적 성공 법칙》이라는 책이었다. 일본의 마케팅 컨설턴트 간다 마사노리의 책으로 상식적으로 생각해온 기존의 성공 법칙을 비트는 내용이었다.

책에 보면 이런 이야기가 있다. '성공한 사람 중 자신이 왜 성공했는지조차 모르는 사람이 많다.' 머리가 트이는 기분이었다. 그 뒤로 나는 웹소설 강좌를 쳐다보지 않게 되었다. 웹소설 강의를 하는 강사들을 비판하는 게 아니냐고 생각할 수 있다. 아무것도 모르는 초보자가 비판할 자격이 있겠는가? 강사들도 자신만의 노하우로 수강생이 잘되길 바라며 강의하는 것인데 말이다. 다만 문제는 자극적인 제목으로 사람을 혹하게 만드는 마케팅일 뿐이다. 빠른 성공을 위한다면, 그러니까 웹소설로 단기간에 돈을 벌려면 성공 공식을 알려주는 강좌를 듣고 엉덩이를 의자에 딱 붙이고 앉아서 일단 써야 한다. 그리고 웹소설 선배들에게 피드백을 요청하며 수정하는 게 가장 빠른 성공의 길이다. 나는 그렇게 하고 싶었다. 하지만 생각 녀석이 원치 않았다.

생각은 훈련이 필요하다고 생각했다. 자신을 훈련시켜주길 원했다. 애초에 돈을 벌려고 했던 글쓰기가 아니라고 말했지만 나는 돈을 원했다. 생각과 나의 타협은 빠르게 이루어졌다. 훈련이 필요하다는 점을 인정했다. 하지만 현실을 살아감에 있어 돈은 무척이나 중요하다. 웹소설을 준비하는 사람들이 꼭 돈 때문에 쓰는 건 아니지 않은가? 돈을 벌 수 있는 수단은 무궁무진하다. 예전에 양말 노점을 하면서 느껴봤다. 잘만 하면 월 1,000도 충분하다는 것을 경험했다. 내 글을 누군가 읽었을 때의 짜릿함, 글을 읽고 위로가 되었다는 그 한마디면 충분하지 않나? 그리고 내가 만든 세계를 만들 때의 몰입감, 이것은 웹소설을 쓰려는 또 다른 이유다.

나는 생각을 훈련시켜주기로 결정했다. 그리고 내가 원하는 것을 같이 하기로 결정했다. 그러면서 하나의 가설을 세웠다.

'모든 현상은 연결되어 있다. 엉뚱하다고 생각될지도 모른다. 하지만 모든 게 연결되어 있기에 전혀 엉뚱하지 않다고 생각한다. 주인공을 만드는 작가라면 적어도 나라는 주인공을 잘 알아야만 한다. 멀리 돌아갈지도 모르지만 이 가설이 잘 이루어진다면 가장 빨리 가는 지름길일 것이다. 그러니 글 말고도 다른 것 또한 배우고 익혀야 한다.'

정리가 되었고 실행은 빠르게 진행했다. 무협지로 보자면 사부를 찾는 느낌이랄까. 사부를 찾기는 쉽지 않았다. 나는 실력이 중요하다고 생각했지만 생각 녀석은 아니었다. 사부의 철학을 더 중요시했다. 생각은 까다로운 녀석이 분명하다. 그러니 변태가 확실하다.

결국 어렵게 시작했다. 그만큼 돈이 들었다. 내 가설을 입증하려면 그래야 했다. 아직도 불안하다. 내 가설이 무너질까 봐. 무너지면 어떻게 될까? 돈은 돈대로 날리고 남는 건 없겠지. 실패한 작가 도장이 이마에 찍히는 건 아닐까? 애초에 작가도 아닌데 실패한 작가라니, 웃기는 이야기다.

나는 불안한 와중에도 이렇게 생각한다. '내가 원했던 길을 찾았고 내가 생각한 가설의 결과가 당장 나오지는 않지만 이것이 가장 빠른 지름길이다.'라고 글 못 쓰는 생각 변태는 이제 막 글을 쓰기로 결심했다. 그리고 현재 열심히 내 가설을 입증하고 있는 중이다. 대단한 작가가 되고 싶다는 욕심은 없다. 다만 나라는 주인공을 잘 알고 싶을 뿐이다.

CHAPTER 8

# 생각 변태들은 마땅히 모여야 한다, 그래야만 한다

아무리 생각해도 생각 녀석은 변태가 확실하다. 나를 묘하게 괴롭히기 때문이다. 그리고 집착이 있다. 더 나은 나를 만들어주려는 집착. 그리고 변태라 불리기를 은근히 즐기는 듯하다. 이제 나는 생각과 마찬가지로 변태로 불리기를 즐기려고 한다.

끊임없는 생각의 집착, 그 시작은 언제나 나로부터 출발했다. 나는 지금까지 생각을 키워줬다고 생각했지만 실은 아니었다. 생각이 나를 키워주고 있었다. 글을 쓰기로 결심한 건 생각의 결심인 줄 알았지만 아니었다. 생각은 방향을 제시했을 뿐 결정하는 건 나였다. 생각은 나를 지지해주는 녀석이었다. 내가 흔들리지 않게 끊임없이 나에게 질문을 해주었다. 더 나은 내가 될 수 있도록 끊임없이 괴롭혔다. 내가 괴롭힌 줄 알았건만 사실 내가 괴롭힘을 당하고 있었다. 괴롭히길 좋아하는 생각은 역시나 변태가 확실하다. 그리고 괴롭힘을 즐기는 나 또한 역시 변태가 확실하다.

앞으로 분명 웹소설 시장은 더 커질 것이다. 그리고 장르문학 시장도 커질 것이다. 그에 따른 2차 산업도 커질 것이다. 앞으로 이런 시장에서 살아남으려면 어떻게 해야 할까? '나라는 주인공을 잘 알아야 살아남을 수 있다.'라는 게 나의 생각이다. 글을 쓰는 작가는 주인공을 만들고 시련을 겪으며 성장하게 한다. 하지만 정작 나라는 주인공은 어떤 시련을 겪으며 성장하고 있는지 답을 해볼 필요가 있다. 나라는 주인공은 현재 시련 중에 있다. 주인공은 언제나 시련 뒤에 큰 성장이 온다. 먼치킨이면 좋겠지만 나는 먼치킨이 아니기에 시련을 담담하게 받아들일 뿐이다.

글 못 쓰는 생각 변태를 자처한 나는 유충이 성충이 되듯 변태를 꿈꾼다. 글 못 쓰는 생각 변태에서 글 쓰는 생각 변태로 말이다. 나와 같은 사람이 비단 나뿐이랴! 숨어 있는 생각 변태들이 수면 위로 올라왔으면 좋겠다. 분명 어디선가 머리를 붙잡고 끙끙거릴 것이 분명하다. 하지만 함께한다면 엉킨 실타래가 금세 풀릴 것이다. 풀리고 나면 다시 엉킬 것이다. 엉키고 풀리기가 반복되겠지만 상관없다! 그 정도면 이미 그 과정을 즐기는 변태가 되어 있을 테니까! 나는 이 과정을 충분히 즐기게 되었을 때 어떤 모습으로 성장할지 기대된다.

앞으로 생각 녀석이 나를 어떻게 괴롭히면서 이끌지는 잘 모르겠다. 내가 컨트롤할 수 있는 녀석이 아니기 때문이다. 게다가 언제 또 삐질지 모른다. 그래서 가끔 귀찮을 때가 있다. 그래도 아무것도 모르고, 아무것도 없고, 배운 것도 없는 나를 여기까지 끌고 와준 생각에게 감사할 따름이다. 자신의 마음속 두려움을 모른 척하지만 결국 받아들이고, 모든 시련을 이겨내며 성장하는 주인공. 그런 주인공의 힘을 믿는 나는 글 못 쓰는 생각 변태다.

## 신선엽

GIL학습심리연구소 대표
《맨투맨 보카》 시리즈 저자
클래스유 파트너 강사
다키맘스쿨 학장
대한민국 1호 마음언어통역사
청소년 예술치료사, 인지행동 심리상담사
㈜한국비즈니스협회 글쓰기학회 부회장

엄마와 아이 사이에 소통의 다리가 되어주고 싶은 사람.

상처는 사랑의 그림자다.
사랑할수록 상처의 흔적도 굵 깊다.
아이를 바라보는 엄마의 마음 하나만 바꿔도
포화 소리가 귀를 찢던 전쟁을 끝낼 수 있다.
이제 엄마는 아이와 함께
꽃들이 피어나는 초원 위를 나란히 걸어가는 꿈을 꾼다.
안도의 숨을 내쉬며 맞잡은 손을 다시 꼭 쥐어본다.

"우리가 같이 있어서 정말 다행이다."

# 10
# 진심 장착 피터팬 선생

CHAPTER 1

# 자신을 찾아가는 길

"저하고는 상담이 어려우실 것 같네요. 다른 분을 찾아보시는 게 좋겠습니다."

"네? 왜……? 그럼 전 어떡해요?"

심리상담 3회기 차에 나를 자기애적 성격장애라고 진단했던 선생님에게서 거절을 당했다. 30대 후반, 나이만 먹고 내면은 여전히 어린아이로 남은 피터팬증후군의 나는 존재감을 오로지 일에서만 찾는 일중독자가 되어 있었다. 세상 사람들이 무서웠고, 혼자 있을 때에는 우울과 허무만 남았다.

빈껍데기만 남은 느낌으로 생활이 만신창이였던 상황에서 상담 선생님은 마지막 지푸라기였다. 눈 속을 헤치고 오느라 고생했다며 나만을 위한 따뜻한 차와 털 슬리퍼를 준비해주는 분이었다. 그때까지 변변한 대접이라곤 받아본 적 없는 나로서는 눈물이 날 정도로 고마운 일이었다. 이해받는 것에 매번 실패한 상처투성이였던 내가 완전히 신뢰하고 의존할 수 있을 거라는 기대를 갖게 하는 사람이었다. 그래서 선생님의 이별 통보가 엄마에게 버려지는 것 같은 상실과 두려움으로 다가왔다. 나는 어디로 가야 할지 몰라 겁에 질린 아이처럼 울었다. 기나긴 원망과 서러움의 시간이 지나고 나서야 비로소 나는 현실을 받아들일 수 있게 되었다. 하지만 또다시 상처를 반복하고 싶지 않았다.

'이제 나 스스로 방법을 찾아야 한다.'

혼자서 일반적인 심리학 이론서를 공부하는 것만으로 될 일이 아니었다. 좀 더 전문적인 정신분석 강의를 들어야만 했다. 정신분석 교수님은 강의 시간에 이론 수업만 하지 않으셨다. 정신분석학자들의 이론을 배울 때마다 토론과 발표를 하게 하고 자신에게 적용하게 하셨다. 다시는 보고 싶지 않아 무의식에 꽁꽁 묻어둔 부정적인 감정들을 파헤쳐서 일일이 확인하고 소화하는 과정의 연속이었다. 생각보다 훨씬 힘겹고 외로운 일이었다. 자기 차례가 되어 발표를 하다 보면 영락없이 눈물을 쏟아내게 되었다. 나도 몰랐던 나와 마주하게 되는 수업은 깊은 성찰을 경험하게 하는 시간이었다.

이 시절 나는 손에서 펜을 놓을 수 없었다. 꼬리에 꼬리를 무는 생각들은 적어놓지 않으면 어느새 다시 풍덩 사라져버렸다. 그래서 무의식의 심연을 파헤쳐 끌어올려진 것들은 모두 글로 기록하고 정리해야만 했다. 꿈도 분석의 중요가 단서가 된다. 꿈이란 녀석 역시 연기처럼 날아가버리는 게 특기이니 잠에서 깨자마자 기억나는 장면들을 적어놓아야 했다. 내 머리맡에 항상 수첩과 펜이 놓여 있었던 이유다.

자기 분석은 가감 없이 솔직하고 숨김없이 적나라하게 적어보는 것에서 시작된다. 나중에 새로운 선생님과 상담을 다시 시작할 때도 자신에 대해 알게 된 것을 글로 정리하는 일은 필수였다. 2년간 나와의 대화가 한 장, 한 장 쌓일 때마다 과거의 나는 서서히 죽고 새로운 사람의 형태가 만들어져갔다. 내가 잡은 펜 끝에는 언제나 새로운 내가 기다리고 있었다. 그렇게 글쓰기는 나 자신을 찾아가는 여정에, 길을 내고 안내하는 중요한 러셀(등산할 때 선두에 서서 눈길을 만들면서 전진하는 것)이 되어주었다.

CHAPTER 2

# 비밀의 문을 가진 아이

어릴 적, 아이는 책만 봤다. 하지만 이건 기특한 일도, 칭찬받을 일도 아니었다. 책은 아이에게 도피처에 불과했기 때문이다.

마치 요즘 아이들의 게임 중독과 비슷하다. 아이를 둘러싼 환경은 매일매일 삶을 조여왔지만 그걸 바꿀 능력도, 방법도 아이에겐 없었다. 현실에서 도망가는 유일한 방법은 책이었다. 세계명작동화 100권을 대여섯 번씩 읽었다. 책 속에 파묻혀 있을 때면 원래 책 속에는 등장하지 않는 주인공의 친구가 되어 함께 모험을 떠나곤 했다. 친구들과 놀이터에서 뛰어놀기도 했지만 마음속 깊은 이야기는 구름과 개미에게만 했다. 구름 아저씨와 개미 친구들은 언제나 아이의 이야기에 귀를 기울여주고 고개를 끄덕여주었다. 그러다 어느 날 아이는 시를 쓰기 시작했다. 조그마한 수첩에 짧은 시들을 빼곡히 적어서 가지고 다녔다.

초등학교 2학년 때 썼던 '인형'이라는 제목의 시는 이렇게 시작된다.

"이건 내 인형이다……." 웃음이 날 만큼 순수하다. 게다가 엉뚱하게도 세종대왕과 집현전 학자들에게 도전장을 내미는 일을 시도한다. 자신만의 문자를 만들고 싶어 상형문자 같은 글자를 새로 만들었다. 아무도 알아볼 수 없는 글자로 글을 쓴다는 것 자체가 아이에게 날개를 달아주는 일이었다. 글자를 알아보는 사람이 없으니 자유롭고 평화롭게 어떤 글이나 쓸 수 있었다. 그 문자로 한동안 일기와 글을 썼고, 나중에는 비밀을 공유하는 친한 친구와 둘만의 글자로 편지를 주고받는 은밀한 이중생활을 향유했다.

아이는 숙제로 내준 그림일기나 독후감보다는 자유로운 글쓰기를 더 좋아했다. 아이는 자신만의 글쓰기를 즐기고 있었고, 창작활동은 주로 집 꼭대기에 있는 다락방에서 이루어졌다. 하루에도 몇 시간씩 그곳에 틀어박혀 사물과 이야기하며 책을 읽고, 글을 끄적거리다 잠이 들곤 했다. 너무나 바쁘고 힘든 가족의 관심을 받지 못했던 아이는 그렇게 자기만의 세계를 키워가고 있었다. 글은 아이에게 완벽한 도피처가 되어주었다.

밤늦게까지 책만 보는 딸이 걱정스러워 매일 저녁 엄마는 일찍 자라며 잔소리를 하셨다. 아이는 부모님들이 잠들 때까지 기다렸다가 미리 준비해놓은 커다란 후레쉬(랜턴)를 꺼냈다. 한밤중에 다락방에 가려면 부모님 방 앞을 지나가야 해서 들킬 위험이 있었다. 그래서 생각해낸 방법이 자신의 방에서 빛이 새어나가지 않게 두꺼운 이불을 푹 뒤집어쓰고 랜턴을 켜는 것이었다. 책을 펴고 엎드린 이불 속은 아늑하고 랜던 불빛은 따뜻했다. 한참 지나 숨이 막히면 한 번씩 이불을 살짝 들춰서 공기가 들어오게 하면 되었다. 아이만의 세상으로 들어가는 문이 다시 열리는 시간이 온 것이다.

CHAPTER 3

# 턱까지 차오른 사춘기

여러 가지 사정으로 조숙했던 터라 중학생이 되면서 아이들과 어울려 노는 일에 더 이상 흥미가 느껴지지 않았다. 대신 혼자 생각에 잠기고 그림을 그리며 생각을 글로 쓰는 시간이 늘었다. 생각은 심연으로 가라앉은 것처럼 무겁고 우울했다. 몽환적이고 안개가 낮게 드리워진 이미지들과 생각들이 머릿속을 가득 채웠다. 그런 생각들은 말로 표현할 수도 없었고, 설령 표현한다고 해도 이해받을 수 있는 것들이 아니었다. 그래서 그 시절 내 삶을 가득 채운 비밀을 간직한 일기가 만들어졌다. 그 일기장을 숨기기 위해 갖가지 치밀함이 발동되었다. 나의 역사를 숨겨주기 위해 다락방에 있었던 오래된 물건들의 노고에 감사한다.

나와 비밀을 공유했던 까만색 봉숭아 씨앗들과 지붕 위 빨간색 기와 그리고 정말 열심히 살았던 개미 친구들이 다시 그리워진다. 학교에서 선생님들은 나의 존재도 잘 몰랐다. 앞에 나서는 것도, 발표를 하는 것도 모두 불편한, 눈에 띄지 않게 투명인간처럼 살고 싶었던 때다. 가끔

하교시간 직전에 화장실에 숨어 있다가 모두 집에 가고 아무도 없을 때 나오곤 했다. 나는 거대한 공간에 자연의 소리 외에 어떤 잡음도 나지 않는 고요한 운동장을 특별히 좋아했다. 운동장 스탠드 계단에 앉아 한참 글을 쓰다가 정문이 아닌 산길로 집에 가는 게 너무나 행복했다.

그 시절 나는 살기 위해, 정확히 말하자면 상처받지 않기 위해 예민함을 세워야만 했다. 다른 사람들이 눈치 채지 못하는 사이 내 머리 위에 한껏 치솟은 레이더의 성능은 나날이 좋아져갔다. 어느 날 그 레이더에 한 아이가 걸려들었다.

중학교 1학년, 변변한 학원이 없던 시절이라 명문대학생에게 그룹과외를 받는 것이 일반적이었다. 어느 날 새로운 아이가 합류하기로 했는데 집이 가깝다는 이유로 내가 그 아이를 선생님 집으로 데려오게 되었다. 사춘기인 데다 몽상가가 된 덕에 낯가림이 더 심해진 나는 그 아이의 집 앞에서 초인종을 누르지 못하고 한참을 서성였다. 겨우 용기를 내어 벨을 누르자 아이가 나왔다. 까까머리인데도 얼굴에서 광채가 났다. 처음 보는 나를 환한 미소로 반기며 대문을 열고 나오는 순간 그 아이에게 넘겨져버린 내 마음은 다시 돌아오지 않았다.

멀찌감치 떨어져 선생님 집까지 가는 내내 가슴이 쿵쾅거리는 소리가 밖으로 들릴까 봐 노심초사했던 기억이 아직도 생생하다. 그날 이후 내 일기장은 하이틴 로맨스 소설의 첫 장으로 바뀌었다. 지금 생각해보면 내 인생의 한 페이지를 시련으로 장식한 인연의 끈을 먼저 잡은 사람은 나다. 아마 그전부터 내 무의식의 레이더는 그런 대상을 찾고 있었는지도 모른다.

눈부신 웃음과 오뚝한 코에 긴 다리는 로맨스 소설의 주인공으로 손색이 없었다. 친절하고 착한 성품의 아이는 겉으로 너무 밝고 어려움이 없어 보였다. 하지만 소설의 전개가 늘 그러하듯 우리 둘은 언제 휩쓸고 지나갈지 모르는 태풍의 한가운데 서 있었다. 그 후로 7년 동안 우리는 친구였다. 친구로서 누구보다도 그 아이의 아픔을 가슴으로 함께했다. 세 번의 자살 시도 그리고 홀로서기까지.

처음 자살 시도 후 병원에서는 마음의 준비를 하라고 했었다. 갓 고등학생이 된 때였다. 하지만 아이는 기적적으로 살아났다. 병원에서는 후유증으로 시력을 잃을 수도 있다고 했다. 의사의 말을 듣는 순간 나는 평생 그 아이의 눈이 되어주겠다고 결심했었다. 진짜로 눈이 보이지 않았다. 내가 문병을 가면 목소리만 듣고 팔을 휘적거리며 반겨주곤 했다. 하지만 기적은 두 번이나 일어났다. 시력이 조금씩 회복되기 시작한 것이다. 그렇게 그 아이는 살아났다. 그 긴 시간 동안 나는 하이틴 로맨스 소설의 여주인공이었고, 내 일기장은 드라마 시나리오 뺨치는 내용으로 가득 채워져갔다.

이렇게 나의 사춘기를 시작으로 학창 시절 내 인생 최대의 집필 기간을 지나게 된다. 주로 소설이나 판타지 쪽에 흥미가 있었던 아이는 이제 더 이상 이불을 뒤집어쓰고 몰래 숨지 않아도 되었다. 나는 특히 옥상과 다락에서 글 쓰는 것을 좋아했다. 따뜻한 햇볕 아래 살랑거리는 바람을 맞으며 난간에 걸터앉아 다리를 흔들거리면서 글을 쓰는 맛은 해보지 않고는 모른다. 다락방 창문에서 건물들을 내려다보며 하늘과 땅의 중간쯤 어딘가에 있는 기분도 느껴보라고 말해주고 싶다.

성장하는 것은 몇 차례 기다란 터널을 지나는 것과 같다. 빛 한 줄기가 없어 어둠에 익숙해질 때까지 기다렸다 더듬더듬 가야 하는 터널 말이다. 어두운 터널 같았던 사춘기에 글쓰기가 없었더라면 아마 나는 터널을 나올 생각조차 하지 못하고 영원히 그 자리에 주저앉아 있었을지도 모른다. 어쩌다 용기를 내어 터널을 빠져나갈 결심을 하더라도 어두움이 주는 공포와 끝 모를 길이를 한 걸음, 한 걸음 확인하며 가야 하는 외로움을 버틸 수 없었을 것이다. 그 어둡고 긴 터널을 지날 수 있도록 매번 발걸음을 떼어주고 언제 지나왔는지 모르게 통과하게 해주었던 것이 글쓰기였다. 온 우주에 나 혼자라는 생각이 턱까지 차올랐던 사춘기 소녀에게는 더욱 그랬다.

CHAPTER 4

# 남겨진 빵 부스러기

이번 방학 특강에도 어김없이 쉬는 날 없이 하루 열네 시간의 시간표가 배정되었다. 점심시간 한 시간을 제외하고 하루에 두 시간짜리 일곱 타임의 수업을 해야 한다. 내 수업은 항상 1타로 마감되었다. 미처 신청을 하지 못한 엄마들이 학원 대표에게 돈봉투를 들이밀 정도로 인기가 있었다. 말을 너무 많이 해서 마지막 수업을 시작할 때쯤이면 슬슬 턱과 양 볼이 아파왔다. 하지만 아이들의 웃음과 격한 반응을 보기 위해 나는 칠판 앞에서 매 순간 무대 앞에 선 광대가 되었다. 서커스가 끝나고 난 뒤 화장대 앞에 앉아 분장을 지우는 광대처럼 마지막 수업이 끝나고 나면 어김없이 허무함이 밀려왔다. 돈은 많이 벌었지만 그것을 쓸 시간과 여유가 없었다. 몸이 망가져가는 걸 알았지만 인정욕구밖에 남지 않은 영어 강사는 그렇게 워커홀릭의 늪에 빠져들어가고 있었다.

겉으로 보기에 좋아 보이는 대인관계도 당사자에게는 곤혹 자체였다. 어찌 보면 그건 관심을 받기 위한 관종으로서의 시간이었다고 말할 수 있다. 완벽주의가 만든 강박과 결벽증상들이 매 순간 나를 괴롭혔고, 나 자신이 아닌 타인들을 위해서 사는 삶의 연속이었다. 다른 사람들이 보기에 거의 완벽한 삶을 사는 것처럼 보이는 영어 강사는 내적으로 매일매일 지옥에서 소리치고 있었다. 집에서 합법적으로 나올 수 있는 방법으로 선택한 결혼은 마치 더 큰 감옥으로 이송되는 순간 올려보게 되는 하늘처럼 잠깐의 자유만을 스치듯 보여주고 사라졌다. 남편은 정말 좋은 사람이었지만, 그것과 상관없이 나 자신이 바뀌지 않은 채로 현재 상황만을 벗어나려는 시도는 또 다른 회피일 뿐이라는 걸 나중에야 알았다. 감옥은 종류만 바뀌었을 뿐 달라지는 것이 없었다. 오히려 독방에 갇힌 기분이었다. 나는 여전히 포기하지 못하고 다시 자유를 꿈꾸게 되었다.

수술은 다섯 시간이나 걸렸고 입원을 45일이나 해야 했다. 기형인 신장에 자리 잡은 돌은 일반 파쇄 의술로는 어림없었다. 병원에 입원해서야 처음으로 쉬게 되었다. 마취가 잘 깨지 않는 체질이어서 수술 후 다시 깨어나지 못할 것만 같은 공포가 엄습해왔다. 수술대 위에서 벗어놓은 슬리퍼를 보며 '내가 다시 저걸 신을 수 있을까?'라는 생각에 하염없이 눈물을 흘렸다. 다행히 수술은 잘되었지만 퇴원하고 나니 다르게 살고 싶어졌다. 이대로 죽는다면 너무 억울해서 눈을 못 감을 것 같았다.

'나의 문제가 무엇일까?', '과연 어디부터 잘못된 것일까?'라는 질문에서부터 시작했다. 생각해보니 식당에 가서 먹고 싶은 음식 하나 정하지 못해 다른 사람들 눈치 보기 바쁘고, 혼자 어디를 가본 적도 없었다. 책을 볼 시간도, 글을 쓸 시간도 없었다. 뜨거운 태양 아래 비 한 방울 내리지 않아 쩍쩍 갈라진 땅 틈새에 피어 있는 들풀처럼 내 내면은 타 들어가고 있는 걸 모르고 있었다. 내 영혼의 샘물 같은 글쓰기가 어느새 흔적도 없이 사라져버린 것이다. 원래 존재하지도 않았던 것처럼…….

도움이 필요했다. 상담실을 찾아 주저하는 발걸음을 뗐지만, 나의 첫 번째 상담자는 어렵게 찾아간 나를 밀어냈다. 상담자와 나 사이에 애착 관계인 친구가 계속 개입하고 있어서 상담을 진행할 수 없는 상황이었다. 그래서 다른 방법으로 찾아낸 것이 정신분석 공부다. 온갖 방어기제들을 사용하는 나의 모습을 객관적으로 보고, 다른 사람의 상황들을 들으며, 직접 분석과 간접 경험들을 쌓아갔다. 이때 참 많은 글들을 썼다. 조금 과장하면 신들린 것처럼 글을 썼다. 어디에 숨어 있다가 나온 것인지 모를 글들이 봇물처럼 쏟아져 나왔다. 대부분 논문 형식의 글이었지만, 써놓고 다시 읽으면 과연 이게 내가 쓴 글이 맞나 싶을 정도로 경이로웠다. 동시에 나에 대한 연구보고서도 다시 쓰기 시작했다.

나의 행동, 생각, 꿈의 내용까지 하나도 놓치지 않고 분석했다. 차라리 죽는 것이 편하겠다는 생각이 들 정도로 힘든 과정이었다. 오만상을 찡그리며 무의식의 땅속에서 겨우 파놓은 정체 모를 덩어리는 오래

되어 형체를 알아보기 힘들 뿐 아니라 변형되고 왜곡되어 역한 냄새가 나는 듯했다. 나의 무의식이 겁을 내고 있었다. 더 이상 자신을 보여주고 싶지 않아 발버둥을 치는 것같이 느껴졌다. 분석이 진행될수록 죽고 싶다는 강한 욕망이 올라왔다. 신기하게도 그럴 때에는 숨을 안 쉬고 있는 것이 더 편하고, 반대로 숨을 쉬는 것이 더 고통스러웠다.

그때 구세주처럼 내 인생의 은인이 나타난다. 나보다 어리지만 깊이 있고 단호한 상담자를 만나게 된 것이다. 그로부터 거의 2년 동안 내가 쓴 보고서는 100여 장을 훌쩍 넘겼다. 상담자는 일관성 있게 공감해주고 내가 세상에 나가서 싸울 수 있도록 지지도 많이 해주었다. 겁이 날 때 뒤를 돌아보면 항상 그 자리에 있었다. 상담 선생님과 상담을 종결하는 순간은 아직도 가슴에 벅차오름으로 남아 있다. 우리는 일상적인 평범한 이야기를 나누며 밥을 먹었다. 그리고 그날 이후 투사와 전이 그리고 모든 공격성을 다 받아준 나의 슈퍼바이저는 자신의 역할을 마치고 내 인생에서 연기처럼 사라졌다.

다시 태어난 듯 인생을 살고 있는 나는 여전히 무의식의 상흔을 가지고 있다. 하지만 확실한 것은 그건 더 이상 상처가 아닌 흔적일 뿐이라는 것이다. 이제 나는 혼자 영화 보고 여행 가는 것을 즐기는 호불호가 강한 캐릭터로 살고 있다. 여전히 전투적으로 살지만, 내 존재를 확인받기 위해 살지 않는다. 그리고 다시 글을 쓰고 있다. 누구에게 보여주기 위한 글이 아닌 '신선엽 사용법'의 페이지 수를 늘려가는 중이다. 이제껏 내가 걸어온 길을 돌아보면 헨젤과 그레텔이 흘리고 간 빵 부스러기 같은 것들이 남아 있다. 동화 속의 아이들이 행복한 집으로 다시 돌아가기 위해 빵 부스러기를 남긴 것처럼, 나도 자신을 있는 그대로 사랑했던 근원으로 돌아가기 위해 글이라는 빵 부스러기들을 남기고 있었던 것이다.

CHAPTER 5

# 인간 실험

10월의 어느 날, 여느 때처럼 늦은 시간에 수업이 끝나 정류장에서 버스를 기다리고 있었다. 그때 어떤 남자가 다가와 말을 걸었다. "실례합니다. 부탁 하나만 드려도 될까요?" 고개를 들어보니 은테 안경을 쓰고 말끔한 양복을 입은 선하게 생긴 남자가 서 있었다. 딱한 사정을 들은 나는 남자 대신 전화를 걸어주기 위해 전화 부스 안으로 들어갔다. 내가 들어간 후 좁디좁은 부스 안으로 그가 들어오며 문을 닫는 순간, 머릿속 필름이 엄청난 속도로 돌기 시작했다. '뭔가, 이상하다.' 하지만 비명이라도 질러 이상한 낌새를 알아차렸다는 것을 상대가 알게 되면 사건이 급속도로 빠르게 진행될 거라는 것을 직감적으로 알 수 있었다. 그의 주머니에서 날이 선 칼이 나왔다. 실제로는 분명 짧은 순간이었을 텐데 이상하리만치 길게 느껴졌다. 바로 그 순간, 공중전화 부스 밖에 누군가 와서 섰다. 나는 기회를 놓치지 않고 나가기를 시도했다. 빨리 그곳을 빠져나가야 한다는 생각밖에 들지 않았다.

당시는 인신매매나 불법 장기매매 사건이 심심치 않게 터지던 때라 만약 잡혀갔더라면 어떤 실험대상이 되었을지도 모를 일이었다. 납치 미수 사건 이후 밤에 혼자 퇴근하는 것이 겁이 났다. 한동안 친구와 함께 다녔다. 그런 일도 있고 지치기도 하여 아이들을 가르치는 일을 안 하려고 했다. 인정을 받기 위해 아이들을 가르치던 미성숙의 시간들이 더 이상 의미가 없었다. 그래서 커피 전문점을 냈는데 처음에는 개인적인 신경을 모두 끄고 커피만 만들면 되는 일이 편했다.

감정 노동 필요 없이 단순히 주문한 음료를 만들어주기만 하면 되는 일이었으니 원 없이 노래 듣고 책 보고 커피 마시며 인생의 휴식 같은 시간을 보냈다. 한 일 년쯤 되니 편하긴 한데 무료했다. 정리하고 수학 학원에 상담 실장으로 취직도 했었다. 강의를 하지 않으려고 이력을 숨겼다. 인포메이션 데스크에서 엄마들 상담도 하고 차량 기사 아저씨와 시간도 맞추고 시간표도 조정하는 일이었다. 원래 그랬듯 금방 아이들과 친해져서 데스크 주변에 쉬는 시간마다 아이들이 몇 명씩 붙어 있곤 했다. 그런데 얼마 가지 않아 개 버릇 남 못 준다고, 아이들의 영어 질문을 받더니 급기야 강의실로 데리고 가서 개인 수업을 해주고 있는 내 모습을 보고, 요즘 아이들 말로 '현타'가 왔다. 뼛속까지 선생이라는 사실을 인정하지 않을 수 없었다.

오랜 기간 단과, 종합, 기숙학원까지 다양하게 근무하면서 아이들의 성적을 올리기 위해 별 방법을 다 써봤다. 결과적으로 단기에 성적을 올리는 게 가능해졌지만, 문제는 그다음이었다. 아이들의 마음이 움직이지 않으면 성적이 잘 나와도 그때뿐이었다. 공부의 주도권이 아이에게 있지 않으면 돈과 시간을 아무리 쏟아부어도 밑 빠진 독에 물 붓기와 같다. 기숙 학원에서 근무할 때에는 한 학생이 이층침대 시트를 엮어서 창문으로 탈출하는 위험천만한 일까지 있었다. 엄마가 아무리 강제로 아이를 끌어다 앉혀봐야 스프링처럼 반동 작용만 더 커지는 악순환이 반복되었다.

아이들을 다루는 거창한 기술이 있지 않을까 찾아보고 적용해보는 일을 수도 없이 했다. 그런 과정에서 아이를 대하는 엄마의 태도, 그리고 아이와 엄마의 관계가 어떤 결과를 낳는지에 대한 데이터가 꾸준히 쌓이게 되었다. 강의 한 기간만큼 자료는 점점 눈덩이처럼 불어나 빅데이터의 모양을 갖추게 된 것이다. 요즘은 사람을 대상으로 연구하는 논문을 쓰려면 인간존엄성에 대한 인증 절차인 생명윤리위원회(IRB)의 심의를 통과해야 한다. 그래서 하고 싶어도 쉽지 않은데 나는 직업특성상 자연스럽게 결과물을 얻을 수 있었다. 그렇게 한 우물을 파 내려가 결국에는 시원한 생수 같은 해답을 얻게 되었다. 그리고 비로소 아이들을 있는 그대로 보는 것이 가능해졌다.

학습은 정서적 안정감의 역할이 크다. 엄마와 소통이 잘되어 솔직하게 자기 의사와 감정을 표현하는 아이는 심리적으로 불안감이 적은 상태가 된다. 한정된 에너지를 사용해야 하는 아이에게 불안이나 불만은 공부나 다른 활동에 사용해야 할 에너지를 빼앗아가는 역할을 할 뿐이다. 그렇게 되면 아이는 본능적으로 방어하거나 스트레스를 해결하는

데 에너지 대부분을 사용하게 된다. 결국 조금 남아 있는 에너지로 학습을 하니 좋은 결과를 기대할 수 없다. 결과가 좋지 않으니 아이는 점점 더 불안해지고 의욕이 떨어져 흥미를 잃기 쉽다. 열심히 하지 않아도 결심하고 계획한 것을 지키지 못해 자책하지 않아도 공부를 잘할 수 있다. 심리적 걸림돌을 제거하는 일만 해주어도 결과가 좋아진다.

성적 때문에 엄마가 잔소리를 하거나 아이와 다투는 일은 전혀 도움이 되지 않는다. 이 악순환의 고리를 엄마가 과감히 잘라야 한다. 무엇인가를 잘라내는 데에는 용기와 결단이 필요하다. 다른 사람의 아이와 내 아이를 비교하지 말고, 다른 사람 말에 휘둘리지 않으며 씩씩하게 일관성을 유지하는 용감한 엄마를 곁에서 보는 아이는 든든한 지원군을 뒤에 둔 것처럼 살아갈 수 있다.

나는 지금 글을 쓰고 있다. 아이를 경쟁에 밀어 넣지 않고도 자존감이 높은 행복한 아이로 키울 수 있는 방법을 나누기 위해서다. 내가 쓰는 글 속에는 어른들이 가지고 있는 고정관념이나 판단의 안경을 벗고 아이를 있는 그대로 바라보길 바라는 마음이 담겨 있다. 아이와 불필요한 전쟁을 끝내고 서로의 든든한 지지자가 되어 평화롭고 감사하게 지내는 방법을 연구한 결과물이다. 엄마와 아이는 서로 상처 대신 지지와 사랑을 줄 수 있는 관계다. 이런 내용은 말보다 글로 전할 때 파급효과가 훨씬 넓고 깊다. 그래서 오늘도 나는 글을 쓴다. 그동안 다른 사람이 길어 올린 생수를 마시고 내가 변화한 것처럼 이제는 내가 길어 올린 시원한 생수를 글을 통해 더 멀리 흘려보내려 한다.

CHAPTER 6

# 피터팬 선생

나는 상담받을 당시 피터팬신드롬을 가지고 있는 사람이었다. 그리고 지금도 어린애들이 좋아할 만한 물건들을 모으는 키덜트 성향을 가지고 있다. 어린 나이에 일찌감치 불행해하는 어른들을 보며 나는 그렇게 되고 싶지 않았다. 어린 내 눈에 비친 어른들은 하나같이 좋은 게 없어 보여서 그랬을 것이다. 이렇게 단점으로만 여겨진 피터팬신드롬이 가진 장점이 하나 있다. 나 같은 피터팬들은 어릴 적에 느꼈던 어른들의 부당함과 그로 인한 상처들을 잊지 않고 오래 기억하는 경향이 있다. 그게 장점으로 작용하면 아이들의 처지와 마음을 정확히 공감할 수 있고, 같은 어른 입장에서 부모에게 아이를 잘 이해시킬 수 있게 된다. 게다가 어른이 된 후에도 자신이 기억하는 부당한 어른처럼 행동하지 않으려고 노력하게 된다. 이렇게 나의 단점은 장점으로 바뀌어 아이들을 가르치고 방향을 인도해주는 데 지대한 영향을 주었다.

아이들을 있는 그대로 봐주는 것이 교육의 출발점이 되었으면 좋겠다고 생각한다. 우리들도 모두 아이였던 때가 있다. 하지만 그것을 기억하는 어른들은 별로 많지 않은 것 같다. 비록 어릴 때의 기억이 잘 나지 않는다 해도 아이였던 자리에 어른인 우리가 있었다는 사실은 변함이 없다.

한번은 나의 이 장점이 제대로 적용된 적이 있다. 어느 날 강남 유명 심리상담센터에서도 문제를 해결하지 못했다는 한 아이가 엄마 손에 이끌려 왔다. 아이는 내 질문에 무성의했다. "네.", "아니요."로 답하다가도 곧 모르겠다는 말로 바꿔버렸다. 상담 2회 차까지 아무 진전이 없었다. 3회 차 상담 전 눈을 감고 잠잠히 그 아이가 되어보았다. 자신의 의지와 상관없이 이리저리로 이끌려 다니며 자신을 문제가 있는 아이로 단정 짓고 이것저것 물어대는 낯선 사람들이 너무 싫었을 것이다. 그 과정들이 모두 귀찮고 얼마나 짜증이 났을까! 자신의 시간과 자유를 마음대로 빼앗은 어른들이 원망스러울 것이었다. 아이에게는 나도 그들 중의 하나일 뿐이었다. 하지만 가장 큰 미움은 엄마를 향하고 있을 터였다. 모든 것을 아이의 탓으로 돌리고 그런 곳으로 자신을 데려간 엄마가 문제의 핵심에 있었다.

나의 생각이 거기에 다다르자 마음을 비우기로 결심했다. 진심이라는 녀석이 필요했다. 상담실에 앉아 눈도 마주치지 않는 아이에게 고백처럼 말했다. "내가 너라도 정말 싫을 것 같아. 이것저것 물어보는 것에 대답하는 것도 귀찮고 짜증 나는 일일 것 같아. 그래서 너를 편하게 해주려고 해. 오늘은 질문하지 않을게. 편하게 내 이야기를 들어주면 돼."

하지만 아이는 여전히 반응이 없었다. 나는 말을 계속 이어나갔다. 내가 원래 영어 가르치는 영어 선생님인 것, 그런데 왜 아이들을 상담하게 되었는지, 나 역시 문제가 있었고 지금도 문제가 있는 사람인 것, 그리고 어떤 것들을 도와줄 수 있는지, 아이를 이해하고 공감하는 내 진심이 전달되기만을 바란다는 것을 차분하고 조용히 설명했다. 아이가 처음으로 나를 쳐다봤다. 그리고 내가 들이밀었던 검사 용지를 보더니 지신이 그것을 해야 하는 이유가 무엇인지 물었다. 아이가 스스로 외투를 벗기 시작하는 순간이었다. 나는 이런 순간이 너무 기쁘다. 한 아이의 인생에 작은 변화를 시작할 수 있게 돕는 일이 가장 보람되다. 한때는 안타까운 마음에 아이를 억지로 끌어다 내 앞에 앉히고 바꿔보려고 무단히 애를 썼었다. 결론까지 내 손으로 내보려고 욕심을 부리고 능력을 과신했었다. 몇 번의 실패를 거듭한 후, 나의 교만을 깨닫게 되었다. 현재의 나는 상담할 때 엄청난 비법 같은 건 가지고 있지 않다. 머리로 알고 있는 이론적이고 기술적인 기법들을 사용해서 미리 프로세스를 세워놓지 않는다. 상담마다 아이의 반응이 모두 다르기 때문이다. 다만 한 가지 마음을 움직이는 열쇠를 하나 가지고 있다. 그것이 바로 좀 전에 소개한 진심이라는 녀석이다. 상대를 향한 어떠한 의도도 갖지 않은 순수한 동기를 가진 이 진심은 상담 과정에서 난로처럼 작용한다. 동화책에 나오는 바람과 해의 내기에서 결국 나그네의 외투를 벗게 하는 건 세찬 바람이 아니라 따뜻한 해님인 것처럼 말이다.

보통 엄마와 아이를 상담할 때면 무조건 아이 편에서 말을 하게 된다. 어른인 엄마가 바뀌는 것이 순리라고 생각하기 때문이다. 하지만 마음속으로는 엄마들이 안쓰럽다. 나도 그 입장이 되어본 적이 있어서 더 그렇다. 어른도 받은 만큼 줄 수 있는데, 충분히 받고 자란 사람이 많지 않다. 받지 못하고 줘야 하는 엄마 입장에서는 이중으로 힘든 일이 아닐 수 없다. 하지만 엄마는 언제나 강했다. 대부분 자식을 위해 평생 살아온 자신을 변화하는 고통스러운 과정을 받아들이고, 결국은 해내는 걸 많이 보았다. 그렇기에 희망적이라는 생각이 들었고 더 알려드리고 싶다는 강한 의지가 솟았다. 나의 소명은 이렇게 생겨났고, GIL학습심리연구소와 아이를 경쟁에 밀어 넣지 않고 다르게 키우고 싶은 엄마들을 위한 '다키맘스쿨'을 운영하는 멘토가 되었다. 엄마와 아이의 서로 다른 마음의 언어를 통역해주는 일과 몇 발자국 먼저 가본 사람으로서 엄마들 자신의 삶을 찾도록 도움을 드리는 일을 하고 있다.

아이는 자신을 있는 그대로 보아주는 사람에게 마음을 연다. 그리고 자신을 어떻게 봐주느냐에 따라 성장하거나 퇴보한다. 아이는 누군가 진심을 먼저 보여주면 반드시 진짜를 꺼내 보인다. 그렇지 않은 아이를 나는 단 한 명도 본 적이 없다. 아이를 있는 그대로 봐주면 그때부터는 장점만 보인다. 이 아이는 이래서 예쁘고 저 아이는 저래서 예쁘다. 한 명도 같은 아이가 없고, 포기할 만한 아이도 없다. 눈을 가리는 어른들의 고정관념이나 미리 결정지어버린 생각 때문에 사랑의 화살은 굽어지고 과녁에서 점점 더 멀어지게 되는 것이다. 아이들이 믿어주는 만큼 성장하는 것을 나는 오늘도 현장에서 생생하게 목격하고 있다.

CHAPTER 7

# 선한 나비효과

요즘은 어른이고 아이이고 간에 책을 읽는 모습을 보기가 어렵다. 온라인 세상이 우리 삶의 일부분으로 자리를 잡은 것을 넘어 새로운 세상으로 우리를 초대하고 있는 것이 현실이다. 이제 세상은 책 말고도 정보가 넘쳐난다. 그런데 우리는 왜 꼭 책을 읽어야 하는가? 글쓰기는 왜 해야 하나?

우선 뇌 과학을 통해 밝혀진 독서의 역할을 보자. 첫 번째, 인간을 사회적 학습자로 만들었다는 공로가 있다. 글이 가진 정보전달력이 인간을 성공적으로 습득하게 만들었고, 비교적 단시간에 효율적인 성장을 이룰 수 있게 했다. 두 번째로는 인간의 뇌 구조가 단편적이고 방대한 지식을 받아들이는 것만으로는 창의력과 문제해결능력이 향상되지 않는다는 점에 있다. 독서를 통한 훈련이 뇌 전체에 자극을 주어 수많은 정보들을 연결하고 그 안에서 새로운 것을 만들어낼 수 있게 한다. 마지막으로는 뇌의 공감능력을 향상시키는 데 영향을 준다는 것이다. 다른 사람이 보이는 정서에 대한 공감능력은 특히 문학작품들을 읽는 과정을 통해 향상된다고 한다. 결국 책을 읽는 것이 뇌의 여러 방면의 잠재능력을 발달시키는 데 가장 효과적이라고 할 수 있다. 이런 과학적인 근거 외에도 필요성에 대한 이유는 많다.

우리는 제한된 시간 속에 살고 있으므로 그만큼 경험할 수 있는 일에도 제한이 있을 수밖에 없다. 오랫동안 다른 사람들이 경험하고 고민해왔던 문제들이 책이라는 매체를 통해 우리 곁에 남아 있다. 다른 사람의 삶을 통해 자신 앞에 펼쳐진 세상을 살아갈 지혜를 얻는다는 것만으로도 책 읽기가 가진 의미는 이미 충분하다. 그런데 여기에는 숨어 있는 비밀이 하나 더 있다.

내가 생각하는 책 읽기의 가장 큰 가치 중 하나는 자신을 알아가는 데 있다. 자신에 대한 이해가 되어 있는 사람은 쉽게 흔들리지 않는다. 불안과 걱정 대신 자신을 믿는 마음으로 묵묵히 나갈 수 있는 힘을 갖게 된다. 그렇게 알아가다 보면 결국에는 자신을 사랑하게 된다. 글은 이렇듯 자신을 돌아보게 하고 적용하며 깨달은 것을 바탕으로 성장하게 한다. 그렇게 성장한 사람은 포용력과 이해력이 커질 수밖에 없다. 자연스럽게 자신뿐만 아니라 타인에 대한 이해가 넓어지는 것은 당연하다. 타인에 대한 이해가 사회를 이상적으로 만들기 때문에 이타적인 사람이 되어야 한다고 말하는 것이 아니다. 일부러 애쓰지 않아도 타인에 대한 이해가 넓어진 사람의 삶은 여유로워질 것이고, 자신이 가치 있다고 생각하는 것들을 추구하며 행복을 느낄 것이다. 그리고 이러한 것들은 글쓰기를 통해 다른 사람들에게 영향을 미칠 수 있다.

나는 '선한 영향력'이라는 말을 좋아한다. 지구 반대편에 허리케인을 일으킨다는 '나비효과'가 파괴를 부르는 바람이 아닌 선한 기운의 태풍을 만들어주기를 바란다. 선한 영향력은 글쓰기를 통해 퍼져나갈 수 있다. 우리가 쓰는 일기, 편지, 블로그, 브런치 같은 작은 글들을 통해 어떤 사람은 위로를 받고, 어떤 사람은 용기를 얻으며, 또 어떤 사람은 다른 사람을 용서하거나 사랑하게 만드는 선한 나비효과가 되어줄 수 있다.

앞으로 우리가 살아갈 미래는 단순한 온라인을 넘어 가상공간을 포함하고 있다. 넘쳐나는 정보로 인해 언뜻 보면 더 이상 글쓰기가 필요 없어 보이지만 오히려 그 반대일 것이다. 그 이유는 인간관계의 핵심이라고 할 수 있는 신뢰 때문이다. 신뢰는 사업이나 경영에도 물론 중요한 항목이다. 글은 어떤 사람의 진수를 엿볼 수 있는 수단 중 하나라고 할 수 있다. 말이 의식이라면 글은 무의식과 같다. 말로는 상대방을 속이고 자신을 포장하는 일이 그리 어렵지 않지만, 글은 그 사람의 사고방식, 가치관, 성격, 삶의 방향까지 천에 물이 배어 나오듯 결국은 드러나게 한다. 한 사람의 정체성을 보여줄 뿐 아니라 신뢰성의 근거가 될 수 있는 글쓰기의 중요성은 아무리 강조해도 지나치지 않다.

CHAPTER 8

# 내 편을 만드는 행복한 일

주변 사람들은 우리에게 말한다. 네 인생 얘기만 써도 책 한 권은 나올 거라고. 우리 모두는 각자 책 한 권을 쓸 만큼의 산전수전 공중전의 스토리들을 가지고 있다. 글의 소재는 이미 충분하다는 말이다. 글을 쓰면서 가장 많이 투영되는 것은 자신의 내면이다. 글을 통해 자신을 알아가고 이해하게 되는 것이다. 자신에 대한 글을 쓰게 되면 마음속에 있는 진솔한 이야기들이 저절로 나오게 된다. 진심의 무한한 힘이 글을 통해 발현되면 그다음에는 변화가 일어난다.

다른 사람은 눈치 채지 못하는 자신만의 변화를 비밀처럼 간직하게 된 사람은 관점이 달라진다. 자신을 넘어 타인을 바라보게 되고, 그 너머의 세상을 바라보게 되면서 새롭게 살 기회를 선택할 경이를 누릴 수 있다.

하지만 무엇보다 가장 매력적인 것은 자신과 친밀해질 수 있다는 점이다. 글을 쓰는 것을 통해 누구도 알아주지 않거나 이해해주지 않아도 스스로를 위로할 수 있고 지지해줄 수 있는 힘이 생긴다.

글쓰기는 내 편을 하나 더 만드는 행복한 과정이다.

내가 내 편이 되어 같이 울어주고 웃어주며 함께 가는 여정이 글쓰기를 통해 만들어진다. 그래서 나는 글쓰기가 좋다.

척박한 이 세상에 내 편이 생긴다는 건 생각만 해도 너무 신나고 힘이 나는 일이 아닌가!

이제 여러분도 자기 편 만드는 작업을 하나씩 시작해보는 건 어떨까. 각각 한 조각의 퍼즐처럼 개성 있는 열 명의 글쓰기학회 회원들이 모여 탄생시킨 이 책에는 아직 끝나지 않은 우리들의 이야기들이 남아 있다.

서로를 진심으로 믿고 의지하며 도와주려고 애쓰는 이 집단을 나는 정말 사랑한다. 글쓰기 안에 내가 찾던 자유로움이 있었다는 것을 깨닫게 해준 사람들이다. 이 안에서 내가 가장 좋아하는 글쓰기를 할 수 있어 행복했다. 탈고를 위해 많은 새벽 시간을 함께한, 가족 같은 학회원들 한 분, 한 분에게 다시 한번 감사의 마음을 전한다.

마지막으로 언제나 마음속으로 격하게 아끼는 나의 가족.

내 편이 되려고 노력하는 남편과 부족한 엄마의 손길에도 훌륭하게 자라준 두 딸에게 고맙고 사랑한다는 말을 남기고 싶다.